FACULTÉ DE DROIT DE PARIS.

DU FONDS DOTAL

EN DROIT ROMAIN.

DE L'HYPOTHÈQUE LÉGALE

DE LA FEMME MARIÉE

EN DROIT FRANÇAIS.

THÈSE POUR LE DOCTORAT

PAR

Alphonse JOANNARD.

PARIS

IMPRIMÉ PAR E. THUNOT ET Cie,

RUE RACINE, 26, PRÈS DE L'ODÉON.

1861

THÈSE
POUR LE DOCTORAT.

L'ACTE PUBLIC SUR LES MATIÈRES CI-APRÈS SERA PRÉSENTÉ ET SOUTENU

le mercredi 5 juin 1861, à 1 heure,

PAR

Alphonse JOANNARD.

PRÉSIDENT : M. BUGNET, *professeur*,

Suffragants :
{ MM. PELLAT, doyen,
ORTOLAN,
COLMET-DAAGE,
BUFNOIR, }
professeurs.
agrégé.

Le candidat répondra, en outre, aux questions qui lui seront faites
sur les autres matières de l'enseignement.

PARIS

IMPRIMÉ PAR E. THUNOT ET Cⁱᵉ,

RUE RACINE, 26, PRÈS DE L'ODÉON.

1861

A MON PÈRE, A MA MÈRE.

A MON GRAND-PÈRE.

DROIT ROMAIN.

DU FONDS DOTAL.

Une profonde obscurité enveloppe les origines de la
dot dans la législation romaine. A quelle époque précise rattacher la naissance de cette institution? Comment en expliquer l'apparition dans une société qui
commença par organiser le mariage d'après des principes en apparence incompatibles avec le régime dotal?
Voilà deux questions, deux problèmes à peu près inso-
lubles, sur lesquels de nombreuses controverses se
sont élevées, de nombreux systèmes ont été émis ou
discutés. Nous n'avons certes pas la prétention d'ap-
profondir ici cette intéressante difficulté, et, passant
en revue les diverses hypothèses auxquelles les auteurs se sont arrêtés, de nous prononcer pour l'une
d'elles en parfaite connaissance de cause; toutefois,
nous n'hésitons pas à reconnaître à la dot en droit
romain une antiquité d'autant plus reculée que, dans
les plus anciens monuments qui nous soient parvenus,

elle ne nous est nullement présentée comme une institution naissante : loin de voir en elle quelque chose d'inconciliable avec la *conventio in manum*, ou la séparation de biens romaine, nous croyons qu'elle a dû coexister avec ces deux régimes matrimoniaux de la vieille Rome, qu'elle a dû être toujours intimement liée au mariage lui-même; en un mot, l'idée d'un apport de la femme au mari nous paraît propre au génie romain, comme l'idée d'un apport du mari à la femme était propre aux peuples de la Germanie.

En considérant la dot au moment où le droit romain nous en révèle pour la première fois l'existence, on est étonné de voir combien cette institution primitive a subi de modifications en passant, je ne dis pas dans la législation de Justinien, mais dans le droit moins éloigné des jurisconsultes de l'époque classique. A l'origine, la constitution de dot, comme la donation, n'était pas un contrat de droit civil. Le constituant, que ce fût un tiers, que ce fût la femme elle-même, devait, ou bien transférer immédiatement au mari la propriété des objets dotaux par les modes ordinaires de la *mancipatio*, de la *cessio in jure*, de la *traditio*, ou bien s'engager à opérer plus tard cette translation, en se liant dès à présent par les formalités de la stipulation; la *stipulatio dotis causa* pouvait être remplacée par une *dictio* sans interrogation préalable, lorsque la constitution émanait de la femme, de son débiteur, de son ascendant mâle *per virilem sexum cognatione junctus* (1). Dans aucun cas le simple pacte dotal ne pou-

---

(1) Ulp. frag., tit. vi, §§ 1 et 2.

vait conférer au mari le moyen de poursuivre l'exécution d'un engagement dont la loi ne reconnaissait pas
l'existence : il faut arriver à la législation des empereurs de Constantinople pour trouver la promesse de
doter transformée en pacte légitime et garantie par
une action (1).

La constitution de dot entraînant immédiatement,
ou appelant après elle une translation de propriété
opérée suivant les modes prescrits par les lois romaines,
il en résulte que le mari acquérait sur les choses dotales un droit aussi étendu que sur ses biens propres;
ce droit lui appartenait d'une manière irrévocable, et
passait après sa mort dans son hérédité légitime ou testamentaire. Un pareil état de choses put se maintenir
sans grande difficulté tant que la dissolution du mariage n'eut lieu que par la mort de l'un des époux;
mais quand le divorce, à peu près inconnu dans les
premiers temps de Rome, se fut introduit dans les
mœurs, on dut reconnaître les vices d'un système qui
laissait la femme sans protection, et faisait du mariage
une source de honteuses spéculations. Il fallait, au moins
dans l'hypothèse d'un divorce, astreindre le mari à une
restitution dont la crainte salutaire l'empêchât de
rompre sous de frivoles prétextes une union légitimement conclue, et assurer à la femme la reprise d'un
patrimoine qui lui permît de se constituer une nouvelle dot et de contracter un second mariage. L'obligation de restituer, si telle fut son origine probable,

---

(1) L. 4, Cod. Théodos., III, xiii; L. 6, Cod. de Justin., V, xi.

ne se maintint pas dans les bornes qu'on lui avait d'abord assignées : le mari fut bientôt astreint à rendre la dot, quelle que fût la cause de la dissolution du mariage, à moins que le décès de la femme, survenu *constante matrimonio*, ne vînt consolider sur sa tête la propriété des biens dotaux.

Du reste, nous sommes peu disposé à croire que cette restitution, dans le principe, fût imposée de droit au mari ; comme tous les tempéraments apportés à la rigueur des anciens principes, elle a dû s'introduire peu à peu dans l'usage sous l'empire de conventions tolérées et reconnues par la loi. Le constituant, la femme auront commencé par stipuler la reprise de la dot, peut-être avec l'adjonction d'un fidéjusseur qui garantissait leur recours ; puis cette stipulation, étant devenue d'un usage universel, aura été considérée comme une clause de style qu'on pouvait impunément sous-entendre. Dans tout ceci, nous en sommes réduits à des conjectures plus ou moins vraisemblables.

Quand le mari dut se dessaisir de la dot après la dissolution du mariage, la femme ou ses représentants ne furent pas par là même assurés de recouvrer leurs droits dans leur complète intégrité. Investis d'une action *ex stipulatu*, ou d'une action *rei uxoriæ*, suivant qu'une stipulation était ou non intervenue relativement à la restitution des biens dotaux, ils purent reprendre, en mêmes nature, quantité ou qualité, les objets de consommation, *in specie*, les corps certains non estimés dans le contrat. Mais leur recours dut être bien souvent illusoire. Malgré l'obligation mise à sa charge, le mari n'on avait pas moins été propriétaire pendant toute la durée du mariage des biens apportés par la femme ; il avait pu les aliéner, les engager, sans distinction de meubles ou d'immeubles ; il avait pu consentir sur eux tels et tels droits réels que nul n'était fondé à méconnaître ; il avait pu, en un mot, altérer, détruire le gage de sa femme ou des ayants cause de cette dernière, à ce point que, dans l'ypothèse de sa propre insolvabilité, leur action se trouvât comme une arme inutile entre leurs mains.

Cet état de choses néanmoins se prolongea sans modification jusqu'à la fin de la république. Alors de nouvelles idées surgirent ; la dépravation générale qui avait fini par atteindre tous les degrés de la société romaine attira l'attention du législateur : une série de dispositions vinrent favoriser le mariage, et encourager la procréation légitime. Tandis que, d'un côté, on récompensa la paternité et l'on punit le célibat, on s'efforça, d'un autre côté, de rendre les unions plus stables en mettant un frein aux divorces ; pour cela, on immobilisa les biens de la femme entre les mains du mari, on prohiba entre les époux tout pacte qui pouvait faire que la femme fût, à la dissolution du mariage, *indotata* ou *minus dotata :* de cette manière, on espérait que l'intérêt du mari l'éloignerait du divorce, ou que, si le divorce avait lieu, la femme contracterait facilement une nouvelle union avec le secours de sa dot.

Une fois entré dans cet ordre d'idées, le législateur ne s'arrêta plus ; fidèle à son programme qui se résume dans cette phrase célèbre : *Reipublicæ interest mulieres salvas dotes habere, propter quas nubere possunt* (1), il tendit chaque jour à assurer la restitution de la dot par des garanties plus efficaces. Justinien acheva l'œuvre de ses devanciers; seulement les idées chrétiennes avaient pris place dans la législation romaine, et ce fut pour protéger la dot contre les dilapidations du mari, pour assurer l'existence de la veuve et de ses enfants, qu'il dépassa en sens contraire l'extrême rigueur de la vieille loi romaine, et accorda à la femme des priviléges vraiment exorbitants (2).

Toutes ces mesures, introduites par une jurisprudence de plus en plus favorable, ne pourront être de notre part l'objet d'un examen également approfondi. Nous étudierons spécialement les règles qui concernent le fonds dotal, les restrictions apportées en cette matière au pouvoir de disposition des époux; et si, dans notre travail ainsi limité, il nous arrive parfois de nous égarer dans des digressions en apparence étrangères à notre sujet, c'est que toutes les garanties qui constituent le régime de la dot en droit romain se complètent, s'expliquent l'une par l'autre, et qu'on ne peut connaître d'une manière précise un des éléments dont il se compose sans envisager d'une manière générale le système tout entier.

---

(1) L. 2, Dig., XXIII, III.
(2) L. 12, Cod., VIII, XVIII.

PREMIÈRE PARTIE.

DU FONDS DOTAL SOUS L'EMPIRE DE LA LOI JULIA.

Quand le législateur romain a voulu assurer d'une manière efficace la conservation et la restitution de la dot, il a commencé à proclamer le principe de l'inaliénabilité du fonds dotal. C'était établir au profit de la femme le bénéfice d'une protection puissante, mais c'était en même temps inaugurer un système dangereux à un autre point de vue, puisqu'il devait retirer de la circulation une masse considérable de biens frappés d'indisponibilité entre les mains du mari. Le droit romain, après avoir conduit ce principe jusqu'à ses conséquences les plus absolues, l'a transmis dans une certaine mesure à la législation de nos pays de droit écrit, et à celle du Code Napoléon ; sans doute, nous avons actuellement le droit d'échapper à l'inaliénabilité de la dot en stipulant telle ou telle convention matrimoniale ; mais le régime dotal n'en existe pas moins dans nos lois, et quand il se présente dans la pratique, il est entouré de garanties plus puissantes encore que celles édictées par nos devanciers. On conçoit dès lors quel intérêt s'attache à l'étude d'une institution qui a laissé des traces si profondes dans notre droit, et qu'il est important de bien comprendre pour interpréter sainement des points nombreux de notre législation actuelle.

L'inaliénabilité du fonds dotal devenue complète

sous le règne de Justinien n'avait été édictée que sous certaines réserves par la loi Julia; nous nous efforcerons de déterminer le sens exact de cette disposition législative dont on a, selon nous, exagéré singulièrement la portée. La loi Julia qui nous occupe actuellement est vraisemblablement un des plébiscites votés sous le règne d'Auguste, et connu sous le nom de *lex Julia de adulteriis*. L'opinion de Jacques Godefroi et de Gravina qui attribuent cette décision à la loi Julia *De maritandis ordinibus*, ne saurait être soutenue en présence de la dénégation formelle du jurisconsulte Paul (1), en présence des *inscriptiones* de plusieurs fragments de notre titre *De fundo dotali*, qui tous ont été extraits de commentaires sur la loi Julia *De adulteriis* (2). Que si l'on se demande maintenant comment il se fait que la même loi ait traité de l'adultère et du fonds dotal, on trouvera à ce rapprochement une explication naturelle dans cette pensée, que le législateur a voulu encourager les unions légitimes, d'une part en armant le mari contre l'adultère de la femme, d'autre part en édictant au profit de cette dernière une mesure conservatrice de sa dot.

Est-il vrai de dire, comme des auteurs l'ont affirmé, que les garanties successivement établies pour assurer la reprise des biens dotaux en aient changé le caractère et aient transféré du mari à la femme, *durante matrimonio*, la propriété de ce patrimoine ? A première vue, ce système ne nous paraît pas avoir de raison d'être;

____

(1) Sent., L. II, tit. xxi, B, § 2.
(2) L. 2, 6, 12, 13 et 14, XXIII, v.

s'il est vrai que le droit du mari se trouve résolu dans la majorité des cas par la dissolution du mariage, s'il est vrai que de puissantes entraves soient venues en paralyser l'exercice entre ses mains, tant que le mariage subsiste, il est non moins évident que la translation des biens dotaux ayant continué à s'opérer à son profit par une *mancipatio*, par une *cessio in jure*, par une *traditio*, il a dû conformément aux principes rigoureux du droit romain, en conserver la complète et exclusive propriété. D'ailleurs, la loi Julia, en venant restreindre au profit de la femme son pouvoir de disposition, n'a-t-elle pas implicitement reconnu l'existence du droit dont elle voulait circonscrire les effets?

Nous invoquerons en outre à l'appui de notre opinion des textes nombreux (1). Julien, prévoyant le cas dans lequel le mari est avant le mariage, ou devient après coup propriétaire d'un fonds grevé d'une servitude passive au profit de l'immeuble dotal, décide que la servitude s'éteint par confusion (2). Comment expliquer ce texte si l'on ne reconnaît pas que l'immeuble dotal et le fonds servant sont devenus l'un et l'autre la propriété du mari?

Nous tirerons un autre argument de la loi 1, princip., *De fundo dotali*, qui prévoit une aliénation nécessaire du fonds dotal provenant du refus de donner la *cautio damni infecti;* on fait résulter cette conséquence du seul refus du mari, sans que la femme soit appelée à intervenir dans une instance qui peut entraîner la

---

(1) Inst. II, viii, princip.; Gaius, II, 63; L. 7, § 3; L. 9, § 1, XXIII, iii; L. 47, § 6, XV, 1; L. 24, XXV, ii.
(2) L. 7, princip. et § 1, XXIII, v.

porte d'un de ses immeubles dotaux. Or, si elle avait un droit actuel à prétendre sur sa dot ainsi compromise, la seule équité n'aurait-elle pas imposé au voisin l'obligation de la mettre en cause avec son mari?

Je pourrais invoquer encore la loi 58, *Solut. matrim.*, qui refuse tout droit de propriété à la femme en reconnaissant la possibilité pour le mari de transférer à cette dernière l'esclave dotal, afin qu'elle puisse accepter l'hérédité dévolue à cet esclave sans engager la responsabilité conjugale.

A notre système on oppose la loi 63, *De re judicata.* Ce texte examine une hypothèse dans laquelle il est dérogé à cette règle fondamentale en matière de chose jugée, *res inter alios judicata aliis neque prodesse, neque nocere potest :* c'est le cas où le principal intéressé dans une affaire laisse plaider une personne qui n'a qu'un intérêt secondaire, et accepte par ce mandat tacite les conséquences du jugement à intervenir. Ce fait se produit notamment quand le mari *experiri passus est socerum vel uxorem de proprietate rei in dotem acceptæ.* Faut-il conclure de là que la femme, étant demeurée après la constitution dotale propriétaire des objets qui y ont été compris, peut ainsi intenter, pendant le mariage, une action en revendication contre les détenteurs de ces objets? Cette explication a été avancée par Cujas dans son commentaire sur notre loi 63. M. de Savigny (*Droit romain*, t. VI, p. 486) et M. Demangeat (*De fund. dot.*, p. 11, en note), interprétant plus sainement, selon nous, la véritable pensée du jurisconsulte, ont restreint sa décision à l'hypothèse où la femme est défenderesse dans une instance en revendication ; et alors tout se conçoit facilement : le poursuivant, ne tenant pas compte de la constitution de dot, a exercé son action contre la femme, ou contre son père ; le mari, qui a connaissance du procès, qui pourrait y intervenir comme défendeur, garde le silence, et accepte ainsi par avance les conséquences d'un débat dans lequel il se trouve suffisamment représenté. Ce qui démontre que telle a été, selon toute apparence, l'espèce prévue par le jurisconsulte, c'est qu'il passe immédiatement à une autre hypothèse conçue dans le même ordre d'idées, et relative cette fois à une personne qui ne peut en aucun cas jouer le rôle de demanderesse, au possesseur d'un fonds sujet à revendication.

On argumente encore contre nous de la loi 7, § 12, *Solut. matrim.*, qui attribue à la femme la moitié du trésor trouvé par le mari dans l'immeuble dotal ; on voit là une application de la règle ordinaire en vertu de laquelle le trésor découvert dans le terrain d'autrui est réparti entre le propriétaire du fonds et l'inventeur. Nous repoussons cette interprétation, à laquelle les termes mêmes de notre texte *quasi in fundo alieno inventi* répugnent évidemment, et nous expliquons la décision du jurisconsulte Ulpien en la rattachant à cette règle qui oblige le mari à restituer, à la dissolution du mariage, toutes les choses par lui perçues à l'occasion de la dot, et ne constituant pas des fruits : or parmi les objets dont il ne peut à ce titre acquérir l'entière propriété, rentre évidemment la moitié du trésor par lui trouvé dans le fonds dotal, et qu'il ne doit pas garder comme inventeur.

Nous ne nous appesantirons pas davantage sur les textes nombreux qu'on pourrait encore invoquer dans le système opposé; nous concédons à nos adversaires que les lois 15, § 3, *Qui satisd. cog.;* 21, § 4, *Ad municip.;* 75, *De jure dot.;* 43, § 1, *De administr. et periculo tut.;* 3, § 5, *De minoribus,* semblent reconnaître à la femme, pendant le mariage, un certain droit sur les biens dotaux. Mais cette apparente contradiction a sa raison d'être : si, aux termes du droit civil, le mari doit être seul propriétaire de la dot, il est incontestable que la dot, n'étant apportée que pour subvenir aux dépenses du ménage, la constitution dotale procure à la femme un avantage immédiat par la création d'un patrimoine affecté aux dépenses communes. Cette idée que, pendant leur union, les époux recueillent ensemble les bénéfices de cet enrichissement, a produit une confusion dans les mots; on s'est habitué à parler d'une prétendue copropriété qui aurait existé au profit de la femme, alors qu'on était en présence, je ne dirai pas d'une usufruitière, mais d'une personne appelée à un certain avantage de fait qu'il était plus facile de concevoir que de dénommer. Cette erreur, du reste, n'avait pas pénétré dans l'esprit des jurisconsultes romains, nous en avons donné la preuve; elle consistait tout entière dans un abus de langage qui a seul provoqué la controverse sur laquelle nous venons de présenter quelques développements.

Le droit exclusif du mari sur les biens dotaux s'est maintenu dans tous les états de la législation romaine. Justinien lui-même ne l'a pas abrogé implicitement en accordant à la femme une action en revendication pour la reprise de sa dot : nous en attestons les termes dont il s'est servi pour consacrer cette faveur nouvelle (1), la fondant sur une copropriété fictive de la femme, et excluant par cette idée de fiction la pensée d'une modification réelle dans la nature du droit. Rappelons d'ailleurs, en terminant, que la difficulté s'est élevée seulement au sujet des corps certains apportés en dot sans estimation ; pour tous ceux estimés au contrat, pour tous les objets de consommation, le droit de propriété du mari a été admis sans controverse.

CHAPITRE PREMIER.

A QUELS BIENS S'APPLIQUE L'INALIÉNABILITÉ DOTALE?

La loi Julia et les autres documents législatifs qui sont venus après elle frapper d'indisponibilité les biens· dotaux, ne se sont jamais préoccupés de la dot mobilière (2) ; aussi n'a-t-on guère contesté au mari le droit d'aliéner les biens corporels ou incorporels dont elle se compose. Pour ces derniers, d'ailleurs, des textes formels reconnaissent expressément ce pouvoir du mari (3), auquel nous n'apporterons ici de limitations que pour les droits ayant un immeuble pour objet, et rentrant ainsi d'une manière indirecte dans la prohibition de la loi Julia.

---

(1) L. 30, Cod., V, xii.
(2) Gaius, com., II, § 63; XXIII, v, Dig.; V, xxiii, Cod.; Inst., I.. II, tit. viii, princip.
(3) L. 35, 40, XXIII, iii; L. 66, § 6, XXIV, iii.

Quant aux meubles corporels, s'ils n'ont pas été
l'objet d'une disposition générale, nous pouvons du
moins leur appliquer des décisions rendues pour des
cas isolés, et qui doivent évidemment être étendues
au delà des hypothèses spécialement prévues. La loi
romaine reconnaît expressément au mari le droit d'affranchir l'esclave dotal (1), et par là même, celui de
l'aliéner et de le grever d'hypothèques, l'affranchis-
sement étant l'acte le plus dangereux pour la femme
puisqu'il diminue le montant de sa dot sans mettre
dans le patrimoine du mari l'équivalent de la valeur
qui en est sortie. Il est vrai que cette complète disponibilité cesserait dans le cas où l'insolvabilité du mari
enlèverait à la femme la possibilité d'un secours; mais
ceci n'est que l'application du principe général refusant au débiteur la faculté de détruire sciemment le
gage de ses créanciers en aliénant sa fortune personnelle. Si le mari conserve ainsi le droit de disposer
comme il l'entend des esclaves apportés en dot par sa
femme, ne faut-il pas en conclure qu'il a, relativement
aux autres meubles dotaux, un pouvoir non moins
étendu, les esclaves étant à coup sûr, de toutes les
choses mobilières, celles qui pour le législateur ont le
plus d'importance? Il suffit pour s'en convaincre de
constater que la *stipulatio duplæ*, inapplicable le plus
souvent dans la vente des objets mobiliers, a toujours
été admise dans la vente des esclaves (2), et fut bientôt, en cas d'omission, réputée sous-entendue par une

---

(1) L. 21; XL, 1, Dig.; L. 3, V, xii, Cod.
(2) L. 37, princip. et § 1, XXI, ii.

jurisprudence favorable (1). Est-il besoin en outre de rappeler que le pubère, mineur de vingt ans, capable d'aliéner valablement sa fortune mobilière, ne pouvait affranchir ses esclaves que sous certaines conditions, et moyennant certaines justifications préalables (2)?

Nous avions donc raison de dire que la loi Julia ne s'appliquait pas à la dot mobilière. Parmi les immeubles, elle laissait encore en dehors de sa prohibition, selon la doctrine commune, tous les fonds provinciaux non investis du *Jus italicum*. A l'appui de cette dernière assertion, on invoque généralement deux textes insérés dans les compilations de Justinien (3), sans réfléchir qu'ils se trouvent en contradiction avec le § 63, com. II, de Gaïus, ou du moins qu'ils en exagèrent singulièrement la portée. Pour nous, nous dirons avec M. Demangeat (4) qu'une interprétation doctrinale émise par les jurisconsultes est seule venue restreindre dans son application la loi Julia, dont les termes sans doute étaient conçus d'une manière générale.

La première condition à remplir pour qu'un immeuble devienne inaliénable c'est qu'il soit constitué en dot, c'est-à-dire que la femme, son père, une personne quelconque en transfère la propriété au mari. Peu importe, au reste, à quelle époque a lieu cette constitution de dot; le droit romain avait toujours ignoré le principe de l'immutabilité des conventions matrimo-

---

(1) L. 31, § 20, XXI, r.
(2) L. 7, § 1, XL, ix; L. 4, XVIII, vii.
(3) Inst. II, viii, princip.; Cod. V, xiii, § 15.
(4) De fundo dotali, p. 226.

niales, ne comprenant pas quel danger il pouvait y avoir pour l'intérêt des tiers et la sécurité des transactions à ce qu'un immeuble pût perdre ou acquérir le caractère d'inaliénabilité sans aucune formalité protectrice. Peu importe aussi de quelle manière la propriété du fonds dotal a été acquise au mari. Tantôt ce sera en vertu d'une aliénation régulière opérée par une *mancipatio*, par une *cessio in jure*, ou bien encore par une *traditio* faite au mari ou à un tiers qui reçoit en son nom; tantôt ce sera en vertu d'une *dictio* qui intervertira entre les mains du mari la possession de l'immeuble dont il était comptable envers sa femme, et qui lui permettra de le détenir comme bien dotal *jure mariti* (1); tantôt ce sera par suite d'une répudiation faite *dotis causa* par la femme, alors que le legs ou l'hérédité ainsi refusée devra tomber entre les mains du mari appelé au bénéfice d'une substitution vulgaire (2); tantôt enfin ce sera par l'effet d'un legs, d'une institution d'héritier, d'une donation au profit de l'esclave dotal, en admettant toutefois sur ce dernier point une distinction commandée par les principes. Toutes les fois que la libéralité sera faite *contemplatione mariti*, nous traiterons le mari comme s'il était usufruitier de cet esclave, et nous lui permettrons de s'attribuer la propriété entière et définitive du bien donné, comme en vertu d'une acquisition réalisée *ex re usufructuarii*. Que si cette intention d'avantager le mari n'est pas formellement exprimée, ou ne résulte

---

(1) L. 0, princip. et §§ 1, 2 et 3, h. tit.
(2) L. 14, § 3, h. tit.

pas suffisamment des circonstances, nous traiterons
le bien donné comme l'esclave auquel a été adressée
la libéralité ; nous lui attribuerons le caractère de la
dotalité, et s'il s'agit d'un immeuble, nous lui appli-
querons l'inaliénabilité dotale (1).

Un fonds, avons-nous dit, ne devient réellement dotal et indisponible que quand la propriété en a été acquise au mari. Cette règle, toutefois, ne doit pas être
émise sans quelques développements ; elle écarte sans
difficulté toute application de la loi Julia pour les immeubles sur lesquels la constitution de dot a conféré
au mari un simple droit de créance, et cela jusqu'au
moment où ce droit de créance se trouvera converti en
un droit de propriété : en effet, la loi Julia vient restreindre les droits d'un propriétaire, vient s'opposer à
ce qu'il aliène une partie de son patrimoine, mais elle
n'a pas eu la naïveté d'apporter des entraves à un pouvoir qui n'existe pas, et de déclarer inaliénables des
biens dont on ne peut disposer parce qu'un autre en
est propriétaire. Il ne faudrait pas croire néanmoins
qu'elle se réduise dans son application aux cas où le
mari a acquis sur le fonds dotal le *dominium ex jure
Quiritium;* nous en attestons la loi 14, princip., *De fund.
dot.* Ce texte suppose un immeuble devenu dotal en
suite d'une tradition qui en a été faite au mari ou, en
son nom, à Titius ; or nous savons que la seule tradition qui cependant suffit à entraîner l'inaliénabilité dotale ne confère pas immédiatement le *dominium,* au
moins quand elle a pour objet des fonds italiques. Ce

______

(1) L. 3, princip., h. tit.

qui ajoute à un pareil argument une force décisive, c'est que, comme le fait très-bien remarquer M. Demangeat, aucune interpolation n'a pu altérer la portée de notre loi 14, le simple bon sens s'opposant à ce qu'on prétende la restituer, en remplaçant le mot *traditio* par tout autre exprimant un mode d'aliénation supprimé dans le droit de Justinien. Qui ne sait, en effet, que la *mancipatio* et la *cessio in jure*, qui sans doute conféraient immédiatement la pleine et entière propriété, n'admettaient pas, comme on le suppose dans l'espèce, l'intervention possible d'un mandataire ?

Vainement on se prévaudra contre notre opinion du terme *dominium* employé par la loi 13, § 2 de notre titre. Nous ne voyons pas que cette expression ait dans le langage des jurisconsultes un sens toujours rigoureux; la loi première, princip., *De fund. dot.* notamment emploie le mot *dominus* pour désigner une personne qui a seulement un bien *in bonis*. Nous ne comprenons pas davantage quel argument on pourrait tirer contre nous du § 63 comment. II de Gaïus, lequel refuse simplement au mari le droit d'aliéner le fonds dotal, alors même que la propriété lui en aurait été conférée par les formes solennelles de la *mancipatio* ou de la *cessio in jure.*

Ce premier point étant admis, l'immeuble apporté en dot étant reconnu inaliénable, alors que le mari l'a seulement *in bonis*, faut-il aller plus loin, et étendre la même décision à l'hypothèse d'une possession de bonne foi pouvant entraîner l'usucapion du fonds d'autrui compris dans une constitution dotale? Nous sommes tenté d'admettre encore ce résultat. La loi 5, § 2, *De rebus eorum*, consacre une extension du même genre, en exigeant pour l'aliénation des immeubles possédés de bonne foi par le mineur de vingt-cinq ans les formalités prescrites par l'*oratio Severi* dans l'hypothèse où le mineur est plein propriétaire du fonds aliéné. Il nous paraît d'ailleurs assez probable que la loi Julia voulait comprendre dans sa prohibition tous les cas où le mari a sur l'immeuble apporté en dot le *dominium ex jure Quiritium*, ou un droit réel susceptible de se convertir en véritable *dominium*. Et dès lors on comprend facilement pourquoi les jurisconsultes ont refusé d'appliquer les règles du fonds dotal aux immeubles provinciaux, qui pouvaient être l'objet d'un droit de possession, d'usufruit, mais qui n'étaient pas réellement susceptibles de propriété privée (1).

Sous le régime du Code Napoléon, personne n'aurait la pensée d'attribuer aux conventions matrimoniales un effet antérieur à la célébration du mariage, de prétendre notamment que les immeubles apportés par la femme à son mari, ou donnés par un tiers, dussent être protégés par une dotalité qui précéderait l'union des époux. En droit romain, au contraire, la constitution de dot amenant une translation de propriété dans les formes ordinaires, l'acquisition des biens dotaux devait, conformément aux principes, se réaliser même avant le mariage au profit du fiancé comme au profit du mari, et il fallait dès lors protéger contre une aliénation possible les immeubles destinés à subvenir

---

(1) Gaius, Com., II, § 7.

aux dépenses des futurs époux. Les jurisconsultes, en prévision de ce danger, étendirent par une interprétation favorable les dispositions de la loi Julia au fonds appelé à devenir dotal, et déjà transféré au futur mari. Cette jurisprudence, consacrée par un texte de Gaïus inséré dans notre titre (1), était déjà suivie par Julien, s'il faut en croire une constitution des empereurs Léon et Anthémius, rendue l'an 474 (2).

Au reste, il ne faudrait pas croire que tout immeuble apporté en dot et devenu la propriété du mari fût par là même rendu inaliénable : ici nous faisons allusion à l'hypothèse fréquente en droit romain d'une constitution dotale avec estimation. L'estimation, en pareil cas, sauf l'existence d'une clause particulière, vaut vente, et à ce point de vue modifie d'une manière essentielle le caractère de la dot (3). Le mari est-il évincé des objets compris dans une constitution de ce genre, il pourra, comme un acquéreur ordinaire, recourir en garantie par une action *ex empto*, ou *ex stipulatu duplæ* (4) ; seulement, à la dissolution du mariage, la femme répétera contre lui, avec le montant de la valeur attribuée à la chose au moment de l'estimation, l'indemnité entière par lui obtenue, alors même que cette indemnité excéderait notablement le prix d'estimation. C'est que nous sommes ici en présence, non d'une vente ordinaire admettant le gain qu'une partie cherche à faire sur l'autre, mais d'une

---

(1) L. 4, De fundo dotali.
(2) L. 5, Cod., VI, LXI; L. 17, § 1, XLII, v; L. 14, Dig., XXIII, III.
(3) L. 10, §§ 4 et 5, XXIII, III; L. 9, § 3, XX, IV.
(4) L. 52, § 1, XIX, I.

vente pour cause de dot repoussant toute idée de spéculation (1).

Plaçons-nous maintenant dans l'hypothèse d'une constitution dotale, non accompagnée d'estimation ; nous ne pourrons recourir, en cas d'éviction, à aucune des actions ordinaires de la vente : nous aurons la ressource d'une *condictio*, si la dot a été *dicta* ou *promissa*. Que si elle a été constituée par une simple *datio*, nous intenterons, le cas échéant, une action de dol, qui revêtira, quand elle sera dirigée contre la femme, le caractère d'*actio in factum* : mais notre bras restera complétement désarmé, toutes les fois que le constituant aura ignoré le danger de l'éviction.

Une différence plus importante encore sépare ces deux modes sous lesquels peut se présenter la constitution dotale. La dot étant apportée avec estimation, les immeubles qu'elle comprend passent dans le patrimoine du mari d'une manière complète et définitive ; la femme perd le droit de les reprendre en nature à la dissolution du mariage, et, dès lors, ce qui est *in dote*, ce n'est plus le fonds lui-même, c'est la valeur qui lui a été assignée dans l'estimation, ce n'est plus un corps certain, c'est une somme d'argent, c'est une quantité. Le mari pourra donc disposer de la dot tout entière comme des autres biens lui appartenant en propre, sans qu'on soit fondé à lui opposer le principe de la loi Julia, dont les dispositions sont restreintes à la dot immobilière, et qui reste ici sans effet, faute

______

(1) L. 16, XXIII, III.

d'objets auxquels elle puisse s'appliquer (1). Ce résultat est expressément indiqué dans un rescrit de l'empereur Alexandre (2), dont les termes ont donné lieu à certaines difficultés; dans quelques éditions, notamment dans les éditions anciennes, le texte commence ainsi : *Interest usumfructum solum maritus tuus in dotem acceperit, an proprietas quidem doti data sit, verum pactum intercessit ut moriente eo tibi eadem pecunia redderetur.* En acceptant cette version comme exacte, nous dirions : Cette première partie de notre loi 6 met en présence l'hypothèse où le mari a reçu en dot l'usufruit d'un fonds et celle où la propriété de ce fonds lui a été apportée *dotis causa,* sans estimation. Mais alors comment expliquerions-nous la fin de cette même constitution qui suppose, en visant la seconde hypothèse de notre alternative, que l'immeuble dotal a été estimé? Pour échapper à cette contradiction, nous adoptons la leçon proposée par Cujas, et remplaçant les mots *eadem possessio* par ceux-ci : *ejusdem œstimatio,* nous rétablissons l'harmonie entre les deux parties du texte, sans qu'on puisse nous accuser d'altérer en rien le sens d'une loi, dont la portée est, en dehors de notre explication, suffisamment déterminée (3).

Le mari n'étant comptable vis-à-vis de sa femme que de la valeur de la dot ainsi estimée, il en résulte que les risques passent à sa charge, et que la perte des biens dotaux survenue par cas fortuit, ou par force

---

(1) Petri exceptiones, L. 1, ch. 31.

(2) L. 6, Cod., III, xxxiii.

(3) Cujas, Ad African., tract. 8, sur la loi 9, De fundo dotali. in lib. XI; resp. Papiniani, sur la loi 11, De pign. et hyp.

majeure, ne peut le dégager de sa responsabilité (1).
Néanmoins il serait à l'abri de toute recherche si les
objets avaient péri, soit depuis le mariage, entre les
mains de la femme qui était en demeure de les livrer (2),
soit avant le mariage, alors même que la femme ne
serait pas *in mora;* dans cette dernière hypothèse, les
règles ordinaires de la vente assurent au mari une
complète libération, puisque, la constitution de dot
étant faite sous cette condition tacite : *si emptio secuta
fuerit,* il est dans la position d'un acheteur condition-
nel, contre lequel les risques ne commencent à courir
qu'après l'événement de la condition. De cette idée
que les biens apportés en dot avec estimation sont con-
sidérés comme réellement vendus, il faut déduire encore le droit incontestable pour le mari de retenir,
avec les choses elles-mêmes, à la dissolution du mariage, non-seulement les fruits qu'il en a recueillis,
mais encore tous les produits qu'il a pu en retirer, et
qui ne sont pas de véritables fruits ; c'est ainsi que
l'acheteur, après avoir désintéressé son vendeur par
le payement du prix convenu, conserve désormais dans
son patrimoine le bien vendu et tous ses accessoires.

Arrivons maintenant à distinguer de l'estimation
véritable qui imprime à la dot un caractère si marqué,
une autre sorte d'estimation à laquelle les interprètes
ont donné le nom d'*æstimatio taxationis causa.* Il en
est question dans un grand nombre de textes, soit au

(1) L. 10, princip., XXIII, III.
(2) L. 14, Dig., XXIII, III.

Digeste, soit au Code (1); nous en analyserons rapidement les effets. L'*œstimatio taxationis causa* maintenant la charge de restituer en nature, ne confère pas à l'*obligatio dotalis* le caraqtère de dette de quantité; elle laisse l'immeuble dotal sous l'empire de la loi Julia et si elle modifie les règles de la constitution de dot ordinaire, c'est seulement à un double point de vue. D'une part, elle détermine les bases de l'indemnité que devra le mari en cas de perte à lui imputable; d'autre part, elle augmente la responsabilité du mari. De droit commun, le débiteur d'un corps certain doit apporter à la conservation de la chose une diligence d'autant plus grande que le contrat primitif aura été formé plus directement dans son intérêt. Ainsi, l'opération est-elle intervenue pour l'avantage exclusif de l'une des parties, celle-ci est tenue de la *culpa levis in abstracto*, c'est-à-dire de la faute calculée sur les soins du père de famille le plus diligent, tandis que l'autre partie n'est tenue que de son dol, ou de la faute équivalente au dol. Lorsqu'il s'agit, au contraire, d'un contrat commutatif formé pour l'avantage réciproque de l'une et de l'autre partie, chacun est tenu non-seulement du dol, mais de la faute appréciée encore d'une manière absolue, d'après les habitudes du père de famille le plus diligent (2). Que si celui qui est chargé de donner ses soins à une chose, ou à une affaire, y est lui-même intéressé pour sa part, comme on trouve

---

(1) L. 60, § 7, XXIII, III; L. 32, princip.,XXIII, IV; L. 21, Cod., V, XII; L. 1, Cod., V, XVIII.

(2) L. 108, § 12, XXX; L. 5, § 2; L. 18, XIII, VI; L. 17, XXIII, III; L. 1, § 5, XLIV, VII; Collat. leg. roman. et mosaic., tit. IX, ch. 2,

dans cette communauté d'intérêts une garantie suffisante, on ne lui impose que la responsabilité de la
culpa levis in concreto. Parmi les personnes ainsi astreintes à la diligence qu'elles apportent dans leurs
propres affaires on fait rentrer les associés, les com-
munistes, les cohéritiers gérant la chose commune (1),
le mari administrant les biens dotaux non estimés (2).
L'estimation pure et simple, modifiant complétement
le caractère de la dot, rendra inapplicables au mari
les principes ordinaires en matière de faute ; il n'en
sera pas de même de l'*æstimatio taxationis causa*, qui
doit être selon nous considérée comme entraînant de
la part du mari un engagement tacite d'apporter à la
garde ou à l'administration des choses ainsi estimées,
les soins d'un bon père de famille. Cette décision est
commandée par la loi 52, § 3, au titre *Pro socio*, qui
édicte une règle analogue pour l'hypothèse à peu près
semblable d'un bien apporté dans la société avec estimation.

Nous avons dit que la constitution de dot émanant
soit de la femme, soit de toute autre personne, pouvait
porter sur un bien dont le mari était débiteur vis-à-vis
du constituant. A quelle opération faudra-t-il recourir
pour intervertir ainsi entre les mains du mari la possession de la chose qu'on veut rendre dotale ? Un grand
nombre de textes se référant à une constitution de ce
genre disent que la femme a contracté par *promissio* (3).

___

(1) L. 72, XVII, II ; L. 25, § 16, X, II.
(2) L. 17, XXIII, III ; L. 24, § 5, XXIV, III.
(3) L. 44, § 1 ; L. 40, § 1, XXIII, III.

Il y a là une inexactitude manifeste ; la *promissio dotis*
peut faire naître une obligation, elle ne peut en
éteindre : vainement, on alléguera ici une sorte de
compensation qui se serait opérée entre la créance primitive de la femme, et celle que le mari a acquise
contre elle *dotis causa* ; nous opposerons à cette explication ingénieuse la doctrine des jurisconsultes de
l'époque classique qui repoussaient la compensation
entre dettes provenant *ex diversis causis*. Par ce simple
raisonnement, il demeurerait acquis à notre cause
que le résultat dont nous recherchons l'origine n'a pu
provenir d'une *promissio*, si notre opinion ne se trouvait confirmée par les termes mêmes des lois auxquelles nous nous référons. Les compilateurs de Justinien, en insérant à tort dans ces textes l'expression
promissio, y ont maintenu maladroitement la formule
ordinaire de la *dictio*, sans interrogation préalable ;
disons donc que la *dictio dotis* peut avoir pour conséquence de libérer le mari en rendant dotale la chose
dont il est débiteur vis-à-vis de sa femme. Cette dotalité, du reste, ne se produirait pas immédiatement si
cette chose n'appartenait pas dès à présent au mari (1).
Nous avons développé plus haut le principe dont nous
constatons ici une application. Les auteurs, examinant
le caractère de cette *dictio* qui opère extinction de la
dette du mari, l'assimilent tantôt à un *pacte de non
petendo* (2), tantôt à une *acceptilatio* (3). On aurait pu

---

(1) L. 14, § 2, De fundo dotali.
(2) L. 44, § 1, XXIII, III.
(3) L. 25, 77, XXIII, III ; L. 31, § 1, XLVI, II.

d'ailleurs arriver au même résultat en employant l'un ou l'autre de ces deux modes de libération qui sont les seuls applicables aux personnes non autorisées à constituer une dot par *dictio*. En ce qui concerne l'*acceptilatio*, la question ne peut faire doute ; plusieurs textes l'ont résolue d'une manière expresse (1). Les interprètes sont moins unanimes à l'égard du simple pacte ; et cependant pourquoi refuser à une convention de ce genre les effets que comporte la *dictio*, puisque ces deux opérations peuvent avoir le double caractère commun de libérer un débiteur *exceptionis ope* et d'intervertir, entre les mains d'un possesseur le titre en vertu duquel il détient, par la fiction de deux translations de propriété successives (2).

Jusqu'ici nous avons raisonné dans l'hypothèse où, le mari étant tenu d'une dette pure et simple, l'objet compris dans la constitution de dot s'est trouvé déterminé dès le principe ; mais il pourrait se faire que l'obligation à la charge du mari fût alternative, et que nous ne discernions pas immédiatement à quelle chose doit être attribué le caractère de la dotalité. Titius est débiteur sous une alternative de 100 ou du fonds Cornélien ; de droit commun c'est à lui qu'il appartient de déterminer l'objet dont le payement doit éteindre son obligation ; il faudrait une convention contraire pour donner l'option au créancier. Nous supposons que rien de semblable n'est intervenu : Titius, ayant conservé le droit de désigner la chose qui doit seule rester

---

(1) L. 41, § 2 ; L. 43, § 1 ; L. 49, XXIII, iii.
(2) L. 15, XII, i ; L. 3, § 12, XXIV, i.

in obligatione, pourra faire connaître son intention, soit par une détermination expresse, soit par tout acte impliquant une manifestation de volonté suffisante. On se demande ce qu'il faudrait décider dans le cas où l'un des objets dus sous l'alternative vient à périr avant que l'option ait été régulièrement faite; le débiteur aura-t-il la faculté de fournir à son créancier, soit la chose encore existante, soit la valeur de celle qui a péri? Nous sommes assez disposé à admettre l'affirmative. C'est l'opinion à laquelle Ulpien s'est rangé avec une certaine timidité (1); Papinien, au contraire, s'est prononcé d'une manière formelle pour la légitimité de cette doctrine (2); il suppose qu'une personne, débitrice sous une alternative des esclaves Stichus et Pamphile, a fait périr Stichus par sa faute; il lui refuse dès lors le droit de se libérer en payant le prix de cet esclave Stichus; ce résultat nous est présenté comme une peine méritée par un débiteur, qui ne peut à son gré empirer la situation du créancier en réduisant les droits de ce dernier à un seul objet, dont la perte par cas fortuit éteint complétement l'obligation. Si le jurisconsulte nous donne cette décision pour un cas exceptionnel, ne pouvons-nous pas en conclure qu'en dehors des hypothèses où la fraude doit être justement réprimée, il permet au débiteur de fournir le prix de la chose qui a péri sans son fait, l'obligation revêtant dès lors le caractère de dette facultative, et la valeur de la chose inexistante étant non

---

(1) L. 47, § 8, XXX.
(2) L. 95, § 1, XLVI, III.

plus *in obligatione*, mais *in facultate solutionis* (1)?

Nous revenons maintenant à l'espèce que nous avons abandonnée un instant pour donner sur la matière des dévéloppements généraux. Titius, débiteur sous une alternative de 100 on du fonds Cornélien, épouse la femme envers laquelle il est tenu de cette obligation; cette femme s'est constitué une dot en ces termes : *quod mihi debes tibi doti erit*. Quelle chose deviendra dotale par suite de cette constitution? Sera-ce l'immeuble? Sera-ce la somme d'argent? Nous ne saurions dès à présent répondre à cette question. Le mari, avant la *dictio*, pouvait fournir à sa créancière l'une ou l'autre des deux choses comprises dans l'obligation. La *dictio* ne lui a pas enlevé ce pouvoir; seulement l'option par lui faite aura désormais pour résultat d'entraîner la dotalité de l'objet désigné. Si elle porte sur le fonds Cornélien, nous rentrerons sous l'application des règles ordinaires de la loi Julia; au contraire, si les choses étant encore entières, le mari aliène l'immeuble compris dans sa dette, nous considérerons cette aliénation comme impliquant de sa part l'intention de rendre dotal l'autre objet de l'alternative, c'est-à-dire la somme de 100, et nous respecterons les droits du tiers acquéreur. Il en serait autrement dans le cas où la femme, soit en constituant la dot, soit en formant le contrat primitif, se serait réservé l'option que le droit commun attribue au dé-

---

(1) La loi 9, § 2, De fundo dotali, ne saurait être invoquée contre nous; elle dit uniquement que la chose survivante sera seule *in obligatione*, et c'est précisément ce que nous nous empressons de reconnaître.

biteur ou au mari. Avant même que la désignation ait
été faite, alors que rien ne peut faire supposer chez la
femme l'intention d'attribuer le caractère de la dotalité
à l'immeuble plutôt qu'à la somme d'argent, comme
elle peut prendre ce parti dans l'avenir, et qu'il n'appartient pas au mari d'entraver en rien l'exercice de
son droit, l'immeuble sera provisoirement réputé dotal,
et soumis comme tel aux prohibitions de la loi Julia,
jusqu'au moment où la volonté de la femme aura fait
disparaître ou confirmé expressément cette dotalité
provisoire (1).

Nous pouvons prévoir également l'hypothèse où le
mari devait à sa femme deux immeubles sous l'alternative. La dot a été constituée en ces termes : *quod debes
tibi doti erit.* Aucune clause particulière n'étant intervenue, l'option appartiendra au mari ; la dotalité viendra
frapper à son gré le fonds Cornélien ou le fonds Sempronien ; il lui suffira d'aliéner l'un des deux immeubles
pour que l'autre devienne dotal par là même. Au reste,
ce caractère de dotalité imprimé, par exemple, au
fonds Sempronien par l'aliénation du fonds Cornélien,
n'aurait rien de définitif : *Obligatio dotalis est ambula-
toria,* dit la loi romaine se référant à notre hypothèse.
Le mari pourrait donc racheter le fonds Cornélien,
et modifiant son option primitive, se dessaisir du
fonds Sempronien ; la même opération se renouvel-
lerait ainsi à plusieurs reprises, sans que la femme fût
en droit d'attaquer des aliénations qui n'auraient jamais compromis sa créance dotale, l'un des immeubles

------

(1) L. 11, De fundo dotali.

restant toujours entre les mains du mari. Toutefois nous apporterons à la validité de ces options successives une restriction commandée par les principes ordinaires en matière d'obligation alternative ; la stipulation qui a constitué le mari débiteur vis-à-vis de sa femme a-t-elle été conçue en ces termes : *spondes ne dare illum aut illum?* Le mari pourra exercer indéfiniment le droit que nous lui reconnaissons. Il en serait autrement si, à ces termes sacramentels, on avait ajouté *quem volueris;* le choix qu'il aurait fait une fois serait définitif (1). En laissant de côté cette dernière hypothèse, nous imposerons en tous cas au mari l'obligation de racheter l'un des immeubles avant d'aliéner l'autre. La violation de cette règle protectrice des droits de la femme conférerait toujours à celle-ci le droit, à la dissolution, d'attaquer l'aliénation indûment consentie. Mais faut-il aller plus loin, et reconnaître au mari la faculté de revendiquer *durante matrimonio* l'immeuble dont il s'est dessaisi en dernier lieu? Nous admettrons sans hésiter l'affirmative. Le fonds ainsi aliéné, le fonds Cornélien, par exemple, avait reçu incontestablement le caractère de la dotalité, et la loi Julia s'opposait à ce qu'il pût sortir des mains du mari sans le consentement de la femme. Vainement on nous dira que cette aliénation, nulle aujourd'hui, pourra être validée demain, si le mari

______

(1) Si la stipulation avait été ainsi faite : *spondes ne dare illum aut illum quem voles* (L. 112, princip., XLV, 1), le mari pouvait, après coup, changer d'avis ; la même décision ne saurait être admise en cas de legs alternatifs, la disposition étant terminée par ces mots : *utrum heres volet,* L. 84, § 9, XXX.

recouvre le fonds Sempronien, et déclare que, revenant sur sa première option, il entend avoir *in dote fundum Sempronianum.* Vainement on nous opposera tout ce qu'il y aura eu d'injuste à évincer un tiers acquéreur dont le titre serait ainsi devenu légitime. La situation de ce tiers nous paraît infiniment moins favorable que celle de la femme; il a dû connaître le danger auquel il s'exposait en formant avec le mari seul un contrat relatif à l'aliénation du fonds dotal; la femme, au contraire, n'ayant pas concouru à l'opération, n'a pu un seul instant se trouver *indotata*, et il y aurait une inconséquence évidente à laisser le bras du mari désarmé, alors que les deux immeubles, dont l'un ou l'autre doit être dotal, ont passé d'une manière irrégulière dans le patrimoine d'un tiers. Toutefois, cette difficulté n'a pas été tranchée d'une manière expresse par la loi romaine, et le jurisconsulte Paul se contente de nous donner les deux solutions, sans indiquer à laquelle des deux il accorde la préférence (1).

C'est encore à une constitution de dot comprenant deux objets sous une alternative que se réfèrent, soit la loi 11, *De fundo dot.*, soit la loi 46, § 1, *De jure dot.* Voici l'espèce de la loi 11 : Le mari n'est plus débiteur avant la constitution dotale; la femme lui apporte *dotis causa* la propriété d'un fonds estimé au contrat, et il est convenu qu'à la dissolution du mariage elle pourra reprendre à son choix l'immeuble ou l'estimation. L'option étant ainsi remise à une époque

---

(1) L. 10, De fundo dotali.

où les pouvoirs du mari seront complétement anéantis, il en résulte qu'il n'aura jamais pu aliéner seul le fonds placé, pendant toute la durée du mariage, sous le coup d'une dotalité qui viendra peut-être le frapper ultérieurement (1). Mais que décider dans le cas où la femme aura consenti, avec le concours de son mari, une aliénation de cet immeuble? Un pareil acte sera certainement valable, et le tiers acquéreur n'aura aucune poursuite à redouter ; seulement nous verrons là une renonciation de la femme au droit de choisir le fonds, et nous l'obligerons de reprendre, après la dissolution du mariage, seulement la valeur qui avait été portée dans l'estimation.

La loi 46, § 1, *De jure dot.*, se place dans l'hypothèse où le mari, étant tenu envers sa femme d'une dette de 100 fr., celle-ci se constitue une dot en ces termes : *quod mihi debes, aut fundus Sempronianus tibi doti erit.* Cette *dictio* produira au moins conditionnellement un double effet : elle éteindra l'action de la femme et conférera au mari une *condictio* pour se faire donner le fonds Sempronien ; mais comme il serait contraire à l'intention des parties que ces deux avantages pussent se réaliser d'une manière cumulative au profit du mari, la femme, constituée débitrice par suite de la *dictio*, aura, conformément aux principes, le droit de déterminer lequel elle voudra lui attribuer définitivement. Si elle rend dotale sa créance primitive, le mari ne pourra réclamer le fonds Sempronien sans voir son action paralysée par une *exceptio pacti* ;

____

(1) L. 1, Cod., V, xxiii.

que si, au contraire, elle choisit le fonds Sempronien, sans doute le mari continuera à être affranchi des liens de son obligation, mais il sera toujours possible à la femme d'en poursuivre le rétablissement par une *condictio sine causa.*

Le Code Napoléon, désireux de ne pas multiplier outre mesure les entraves apportées par le régime dotal à la circulation des biens et à la sécurité des transactions, a déclaré dans l'art. 1554 que l'immeuble acquis des deniers dotaux ne sera pas dotal, si la condition de l'emploi n'a été stipulée par le contrat de mariage. En droit romain, au contraire, les époux pouvaient modifier à leur gré la nature des biens dotaux, sans qu'aucune clause particulière vînt mettre les tiers en garde contre ce danger nouveau, et les avertir que la dot aujourd'hui mobilière et aliénable revêtirait peut-être demain un autre caractère. Supposons que le mari ait reçu en dot une somme d'argent ; il a droit d'en disposer comme bon lui semble, sauf à restituer une somme égale à la dissolution du mariage. Si donc il emploie cet argent à faire des acquisitions sans le consentement de sa femme, les choses par lui acquises resteront définitivement dans son patrimoine ; la dot consistera toujours dans une quantité, et non dans les objets qu'il aura pu se procurer au moyen des deniers dotaux (1). Mais si le mari a réalisé ses acquisitions avec le concours de sa femme, et qu'il ait été dans l'intention des époux d'imprimer à ces nouveaux biens le caractère de la dotalité, nous

____

(1) L. 12, Cod., V, xii.

respecterons leur volonté, nous traiterons comme dotales les choses mobilières ou immobilières qui ont été ainsi subrogées à la dot primitivement constituée. Cette décision est formellement indiquée dans plusieurs textes du Digeste (1). Mais la loi 54, *De jure dot.*, y est évidemment étrangère, puisqu'elle prévoit une hypothèse dans laquelle la chose achetée est seulement réputée dotale, *dotalis esse videtur.*

CHAPITRE II.

QUELLES SONT LES ALIÉNATIONS PROHIBÉES PAR LA LOI JULIA.

La loi Julia, dit-on communément, défend au mari d'hypothéquer le fonds dotal même avec l'adhésion de la femme, et de l'aliéner sans qu'elle y consente ; cette formule est conforme au texte des Institutes (2). Mais est-ce une raison suffisante pour que nous l'admettions sans vérification ? Pour le moment, nous séparerons les deux propositions dont elle se compose, et renvoyant l'examen de la première à une partie plus avancée de ce travail, nous adopterons la seconde comme rigoureusement exacte. Le mari, placé dans l'impossibilité d'aliéner seul l'immeuble dotal, aura néanmoins, relativement à cet immeuble, tous les pouvoirs que comporte une large administration ; il pourra en changer la destination, y faire tels ou tels travaux qui lui paraîtront convenables, sauf l'obligation d'in-

____

(1) L. 25, 26, 27, 32, XXIII, III.
(2) Inst., liv. II, tit. VIII, princip.

demniser la femme à la dissolution du mariage, si la valeur primitive du fonds s'est trouvée diminuée par sa faute.

La loi 18, princip., *De fund. dot.*, suppose que le mari a ouvert une carrière dans le fonds dotal ; si cette carrière avait été en état d'exploitation au moment où il a reçu l'immeuble *dotis causa*, personne, selon nous, ne lui aurait contesté le droit de continuer l'extraction des matériaux et de s'attribuer à titre définitif les bénéfices qu'il en aurait recueillis (1). Faut-il étendre cette décision à l'hypothèse prévue par notre texte? Les jurisconsultes romains paraissent avoir été divisés sur la question. Labéon et Javolénus, dans la loi 18, accordent l'un et l'autre au mari les produits de l'exploitation qu'il a lui-même commencée ; seulement ils cessent d'être d'accord quand il s'agit de déterminer lequel, du mari ou de la femme, devra supporter définitivement les frais nécessités par l'ouverture de la carrière. Labéon, se fondant sur cette idée que le mari a fait des travaux qui ne constituent pas une dépense nécessaire, les laisse à sa charge ; Javolénus, considérant avec plus de raison que les dépenses utiles donnent lieu, elles aussi, à un recours de la part du mari, que dans l'espèce les frais faits pour l'exploitation ont pu avoir le caractère de dépenses utiles, reconnaît au mari le droit de se faire indemniser de ses déboursés. Revenant à la question principale qui fait l'objet de la loi 18, nous mettrons en présence de l'opinion des deux jurisconsultes la doctrine émise par Ulpien dans

---

(1) L. 8, princip., XXIV, iii.

la loi 7, § 13, *Solut. matrim.*, et par Pomponius dans la
loi 32, *De jure dot.* Ces deux derniers textes refusent
au mari la propriété des matériaux provenant des carrières qu'il a ouvertes dans le fonds dotal. La loi 32
ne peut donner lieu à aucune difficulté ; elle est conçue
dans des termes tout à fait exclusifs des droits du
mari. La loi 7, au contraire, a prêté à des interprétations diverses; le jurisconsulte accorde au mari le
produit de l'exploitation des carrières, et il fonde cette
décision sur ce motif qu'il n'y a pas là de véritables
fruits, motif évidemment propre à entraîner le résultat
opposé, et qu'on ne s'attendait guère à voir invoquer
en faveur du mari. Aussi, attribuant à une altération
du texte cette contradiction inexplicable, nous pensons avec Antoine Favre (1) et Pothier (2), qu'il faut
sous-entendre une négation, et lire *non est mariti :* de
cette manière, nous mettons les termes de la loi en
harmonie avec ce qui précède et avec ce qui suit; et
le texte ainsi restitué exprime cette idée que, dans
l'opinion d'Ulpien, les matériaux extraits n'appartiennent point au mari, parce que, comme il est dit
ensuite, ce ne sont point des fruits, et que le mari,
parmi les produits de l'immeuble dotal, peut retenir
seulement ceux qui ont le caractère de fruits.

Nous avons dit que le mari, sous l'empire de la loi
Julia, ne pouvait aliéner le fonds dotal sans le consentement de sa femme ; ce consentement, au reste, n'é-
tait pas soumis aux mêmes règles que l'*auctoritas tu-*

---

(1) L. 1, conject. 8.
(2) Pandect. Justin., tit. XXIV, III, n° 15.

toris (1) : il pouvait se manifester au moment même de l'aliénation ; il pouvait intervenir dans la suite, ratifiant après coup un acte accompli par le mari en dehors de ses pouvoirs (2). Mais quel sens précis attacher à ce mot *alienare* employé par la loi Julia ? La réponse à cette question se trouve dans la loi 1 au Code, *De fund. dot.* qui se termine par la phrase suivante : *est autem alienatio omnis actus per quem dominium transfertur.* Ainsi donc, tout acte qui peut enlever au mari la propriété de l'immeuble dotal lui est absolument interdit ; et, si le droit romain a apporté des exceptions à ce principe, c'est seulement en ce qui concerne les aliénations dans lesquelles il a joué un rôle passif, subissant une nécessité reconnue par la loi. En dehors de ces cas exceptionnels, il ne peut disposer des fonds dotaux, ni à titre onéreux, ni à titre gratuit, ni par acte entre-vifs, ni par acte de dernière volonté, le tout sauf le concours actuel ou la ratification de la femme.

C'est précisément à la ratification d'une aliénation ainsi prohibée que se réfère la loi 13, § 4, *De fund. dot.* Voici l'espèce prévue dans ce texte : le mari, après avoir institué sa femme héritière, lègue à un autre l'immeuble dotal ; cette disposition, contraire à la loi Julia, sera validée si la femme fait adition de l'hérédité, exprimant par là l'intention de respecter la volonté du testateur, et si de plus elle trouve dans le patrimoine du défunt un actif net égal au moins à la valeur du fonds légué. On s'est demandé si une pareille ratifica-

---

(1) L. 0, § 5, XXVI, VIII.
(2) L. 50, XXIV, III.

tion serait encore admise dans la législation de Justinien qui repousse toute aliénation du fonds dotal, *etiam consentiente muliere.* Nous sommes assez disposé à en reconnaître la validité. Justinien a voulu protéger la femme en l'empêchant de renoncer d'avance aux garanties qui assurent le recouvrement de sa dot; mais nous ne croyons pas qu'il ait poussé la sollicitude jusqu'à l'entourer des mêmes protections, dans un moment où elle est soustraite à toute influence étrangère, jusqu'à lui défendre de porter aucune atteinte à des droits qui sont ouverts à son profit, et qu'elle peut dès à présent exercer.

Quand le législateur refuse à une personne le droit d'aliéner un immeuble, il lui enlève par là même la faculté d'imposer à cet immeuble des servitudes réelles ou personnelles qui sont autant de restrictions apportées au droit de propriété, et dont l'établissement constitue des aliénations partielles (1). C'est en vertu de ce principe que la loi romaine défend à l'usufruitier de consentir des droits réels sur le fonds sujet à son usufruit (2); c'est en vertu de ce principe qu'elle déclare le mari incapable de grever le fonds dotal de charges quelconques, servitudes prédiales, droits d'usufruit, d'usage, d'emphytéose, de superficie (3); je ne parle pas de l'hypothèque, la loi ayant renfermé sur ce point les pouvoirs du mari dans des limites encore plus étroites.

____

(1) L. 86, I., xvi.
(2) L. 15, § 7, VII, i.
(3) L. 3, § 5, XXVII, ix; L. 5, De fundo dotali.

Nous envisagerons maintenant la question sous un autre point de vue ; nous supposerons qu'une servitude active existait au profit du fonds dotal, et nous nous demanderons si cette qualité de l'immeuble a pu se trouver compromise par le fait ou par la négligence du mari. Les servitudes prédiales s'éteignent par la perte du fonds dominant ou du fonds servant, par la renonciation expresse, par le non-usage et par la confusion, c'est-à-dire par la réunion dans le même patrimoine des deux immeubles entre lesquels elle était primitivement établie. Nous parcourrons successivement ces modes d'extinction, en laissant de côté le premier qui, par la force même des choses, recevra toujours son application ; nous n'insisterons pas longtemps sur la renonciation expresse : il est de toute évidence qu'un fait actif du mari, entraînant une aliénation partielle, serait aussi illicite que s'il devait avoir pour conséquence une aliénation totale de l'immeuble déclaré indisponible. Arrivons donc au non-usage et à la confusion, c'est-à-dire à deux cas dans lesquels la servitude est éteinte sans que le mari ait fait aucun acte directement prohibé par la loi Julia. la Loi 8, *De fund. dot.*, qui commence une série de disposition relatives à notre matière, emploie l'expression *servitudes fundo debitœ* ; ces termes inexacts ont soulevé quelques difficultés ; on s'est demandé si la loi avait voulu parler de servitudes déjà établies comme droits réels, ou si elle avait fait allusion à une créance permettant au mari d'exiger la constitution de ces droits réels au profit du fonds dotal. Cette question, du reste, ne présente pour nous aucune importance pratique, puisque nous refusons au mari la faculté d'aliéner tout bien incorporel ayant un immeuble pour objet ; toutefois nous pensons que la loi 5 s'est occupée d'un droit réel existant au profit de l'immeuble dotal. Quand le législateur a en vue une simple créance, un droit personnel, il dit que la servitude est *personæ non fundo debita*. Revenons maintenant aux dispositions contenues dans les lois 5 et 6, et pour en saisir toute la portée, rappelons que les servitudes prédiales se divisent en deux classes, servitudes rurales, servitudes urbaines. Les premières, supposant nécessairement le fait de l'homme, sont éteintes *non utendo*, quand il s'est écoulé deux ans sans qu'elles aient été exercées. Les servitudes urbaines ne se fondent sur aucune supposition de ce genre ; aussi la simple inaction du propriétaire du fonds dominant prolongée pendant le laps de temps requis ne suffit-elle pas à opérer l'extinction, si elle n'a été d'ailleurs précédée d'un acte par lequel le propriétaire du fonds servant a rendu impossible l'existence de la servitude. C'est ce mode de libération spéciale aux servitudes urbaines qui a reçu le nom d'*usucapio libertatis*, parce qu'il constitue une sorte d'*usucapio* pour laquelle on n'exige ni la *justa causa* ni la bonne foi chez celui qui prescrit. Au reste, toutes les servitudes prédiales établies au profit du fonds dotal ne peuvent, quelle que soit leur nature, se trouver éteintes par suite de l'inaction du mari, alors même que cette inaction, chez un propriétaire capable de disposer, aurait entraîné la perte par non-usage, ou l'*usucapio libertatis*. Nous apporterons à cette règle générale une seule exception

commandée par la loi 10, *De fund. dot.* Ce texte, après
avoir prohibé l'usucapion du fonds dotal commencée
et accomplie *durante matrimonio*, reconnaît la validité
de celle qui aurait été consommée depuis le mariage,
pourvu qu'elle ait commencé avant que l'immeuble
ne fût devenu dotal. Nous ne pouvons guère refuser
d'étendre cette décision à *l'usucapio libertatis*, dans le
cas où le propriétaire du fonds servant a fait, alors que
le fonds dominant n'était pas encore inaliénable, un acte
contraire à l'existence de la servitude urbaine dont il
a prescrit la libération depuis la dotalité survenue.

La servitude appartenant à l'immeuble dotal serait-
elle susceptible de s'éteindre par confusion (1)? Nous
pouvons envisager ici deux hypothèses différentes : ou
bien le mari était propriétaire avant le mariage de
l'immeuble grevé d'une servitude prédiale au profit
du fonds dotal, ou bien la propriété de cet immeuble
assujetti a passé entre ses mains par un événement
postérieur. Dans l'un et l'autre cas, la servitude aura
cessé d'exister, sans qu'on ait besoin d'examiner si le
mari a provoqué par une acquisition volontaire la réunion des deux fonds dans son patrimoine. Mais que
décider si l'immeuble servant a été ensuite aliéné par
le mari? Aura-t-il emporté avec lui, comme une charge
indélébile, la servitude dont il était primitivement
grevé, et pourrons-nous dire que le droit de la femme,
momentanément suspendu, mais non définitivement
anéanti, reprendra son cours, aucune force majeure
n'en paralysant désormais l'existence? Un pareil rai-

---

(1) L. 1, VII   '.. 30, princip., VIII, II; L. 10, VIII, IV.

sonnément nous paraîtrait éminemment vicieux. La confusion entraîne d'une manière absolue et définitive l'extinction des droits réels établis entre deux fonds dont une même personne est devenue propriétaire ; et si la servitude appartenant dans le principe à l'immeuble dotal a pu reparaître quand le fonds servant a été aliéné par le mari, c'est seulement dans le cas où le mari a réservé les droits de la femme par une clause expresse insérée dans l'acte d'aliénation. Nous savons que la loi 7, princip., *De fundi dot.*, semble, au premier abord, contredire notre décision, et assurer à la femme, même en l'absence d'une stipulation formelle, un recours contre le tiers acquéreur du fonds autrefois assujetti. Mais cette contradiction disparaît quand on se pénètre du véritable sens de notre loi. Julien n'a pas entendu prévoir le cas où le mari consent une aliénation véritable, il a visé l'hypothèse d'une confusion rétroactivement anéantie par l'annulation de l'acte qui avait rendu le mari propriétaire du fonds primitivement grevé (1). Et dès lors ne fallait-il pas admettre que le tiers, étant réputé avoir conservé sans interruption la propriété de cet immeuble, ne pouvait invoquer une libération reposant sur une cause considérée comme non existante ? Ce qui prouve que telle a été la pensée du jurisconsulte, c'est que les termes employés par lui excluent l'idée d'une nouvelle aliénation. On suppose que le mari, ayant reçu de Titius la propriété du fonds servant, *Titio reddidit eumdem fundum;*

---

(1) L. 1 et 2, XVIII, 11; L. 1 et 2, XVIII, 111; L. 2 et 7, Cod., IV, LIV; L. 21, princip.; L. 40, Dig., XXI, 1.

or ce mot *reddere* a-t-il jamais eu le sens qu'on voudrait lui attribuer? *Redditio* n'est certes pas synonyme de *nova venditio*, et une expression de ce genre, éminemment propre à qualifier la résolution d'un contrat survenue par suite d'un vice qui en altère la validité, n'a jamais pu s'appliquer à une nouvelle opération détruisant les effets d'un premier contrat régulièrement formé. D'ailleurs, si l'on avait voulu s'occuper d'une aliénation véritablement faite par le mari, pourquoi supposer que l'acquéreur d'aujourd'hui est précisément le vendeur d'hier? Est-ce que cette même décision ne concernerait pas aussi bien toute autre personne jusque-là étrangère au mari, et qui acquerrait pour la première fois des droits sur l'immeuble ainsi aliéné? Que si maintenant on nous demande à quelle idée se réfère notre texte quand il parle d'actions utiles concédées à la femme pour assurer le rétablissement de la servitude, nous répondrons que le mari, comme tout acheteur dont le droit s'est trouvé résolu, peut se faire remettre dans l'état où il se trouvait avant la formation du contrat (1). Et ce sont précisément les actions destinées à amener ce résultat qui passent entre les mains de la femme comme actions utiles, après le mariage, quand le mari ne lui en a pas fait la cession expresse, *durante matrimonio*, quand l'insolvabilité du mari pourrait compromettre les droits de la femme (2). On voit donc que notre texte sainement entendu ne confère à la femme aucun moyen de forcer le nouveau

---

(1) L. 18, VIII, 1; L. 9, VIII, iv.

(2) L. 16, II, xiv; L. 1, § 13, XXVII, iii; L. 31, princip., XIX, 1; L. 13, § 12, XIX, 1; L. 14, princip., XLVII, ii.

propriétaire du fonds autrefois assujetti à rétablir au profit du fonds dotal la servitude éteinte par confusion ; nous lui réservons d'ailleurs la faculté d'agir contre son mari, soit afin d'obtenir par son intermédiaire ce qu'elle ne peut exiger du tiers acquéreur, soit afin de recouvrer la valeur du droit définitivement anéanti.

Jusqu'ici nous ne nous sommes occupé que des servitudes prédiales. Nous avons maintenant à nous demander si les règles que nous venons d'examiner seront applicables aux servitudes personnelles comprises dans la dot, toutes les fois que la nature du droit pourrait en comporter l'extinction par l'un des modes dont nous avons parlé. Cette extension de dispositions favorables à la femme est commandée par la nature même des choses; toutefois nous ne pourrons l'admettre sans y apporter une exception, la loi 78, § 2, *De jur. dot.*, reconnaissant que l'usufruit constitué en dot est susceptible de s'éteindre par le non-usage. Au reste, on s'explique jusqu'à un certain point cette différence entre le droit d'usufruit et le droit de servitude. Les servitudes prédiales ont été considérées par tous les législateurs comme éminemment favorables à l'agriculture, comme méritant à ce titre une protection exceptionnelle; au contraire, la constitution d'usufruit a pour résultat de diviser entre plusieurs mains les attributs de la propriété, d'amener des contestations fréquentes entre les titulaires de ces droits ainsi séparés, de s'opposer à une bonne exploitation, et à l'amélioration des biens. On conçoit donc que la loi, tout en reconnaissant le droit d'usufruit, ait voulu en restreindre autant que possible la durée, et par conséquent laisser un entier effet aux causes qui peuvent en entraîner l'extinction. D'ailleurs, si l'intérêt de la femme n'a pas semblé suffisant pour fonder ici une nouvelle dérogation à la rigueur des principes, c'est peut-être aussi parce que l'avantage qui serait résulté pour elle de cette dérogation aurait été en général d'une importance minime, un droit aussi fragile de sa nature (1), ne pouvant avoir une valeur vénale bien considérable. Mais, tout en admettant que l'usufruit dotal ayant pour objet un immeuble puisse périr par le non-usage, nous ne pensons pas que le mari ait le droit d'en disposer par une *cessio in jure*, malgré l'assimilation qu'on a prétendu établir entre ces deux modes d'extinction (2). Le non-usage suppose une inaction, une négligence de la part du mari; la *cessio in jure* consiste dans une renonciation expresse, dans un fait volontaire. On conçoit donc que la loi Julia, inapplicable à une hypothèse où le mari s'est abstenu d'agir, reprenne tout son empire quand elle est en présence d'un acte ayant pour conséquence la perte d'un droit réel dotal et indisponible.

En étudiant la loi 6, *De fund. dot.*, nous avons fait allusion à la disposition de la loi romaine qui prohibe l'usucapion du fonds dotal. Cette nouvelle garantie, reproduite par le Code Napoléon, tantôt avec des modifications importantes, tantôt avec une servilité malheureuse, fait l'objet de la loi 16 de notre titre. Nous

(1) L. 15, § 1, ff, viii.
(2) L. 28, princip., L, xvi.

remplacerons dans ce texte par l'expression *usucapio*
les mots *longi temporis possessio* qui y ont été insérés
à tort par les compilateurs de Justinien, *usucapio* étant
le terme générique employé à l'époque des jurisconsultes pour désigner, au moins en ce qui concerne les
fonds italiques, le mode d'acquérir dont nous nous
occupons (1). Dans notre droit français, l'imprescriptibilité du fonds dotal est renfermée quant à sa durée
dans les limites mêmes de l'existence du mariage,
commençant au jour de la célébration, prenant fin au
moment où cesse l'union des époux, à moins qu'une séparation de biens prononcée avant la dissolution du
mariage ne vienne plutôt encore replacer l'immeuble
sous l'empire du droit commun. La législation romaine,
admettant au contraire que la dotalité pouvait frapper,
même avant le mariage, l'immeuble apporté *dotis causa*
au futur époux (2), devait déclarer cet immeuble
imprescriptible le jour même où il devenait dotal et
inaliénable; or cette imprescriptibilité, qui à un moment donné pouvait précéder la formation du mariage,
pouvait aussi survivre à sa dissolution, l'inaliénabilité
dotale se prolongeant, comme nous l'expliquerons plus
tard, jusqu'au moment où la femme avait recouvré le
montant de sa dot (3).

C'est à peine si nous avons besoin de signaler en
passant l'erreur dans laquelle est tombé M. de Savigny,
quand il a prétendu restreindre la disposition prohibitive de notre loi 16 au cas où le mari aurait livré lui-

---

(1) Gaius, com., II, § 16.
(2) L. 4, De fundo dotali.
(3) L. 12, princip., De fundo dotali.

même le fonds dotal au tiers qui voudrait l'usucaper (1).
Une semblable décision est par trop divinatoire. La
loi 16 ne recherche pas si c'est le mari ou toute autre
personne qui a conféré au tiers la détention de l'immeuble ; elle examine seulement à quelle époque a
commencé l'usucapion : est-ce avant, est-ce depuis le
mariage? C'est donc à ce dernier point de vue que
nous trouverons dans le texte une décision importante
à constater. L'inaliénabilité qui vient frapper l'immeuble dotal possédé par un tiers n'interrompt pas le
cours de la prescription commencée à un moment où
le fonds n'était pas encore inaliénable. Cette disposition,
justifiable peut-être dans la législation romaine, qui
ne reconnaissait pas ce que nous appelons les causes
civiles d'interruption de prescription, n'a plus sa raison
d'être sous l'empire du Code Napoléon, en présence
des circonstances nombreuses qui viennent suspendre
ou interrompre une prescription commencée. Remarquons l'expression *dare in dotem* employée par Ulpien
dans la loi 16 pour exprimer l'apport que la femme
fait à son mari de l'immeuble déjà possédé par un tiers ;
ces mots évidemment se réfèrent à une constitution de
dot accompagnée, non d'une *traditio*, mais d'une *mancipatio*, ou d'une *cessio in jure*. Le jurisconsulte examine
l'hypothèse dans laquelle le tiers se trouve avoir ainsi
valablement usucapé le fonds dotal ; il se demande
quelle va être pour le mari la conséquence de cette
usucapion. Deux situations sont possibles : il s'est
écoulé entre le moment où la dotalité est survenue et

______

(1) M. de Savigny, *Syst.*, t. IV, append. IX, n° 4.

l'accomplissement du temps requis pour la prescription un délai suffisant pour que l'action ait pu être intentée contre le possesseur au nom de la femme; en pareil cas, la négligence du mari entraîne pour lui l'obligation de restituer la valeur de l'immeuble à la dissolution du mariage. Au contraire, sa responsabilité ne serait pas engagée, si la prescription s'était accomplie à une époque si rapprochée de la constitution de dot, qu'il n'aurait pas eu le temps de prendre les mesures nécessaires pour sauvegarder les droits de sa femme.

Nous arrivons à la question la plus importante et la plus difficile qui puisse se présenter dans l'étude de notre matière. Le mari, incapable d'aliéner le fonds dotal sans le consentement de sa femme, ne pouvait, même, avec le concours de cette dernière, le grever d'hypothèques. D'où vient cette seconde prohibition? Faut-il, comme le prétendent un grand nombre d'auteurs, la rattacher à la loi Julia? faut-il lui assigner une autre origine? M. Demangeat, dans son remarquable traité *De fundo dotali*, a fait de cette intéressante difficulté l'objet d'une étude approfondie. La théorie ingénieuse dont il est l'auteur répond à toutes les objections. Nous l'adopterons d'une manière à peu près absolue; les quelques points sur lesquels nous nous séparerons de l'éminent professeur toucheront plutôt à des questions de détail qu'au fond même de son argumentation. Comme lui, nous ne pensons pas que la loi Julia ait rien édicté relativement au droit d'hypothéquer le fonds dotal; nous en trouvons la preuve dans deux fragments de Gaïus et de Paul, qui ne font aucune mention de cette dernière prohibition;

et cependant les jurisconsultes se proposaient de déterminer la portée exacte de la loi Julia (1). Justinien, dans ses Instituts, a reproduit avec deux inexactitudes le § 63 de Gaïus (2); d'abord, il nous donne pour constant que la loi Julia ne s'était jamais appliquée aux immeubles provinciaux : Gaïus se contentait de dire que la question faisait doute. En outre, le § 63 attribuait à la loi Julia, comme décision unique, la prohibition d'aliéner le fonds dotal; d'après les Instituts, la même disposition législative s'opposait à ce que le fonds dotal fût hypothéqué. A l'argument que nous prétendons tirer du § 63 de Gaïus, du § 2, tit. XXI, Sent. de Paul, on nous oppose la loi 4, *De fund. dot.*, qui assigne une origine commune à la double prohibition de l'aliénation et de l'hypothèque. Ce qu'il y a de plus singulier dans cette objection, c'est qu'elle combat l'un par l'autre deux textes du même jurisconsulte, la loi 4, *De fund. dot.*, appartenant à un autre traité de Gaïus. Comment se fait-il que Gaïus ait pu exprimer tour à tour deux opinions diverses? Laquelle de ces décisions contradictoires devrons-nous accepter comme exacte? A première vue, le § 63, qui a pour but de préciser les effets de la loi Julia, paraîtrait mériter une plus grande confiance que notre loi 4, dans laquelle cette détermination est présentée d'une manière indirecte. Mais nous allons plus loin, nous préte. dons que la loi 4 a été altérée par les compilateurs de Justinien, et que le mot *obligare* n'était

---

pas dans le texte primitif du jurisconsulte; ce qui le prouve, c'est l'assimilation que cette loi ainsi modifiée établit entre la prohibition d'aliéner et celle d'hypothéquer le fonds dotal, alors que la seconde est absolue, tandis que la première peut disparaître devant le consentement de la femme.

Une raison plus décisive encore que tous les arguments de texte vient confirmer notre opinion sur la portée exacte de la loi Julia. La loi Julia, nous dit-on, a déclaré nul l'engagement, l'*obligatio* du fonds dotal; mais pour cela il faudrait qu'au moment où elle a été rendue ce que nous appelons *obligatio* ait existé dans la législation romaine; or ce point est au moins contestable. Personne n'ignore par quelles modifications successives le droit romain en est arrivé à reconnaître le gage, et l'hypothèque comme moyens de garantir une obligation. A l'origine, le débiteur qui voulait donner des sûretés à son créancier ne pouvait que lui transférer la propriété d'un de ses biens meubles ou immeubles, en se réservant par une clause de fiducie la faculté de reprendre la chose ainsi aliénée après l'entier acquittement de sa dette. Cette institution primitive fit place, d'abord au droit de gage, puis au droit d'hypothèque; ce sont ces deux dernières garanties que nous avons transportées dans notre droit actuel après les avoir trouvées existantes dans le dernier état de la législation de Rome. Mais à quelle époque le *pignus* est-il apparu dans la société romaine? C'est ce qu'aucun document ne nous révèle d'une manière précise; toutefois on pense communément que l'*alienatio contracta fiducia* était seule en vigueur vers le commencement de l'empire. Ce qu'il y a de certain, c'est que Gaïus et Paul en constatent encore l'existence (1). Or il serait vraiment incroyable qu'une institution aussi imparfaite, aussi funeste au crédit, ait pu se maintenir jusqu'à la grande époque des jurisconsultes, si, depuis deux siècles déjà, on avait connu un autre système de garantie plus conforme à l'intérêt commun des parties contractantes. Nous sommes donc très-disposé à croire que la loi Julia n'a pu prévoir l'*obligatio* du fonds dotal, parce qu'au moment où elle fut portée les biens d'un débiteur pouvaient être aliénés par lui avec clause de fiducie, mais n'auraient pu, selon toute probabilité, être l'objet d'une affectation à titre de gage ou d'hypothèque.

Dès l'instant que la prohibition d'hypothéquer le fonds dotal n'a pas sa source dans une décision de la loi Julia, quelle origine devons-nous lui assigner? M. Demangeat la rattache complétement au sénatus-consulte Velléien; nous ne méconnaissons pas l'identité de motifs qui existe entre la disposition du Velléien, et la règle concernant l'hypothèque de l'immeuble dotal, mais nous nous refusons à voir dans la seconde de ces décisions une conséquence et une application de la première. Voici, selon nous, par quel raisonnement les jurisconsultes en sont arrivés à prohiber l'engagement du fonds dotal. La loi Julia, en déclarant nulle la vente du fonds dotal consentie par le mari sans l'adhésion de sa femme, comprenait dans la même prohibition l'*alienatio contracta fiducia*, qui avait pour

---

(1) Gaius, com. II, § 60; Paul, Sent., liv. II, tit. xiii, §§ 1 à 7.

conséquence de faire sortir l'immeuble, pour le moment au moins, du patrimoine des époux ; plus tard
l'aliénation avec fiducie disparut, pour faire place à
une garantie dont l'établissement portait une atteinte
moins considérable au droit du débiteur. Mais la jurisprudence, de plus en plus favorable à la conservation
de la dot, tendait à resserrer dans des limites étroites
les pouvoirs du mari sur les biens dotaux ; ce fut dans
cette pensée restrictive des droits du mari qu'elle le
déclara incapable de consentir sur l'immeuble dotal
un engagement qui cependant n'était plus une aliénation. Ce n'était pas encore assez : le mari ne pouvait
seul hypothéquer l'immeuble ainsi garanti, mais il
pouvait le grever de droits de gage et d'hypothèque
en rapportant le consentement de sa femme : or il lui
était toujours facile de se procurer son adhésion en
lui dissimulant la véritable portée d'un acte qui n'entraînait pas une diminution immédiate de son patrimoine. Pour obvier à ce danger, on défendit à la
femme de valider par son consentement l'hypothèque
que le mari voudrait établir sur le fonds dotal. En
raisonnant ainsi, on s'était inspiré de la pensée qui
avait dicté le sénatus-consulte Velléien : cette disposition législative, tout en permettant à la femme de
payer la dette d'autrui, lui défendait de se porter *in-
tercessor* dans une obligation qui lui était étrangère,
et de contracter ainsi un engagement dont elle ne
pourrait dès le principe prévoir les conséquences (1).

Voilà, nous le répétons, à quel point de vue nous

---

(1) L. 2, § 1, XVI, 1.

consentons à reconnaître un rapport intime entre la décision générale du sénatus-consulte Velléien et la prohibition relative à l'hypothèque du fonds dotal ; mais nous ne croyons pas nécessaire d'admettre que l'une de ces deux dispositions ait seule amené l'autre, et qu'il y ait entre elles deux la relation unissant un principe général à une règle spéciale qui en est l'application. L'intérêt de la question est, du reste, considérable ; si la défense d'hypothéquer le fonds dotal se rattache uniquement au sénatus consulte Velléien, il faudra bien décider que cette prohibition disparaîtra quand l'hypothèque constituée par le mari, avec le consentement de la femme, sera destinée à garantir une dette de cette dernière, puisqu'en pareil cas il n'y aura aucune *intercessio* prohibée. De même, nous ne pourrons méconnaître les droits du créancier qui aura reçu hypothèque sur le fonds dotal, toutes les fois qu'il aura contracté sans savoir qu'il y ait *intercessio* de la part de la femme, ou du moins toutes les fois que la femme aura usé de manœuvres frauduleuses pour l'induire en erreur : *decipientibus enim mulieribus senatus-consultum auxilio non est ; infirmitas enim fœminarum, non calliditas auxilium demit* (1). Ce sont précisément ces deux conséquences du sénatus-consulte Velléien que nous refusons d'étendre à la disposition concernant le fonds dotal. Cette extension ne nous paraît commandée par aucun texte des jurisconsultes romains ; on a prétendu en trouver la consécration dans la novelle 61, rapprochée de la loi 22 au Code, *Ad. sen.-cons. Velleianum.*

---

(1) L. 2, § 3, XVI, 1.

Nous nous efforcerons de réfuter cet argument. Justinien, dans la loi 22, au Code, IV, xxix, détruisit en partie l'effet du sénatus-consulte Velléien en permettant à la femme de valider, par un nouvel engagement formé après deux ans révolus, l'acte déclaré nul dans son principe comme constituant une *intercessio* prohibée. Or, nous dit-on, la meilleure preuve que la décision relative à l'hypothèque du fonds dotal a son origine dans le sénatus-consulte Velléien, c'est que Justinien n'a pas cru pouvoir modifier la seconde de ces dispositions sans édicter à l'égard de l'autre une modification analogue; la novelle 61 est venue précisément rétablir la corrélation parfaite qui a toujours existé entre ces deux garanties assurées à la femme. Nous soutenons que l'idée de cette prétendue corrélation est repoussée par le texte même invoqué contre nous. Voici le résumé de la novelle 61 : Justinien commence par défendre au mari d'aliéner ou d'hypothéquer, même avec le consentement de sa femme, l'immeuble compris dans la donation *propter nuptias* (1); puis il ajoute que, si le concours des époux ne suffit pas à valider immédiatement ces actes de disposition, la femme peut les confirmer après coup, en renouvelant au bout de deux ans l'adhésion donnée dès le principe, pourvu toutefois qu'elle trouve dans le patrimoine de son mari d'autres biens suffisants pour assurer son recours (2). Après s'être occupé exclusivement des immeubles compris dans la donation *propter nuptias*, Justinien poursuit en ces ter-

---

(1) Novelle 61, princip. et § 1.
(2) Novelle 61, §§ 2 et 3.

mes : *Atque hæc multo magis in dote obtineant, si quæ-dam de dote alienaverit, vel pignori obligaverit; satis enim hæc jam elaborata et sancita sunt.* Nous recon-naissons que cette phrase a eu pour but d'étendre à l'immeuble dotal les dispositions édictées dans le com-mencement de la novelle; nous reconnaissons que la double prohibition d'aliéner et d'hypothéquer le fonds dotal, devenue complète à partir de Justinien, pourra tomber en présence du consentement de la femme ma-nifesté par deux fois à deux années d'intervalle (1); et malgré cette décision évidemment analogue à celle de la loi 22 au Code, aucune conséquence défavorable à notre cause ne peut être tirée de ce rapprochement. Le sénatus-consulte Velléien se référait à l'hypothèque, et non à l'aliénation consentie par la femme : la loi 22 vient restreindre l'application du sénatus-consulte en se plaçant uniquement dans l'hypothèse d'un engage-ment indûment contracté; la novelle 61, au contraire, est conçue à un point de vue tout à fait différent, puis-qu'elle s'occupe à la fois de l'aliénation et de l'hypo-thèque portant sur un immeuble dotal. On ne peut donc pas invoquer contre nous une prétendue corréla-tion entre deux dispositions aussi dissemblables, et l'on ne saurait rattacher la novelle 61 à la loi 22 au Code, pour conclure de ce rapprochement à l'existence d'un lien de filiation entre le sénatus-consulte Velléien et la disposition prohibitive de l'hypothèque du fonds dotal.

Jusqu'ici nous avons passé en revue les différentes

---

(1) Cujas, Novell. exposit. ad novell. 61.

sortes d'aliénations, qui, soit directement, soit par
voie d'interprétation, tombent sous le coup de la loi
Julia; nous nous demanderons maintenant s'il n'y a
pas certaines hypothèses dans lesquelles l'immeuble
dotal peut sortir valablement des mains du mari. Un
de ces cas exceptionnels dérogeant au principe de la
loi Julia est prévu par la loi 16, *De fund. dot.*, que
nous avons examinée plus haut : nous parlons de la
faculté pour un tiers possesseur du fonds dotal d'ache-
ver après le mariage l'usucapion commencée avant la
dotalité survenue. En dehors de cette hypothèse spéciale, nous pouvons poser comme règle absolue que la
loi Julia, ayant pour but de restreindre le pouvoir de
disposition du mari en ce qui concerne l'immeuble dotal, restera sans application, quand il s'agira d'une
aliénation nécessaire pouvant se produire indépendamment de la volonté du propriétaire. Nous examinerons
rapidement les principales exceptions ainsi apportées à
la règle de l'inaliénabilité dotale.

1° *Damnum infectum.*—Ce cas est prévu dans la loi 1,
princip., *De fund. dot.* Voici ce qu'il faut supposer :
une maison apportée en dot menace ruine, et peut en
tombant causer du préjudice au voisin; or le mari
pourrait se dispenser de payer une indemnité en faisant l'abandon noxal des matériaux. En présence de
ce danger, le préteur lui ordonne de s'engager au
moyen d'une promesse sur stipulation à réparer le
dommage, au cas où l'accident redouté se réali-
serait (1). Si l'engagement est pris, et que le sinistre

---

(1) L. 1, § 7, XLVI, v; L. 1, XXXIX, ii.

survienne, il y aura ouvérture à une action *ex stipulatu;* si le mari refuse de donner la *cautio damni infecti,* le magistrat envoie le demandeur en possession dé l'immeuble, sans lui conférer toutefois le droit d'expulser le propriétaire (1). Les choses restent dans cet état pendant un délai assez considérable pour que le mari revienne sur son premier refus; s'il persiste dans sa résistance, un second décret rendu *cognita causa,* et après une dénonciation (2) préalable, confère au réclamant un *jussus possidendi* qui lui permet d'expulser le mari, et d'usucaper comme s'il avait eu une juste cause (8). Cette aliénation du fonds dotal est considérée comme une aliénation nécessaire, non pas en ce sens que le mari devait forcément la subir, puisqu'il aurait pu s'y soustraire en donnant la *cautio damni infecti,* mais en ce sens du moins qu'il ne l'a pas directement consentie, et qu'elle s'est trouvée résulter fatalement de son refus do contracter l'engagement prescrit.

2° Espèce prévue par la loi 2 au Code *De fund. dot.* — En droit romain, le partage était translatif, et non pas seulement déclaratif de propriété. Ce caractère était reconnu par tous les jurisconsultes, à l'exception de Trébatius dont l'opinion avait été formellement repoussée par Labéon (4). Ce principe étant admis, on devait décider que celui-là seul pouvait intenter une action en partage, relativement à un immeuble indivis,

---

(1) L. 4, § 1; L, 15, § 20, XXXIX, 11.
(2) L. 15, § 33, XXXIX, 11.
(3) L. 5, 15, §§ 10, 21, 23, XXXIX, 11.
(4) L. 31, XXXIII, 11.

qui avait le droit de disposer de la part indivise dont
il était propriétaire. Au contraire, le rôle de défendeur
à une action de ce genre pouvait être rempli par tout
copropriétaire même inhabile à disposer ; en effet, il y
a dans cette situation d'une personne défenderesse à
une poursuite en partage quelque chose de fatal et nécessaire, excluant chez elle toute idée de participation
à une aliénation qui peut se produire indépendamment de sa volonté. Faisant à notre matière l'application des principes généraux, nous dirons, avec la
loi 2 au Code : Le mari qui a reçu en dot la copropriété
par indivis d'un immeuble, ne peut intenter la demande en partage, mais il peut valablement y défendre, et alors quatre résultats sont possibles : ou
bien l'immeuble sera partagé entre les copartageants ;
ou bien, l'instance ayant abouti à une adjudication, il
sera attribué tout entier à un étranger ; ou bien l'adjudication sera prononcée en faveur du copropriétaire ;
ou bien le mari se sera porté lui-même adjudicataire.
Dans la première de ces hypothèses aucune difficulté ;
ce qui est désormais *in dote*, ce n'est plus une part
indivise de l'immeuble, c'est la portion assignée au
mari d'une manière complète et définitive. Dans les
deuxième et troisième cas, le mari acquiert en échange
de ses droits sur le fonds une créance contre l'é-
tranger ou le cohéritier devenu adjudicataire. Cette
créance est dotale, et la femme la répétera contre le
mari ou ses héritiers à la dissolution du mariage.
D'ailleurs, comme l'aliénation de l'immeuble dotal a
été nécessaire, comme aucune faute n'est imputable
au mari, la dette nouvelle dont il est tenu *dotis causa*

sera envisagée sous son caractère véritable de dette de quantité ; trois termes d'un an chacun (*annua, bima, trima die*) seront accordés pour la restitution. Enfin, si nous supposons le mari devenu adjudicataire de tout l'immeuble, nous déciderons avec Julien et Tryphoninus (1) que cet immeuble sera dotal seulement pour la part apportée en dot ; quant à celle reçue du copropriétaire, sans doute elle a été attribuée au mari *propter rem dotalem*, mais l'acquisition s'en est réalisée à son profit *ex re sua id est ex re mariti ;* par conséquent, elle lui appartiendra en propre. Toutefois, cette décision, éminemment équitable, présentera un inconvénient à la dissolution du mariage ; le mari étant comptable vis-à-vis de la femme d'une moitié de l'immeuble, l'indivision qui avait existé avant le mariage reparaîtra le jour où il sera dissous, et il faudra recourir à un nouveau partage, à une nouvelle adjudication. Pour obvier à cet inconvénient, la loi romaine décide que la femme aura le droit et le devoir de reprendre l'immeuble entier, en remboursant au mari le prix moyennant lequel il s'est porté adjudicataire. Cette décision a été entendue avec raison par M. Demangeat comme se référant à la seule hypothèse d'une adjudication prononcée au profit du mari, sur la poursuite du copropriétaire. Que si le mari avait joué le rôle de demandeur dans l'instance, nous lui refuserions la faculté de forcer la femme à reprendre plus que la part de l'immeuble apportée en dot, tout en reconnaissant à cette dernière le droit de réclamer, si elle le préfère,

---

(1) L. 78, § 4, XXIII, III.

lo fonds tout entier. Il nous paraîtrait injusto que le mari eût pu, par un seul fait de sa volonté, empirer la situation de sa femme en la mettant dans l'impossibilité de reprendre son apport, si sa fortuno ne lui permet pas de restituer au mari la valeur de la part acquise *ex adjudicatione.*

3° L'immeuble apporté en dot était grevé d'hypothèques au profit d'un créancier du constituant ; il passera entre les mains du mari avec la charge dont il était affecté, et le créancier hypothécaire aura le droit de méconnaître une dotalité qui ne lui est pas opposable ; il pourra exercer l'action quasi-servienne, et faire vendre l'immeuble s'il n'est pas payé à l'échéance (1).

L'immeuble dotal n'était pas hypothéqué, mais il a été compris dans une constitution de dot faite par un débiteur *in fraudem creditorum.* Les créanciers, ainsi frustrés de leurs droits par une aliénation frauduleuse des biens affectés à leur garantie, pourront intenter l'action paulienne, pourvu toutefois que le mari ait été complice de la fraude ; sa bonne foi le mettrait à l'abri des recherches, comme tout acquéreur à titre onéreux (2). Admettons qu'il soit passible d'un recours ; l'action exercée contre lui l'obligera, soit à désintéresser les créanciers du constituant, soit à se dessaisir de l'immeuble. S'il prend ce dernier parti, nous aurons à constater une nouvelle aliénation du fonds dotal survenue sans la volonté du mari, et

---

(1) L. 1, § 2, XXVII, ix ; L. 2, au Cod., II, xxix.
(2) L. 25, § 1, XLII, viii.

placée par là même à l'abri de toute application de la loi Julia.

Il pourrait se faire que les créanciers de la femme antérieurs à la constitution de dot n'aient à invoquer ni l'action paulienne ni l'action hypothécaire. Laisserons-nous donc leurs bras complétement désarmés, alors même que l'acte portant atteinte à leur droit aurait conféré au mari tous les biens de leur débiteur? Devrons-nous dire au contraire que cette transmission, portant ainsi sur l'ensemble d'un patrimoine, comprendra, en même temps que l'actif dont il se composait, les dettes dont il était grevé? Cette décision sans doute serait équitable; mais est-elle conforme à l'esprit de la législation romaine? On sait que le droit romain n'a jamais vu dans la succession aux biens et dans la succession aux dettes deux idées corrélatives. Les légataires, appelés à recueillir une quote-part d'un patrimoine, n'ont pas été reconnus débiteurs d'une part correspondante dans le passif de l'hérédité; il a fallu, pour faire contribuer aux charges ceux qui prenaient ainsi une notable partie des biens, imaginer entre l'héritier et le légataire des engagements réciproques connus sous les noms de *stipulationes partis et pro parte*. De même que le légataire partiaire, le mari, investi *dotis causa* de tout le patrimoine de la femme, n'est pas traité comme un continuateur de la personne, tenu des dettes en cette qualité; nous refuserons donc aux créanciers de la femme toute action contre lui. Seulement comme un apport est toujours réputé fait *deducto ære alieno*, comme la femme, en se constituant en dot la totalité de ses biens, avait le

droit de retenir de quoi désintéresser ses créanciers,
nous lui permettrons de répéter par *condictio* une valeur suffisante pour l'acquittement de ses dettes (1).
Du reste si la femme, au lieu d'apporter en dot tous
ses biens, en avait compris quelques-uns seulement
dans la constitution dotale, ses créanciers, investis
comme par le passé du droit de saisir et faire vendre
les choses qui se trouvent entre ses mains, pourront
faire figurer dans cette *venditio bonorum* son droit
éventuel à l'action *rei uxoriæ*. Voilà ce qui se passerait pendant le mariage ; une fois le mariage dissous,
tous les biens meubles ou immeubles de la femme,
ceux qu'elle avait conservés en propre, ceux qui
avaient été affectés de la dotalité, devenaient le gage
commun de ses créanciers, sans qu'on eût à rechercher
si les droits de chacun d'eux avaient pris naissance
avant ou après la dissolution du mariage, avant ou
après la dotalité survenue. Dans notre société actuelle,
une jurisprudence, peut-être trop favorable aux intérêts de la femme, a donné au principe de l'inaliénabilité de la dot une plus large interprétation. Suivant
cette doctrine, la dissolution du mariage emporte
cessation du régime dotal, anéantit le caractère de
biens dotau ; les choses qui, en cette qualité, avaient
été déclarées inaliénables, deviennent désormais libres
et disponi es aux mains de la femme ou de ses héritiers. Mais cette disponibilité n'existe que pour l'a-
venir, et tout acte de disposition, soit directe, soit indirecte, qui s'est accompli pendant le mariage, ne

---

(1) L. 72, XXIII, III.

peut fonder aucune exécution sur ces biens autrefois
frappés d'inaliénabilité. Si donc un créancier vient les
saisir après la dissolution, en vertu d'une obligation
contractée par la femme durant le mariage, il sera repoussé par cette raison que la chose, aujourd'hui libre
et susceptible d'être engagée, ne pouvait faire l'objet
d'un engagement le jour où la femme a consenti l'acte
dont on invoque contre elle le bénéfice. On a rattaché
au principe de la loi Julia l'origine de cette jurisprudence; nous avons signalé à l'avance la fausseté d'un
pareil raisonnement. Le droit romain avait toujours
admis que l'engagement de la femme contracté *durante
matrimonio*, étant valable en lui-même, pouvait être
exécuté, non-seulement sur les paraphernaux, mais
encore sur les biens dotaux, alors que ces biens, dé-
gagés de la dotalité par la dissolution du mariage,
étaient rentrés dans le commerce et avaient échappé
à tout privilége. Notre ancien droit français s'était
déjà mépris sur le véritable sens de la décision romaine,
et, confondant la loi Julia avec le sénatus-consulte Velléien, avait déclaré que les immeubles autrefois dotaux
seraient insaisissables pour les causes survenues pendant le mariage; deux arrêts du parlement de Paris
rendus les 18 mai 1657 et 13 juillet 1658, une déclaration du roi, du 21 avril 1664, attestent l'état de
cette jurisprudence.

La femme peut être tenue d'une dette envers son
mari par suite d'un engagement contracté même
depuis le mariage, pourvu que le contrat ne soit pas
intervenu dans le but de déguiser une libéralité dé-
fendue entre époux. En pareil cas, le mari pourra

exercer toutes les actions qui compéteraient à un créancier étranger, en ayant soin de restreindre ses poursuites aux biens paraphernaux de sa débitrice ; toutefois, s'il n'est pas encore désintéressé à la dissolution du mariage, il aura le droit de retenir les biens dotaux sujets à restitution jusqu'à concurrence du montant de sa créance. Il s'opérera ainsi une de ces compensations que la loi romaine avait admises dans les actions de bonne foi (1). Il pourrait se faire que le mari se trouvât créancier de sa femme par suite de dépenses faites sur les choses dotales. Nous devons sur ce point présenter quelques développements.

Ulpien distingue trois sortes de dépenses faites à l'occasion des biens dotaux : les dépenses nécessaires, les dépenses utiles, et les dépenses voluptuaires. Les premières sont celles qui ont pour but la conservation de la chose ; les secondes ont tendu à l'améliorer ; les dernières n'ont servi ni à la conservation ni à l'amélioration, mais au simple agrément de la chose dotale (2). Les dépenses voluptuaires ne sauraient en aucun cas fonder un recours de la part du mari, et lui confèrent simplement le droit d'enlever les embellissements que l'on peut détacher du fonds sans le détériorer (3) ; si les dépenses utiles ont été faites par le mari avec le consentement de sa femme, il les retiendra ; s'il les a faites sans son consentement, il ne pourra s'en faire indemniser qu'autant que le remboursement n'en serait pas trop onéreux à la femme.

____

(1) Inst., liv. IV, tit. VI, § 30.
(2) Ulp. frag., tit. VI, §§ 15, 16, 17.
(3) L. 9, XXV, 1.

Remarquohs que les dépenses utiles ont été ainsi recouvrées au moyen d'une *deductio*, jamais par voie d'action; le mari, qui les a faites sur une chose dotale, c'est-à-dire sur un chose qui lui appartenait, n'aurait pu être considéré comme ayant agi en qualité de mandataire ou de *negotiorum gestor* (1). Pour les dépenses nécessaires il faut encore distinguer : celles qui constituent les dépenses ordinaires d'entrétien restent à la charge du mari (2); celles qui ont été faites en vue de la récolte seront supportées définitivement par le mari, s'il a recueilli seul les fruits de l'immeuble (3); elles seront prélevées avant tout partage si, le mariage venant à se dissoudre dans l'intervalle de deux récoltes, les fruits doivent se partager entre les époux ou leurs héritiers (4). Toutes les dépenses nécessaires, qui n'ont pas l'un ou l'autre de ces deux caractères, diminuent de plein droit le montant de la dot. Le mari peut retenir des valeurs dotales jusqu'à concurrence du chiffre de cette créance; et s'il a omis de faire cette déduction, il pourra répéter par une *condictio indebiti*, comme ayant rendu plus qu'il ne devait.

Comment faut-il expliquer cette formule *impensæ necessariæ ipso jure dotem minuunt* (5) ? On ne saurait l'entendre à la lettre et dire que les dépenses nécessaires faites relativement à un fonds dotal, et s'élevant, par exemple, au tiers de la valeur de cet immeuble,

---

(1) L. 5, XXV, 1.
(2) L. 15 et 16, XXV, 1.
(3) L. 7, § 16, XXIV, 111; L. 3, XXV, 1.
(4) L. 7, princip., XXIV, 111.
(5) L. 1, § 2, XXV, 1.

lui enlèvent pour un tiers le caractère de la dotalité. Non, la diminution ainsi opérée de plein droit porte uniquement sur la valeur totale de la dot, abstraction faite des objets corporels pour lesquels la somme a été dépensée : *quod dicitur necessarias impensas dotem minuere, sic erit accipiendum, non ut ipsæ res corporaliter deminuantur ; non enim ipso jure corporum sed dotis fit deminutio* (1). Cette décision est admise par tous les jurisconsultes, quand les dépenses faites successivement pour la conservation d'un fonds dotal n'ont pas absorbé la valeur totale du fonds. Dans l'hypothèse contraire une scission s'est produite dans la doctrine. Paul, dans la loi 56, § 8, *De jur. dot.*, nous apprend que Scévola et Nerva regardaient le fonds dotal comme ayant perdu le caractère de la dotalité, du jour où le montant des dépenses avait égalé la valeur vénale de l'immeuble. Notre texte suppose qu'on est arrivé à ce chiffre total par suite de dépenses successives ; il faut bien se placer dans cette hypothèse pour voir dans la conduite du mari le fait d'un bon administrateur. Si, pour conserver le fonds, il avait fallu de suite et d'un seul coup dépenser autant qu'il valait, le mari aurait mieux fait de le laisser périr ; la perte qui serait survenue dans ces circonstances aurait moins engagé sa responsabilité qu'une tentative de conservation réalisée à un prix aussi élevé.

Scévola et Nerva se divisent eux-mêmes dans l'application de leur doctrine ; le premier l'admet dans toute sa rigueur, alors même que la dot aurait compris

---

(1) L. 5, princip., XXV, 1.

avec l'immeuble conservé des valeurs pécuniaires sur lesquelles on aurait pu imputer le montant de la dépense. Nerva reconnaît au contraire qu'en pareil cas la dot pécuniaire sera seule diminuée. Paul, après avoir rapporté l'opinion des deux jurisconsultes, la combat en signalant une difficulté qu'elle soulève dans la pratique. Il peut arriver que la femme rembourse au mari les dépenses; qu'en résultera-t-il? La dot sera-t-elle accrue? Y aura-t-il rétablissement de la dot primitive? Cette question peut présenter un certain intérêt même en dehors de la difficulté que nous examinons. Ulpien s'en est occupé dans la loi 5, princip., *De imp. in rem. dot. fact.* Voici ce qu'on peut supposer : un ascendant constitue à sa fille émancipée une dot de 100. Dans cette dot figurent un immeuble pour 50, des valeurs pécuniaires pour le surplus. Le mari fait pour le fonds dotal une dépense égale à 25; la dot se trouve réduite d'autant; plus tard, le mari reçoit le remboursement de ses avances, puis le mariage se dissout par le prédécès de la femme. Si la dot est réputée avoir été reconstituée à nouveau, et rétablie dans son premier état, l'ascendant reprendra les 25 recouvrés par le mari. Si au contraire le remboursement des dépenses crée une nouvelle dot, l'apport primitif continuant à être réduit au chiffre de 75, le mari gagnera les 25, et l'ascendant aura droit seulement aux 75 qui constituent la part de la dot profectice encore existante. Ulpien admet la dernière solution.

Revenons maintenant à l'examen de notre question en ce qui concerne l'opinion spéciale de Nerva et de Scévola. La dot apportée au mari ne comprend qu'un immeuble; les dépenses successivement faites ont égalé la valeur du fonds. D'après la doctrine commune, le fonds n'en restera pas moins dotal, sauf le droit pour le mari, à la dissolution du mariage, de se refuser à en faire la restitution jusqu'au complet recouvrement de ses avances. Suivant les deux jurisconsultes dissidents, le fonds aurait perdu son caractère de dotalité. Dans cet état la femme rembourse les dépenses. Ou bien nous aurons une dot nouvelle, et alors ce sera une somme d'argent et non plus un immeuble qui devra être restituée à la femme; or ce résultat peut être contraire à l'intention des parties. Ou bien, la dot primitive étant considérée comme rétablie, le fonds redeviendra dotal; mais dans l'intervalle il avait cessé d'avoir ce caractère; le mari avait pu valablement l'aliéner, et il faudrait dire maintenant que le tiers acquéreur serait exposé à une éviction, que l'aliénation, régulière dans son principe, devrait être considérée désormais comme non avenue! Quelle que soit donc la décision à laquelle on s'arrête, on ne peut se dissimuler que la doctrine de Scévola ne conduise à des conséquences regrettables. Mais comment se fait-il que Paul, après avoir condamné cette opinion, s'y rallie à la fin même de notre loi, en se contentant d'y adapter un tempérament plus ou moins équitable, *et magis est ut ager in causam dotis revertatur, sed interim alienatio fundi inhibeatur?* Ce brusque revirement ne tiendrait-il pas à une altération introduite dans le texte plutôt qu'à une modification survenue dans les idées de Paul? A première vue, on serait tenté de le croire, si d'ailleurs cette interprétation ne se trouvait confirmée par l'emploi du mot *ager* qui n'a jamais été synonyme de *fundus* dans le langage rigoureux des jurisconsultes romains. Nous attribuerons à une interpolation du même genre la présence dans notre loi de cette phrase restrictive qui suit l'indication de la doctrine de Scévola: *nisi mulier sponte marito intra annum impensas obtulerit.* Pourquoi ce délai d'un an dans lequel se trouve renfermée la restitution des impenses? Une fixation de ce genre est-elle conforme aux allures d'un jurisconsulte qui se borne à des décisions interprétatives? *Non enim potuit jurisconsultus huic rei finire annum; temporum finitio ad leges pertinet, aut constitutiones, non ad jurisconsultos* (1). Du rapprochement de ces deux décisions insérées dans notre loi par Tribonien naît un système nouveau dont voici, selon toute apparence la véritable portée. L'immeuble cesse d'être dotal, du jour où les dépenses faites pour le conserver en ont égalé la valeur vénale; mais cette dotalité reparaîtra, si la femme, dans le délai d'une année, rembourse au mari le montant de ses avances. Tant que cet événement pourra se réaliser, le fonds autrefois dotal, et susceptible de le redevenir, sera frappé d'inaliénabilité. Cette interprétation est suivie par Gluck (2), qui du reste ne croit pas à l'interpolation signalée dans notre texte par la majorité des auteurs. Suivant Cujas, une autre explication devrait être admise; le fonds cesserait d'être dotal seulement à l'expiration de l'année qui suivrait la dépense faite

---

(1) Cujas, *Observ.*, XXIII, XII (t. III, p. 623).
(2) Pandect., t. XXVII, p. 415-421.

sans que le remboursement en ait été effectué. Mais ce remboursement pourrait survenir jusqu'à la restitution de la dot, entraînant toujours comme conséquence le rétablissement de la dotalité. En attendant ce terme fatal, toute aliénation serait interdite. A coup sûr, cette dernière interprétation pourrait se comprendre et se justifier; toutefois elle nous paraît moins que la précédente conforme au sens de notre loi envisagée dans son ensemble.

A côté des dépenses nécessaires qui, selon l'opinion de certains jurisconsultes, pouvaient enlever le caractère de la dotalité aux immeubles conservés, il existait encore d'autres causes autorisant le mari à ne pas restituer la dot tout entière. Mais ces causes étant complétement étrangères à l'inaliénabilité de la dot immobilière, nous n'aurons pas à nous en occuper. Disons seulement que ces rétentions, au nombre de quatre, *retentiones propter liberos* (1), *propter mores* (2), *propter res donatas* (3), *propter res amotas* (4), ont disparu dans le droit de Justinien. Il serait même inexact de prétendre qu'à la différence des autres la rétention *propter impensas* ait été maintenue. Pour les dépenses nécessaires, Justinien conserve l'ancienne règle : *necessariæ impensæ dotem ipso jure minuunt;* en ce qui concerne les dépenses utiles, il supprime la *deductio,* et confère au mari pour recouvrer ses déboursés une *actio mandati contraria,* si les travaux ont été faits

---

(1) Ulp. frag., tit. vi, § 10; Cicer. topic., c. 4; Frag. vatic., § 121.
(2) Ulp. frag., tit. vi, § 12.
(3) Ulp. frag., tit. vii, § 1.
(4) Ulp. frag., tit. vii, § 2.

avec le consentement de la femme, une action *nego-*
tiorum gestorum contraria, si la femme n'a pas été con-
sultée (1).

Notre tâche ne serait pas remplie si nous nous con-
tentions de constater les diverses hypothèses où la loi
Julia reçoit son application. Il faut encore, après avoir
déclaré que tel ou tel acte est nul comme constituant
une aliénation prohibée, déterminer le caractère de
cette nullité, rechercher par quelles personnes elle
peut être invoquée. Et d'abord, toute aliénation contraire aux dispositions de la loi Julia est frappée d'une
nullité absolue; non-seulement, elle sera impuissante
à opérer au profit d'un tiers acquéreur translation de
l'immeuble dotal, mais encore elle ne pourra faire
naître entre les parties aucune des obligations ou
actions résultant de droit commun du contrat intervenu. *Venditio non valet*, dit Papinien (2), refusant à
l'opération indûment consentie toute efficacité. Si donc
un tiers vient réclamer du mari par l'action *ex empto*
la transmission de l'immeuble dotal dont il s'est porté
acquéreur, le caractère spécial de l'acte rendra sa
prétention inadmissible. Si la vente a été suivie d'une
tradition, et que le fonds livré soit revendiqué par
ceux qui ont le droit de le reprendre, l'exception *rei*
venditæ et traditæ ne pourra paralyser leur recours.
Mais quelles personnes reconnaîtrons-nous capables
d'intenter cette revendication? Le mari incontestablement, et le mari seul, tant que durera le mariage.

(1) L. unic., § 5, Cod., V, xiii.
(2) L. 42, XLI, iii.

Nous avons démontré que la loi Julia n'avait pas dépouillé le mari de son droit de propriété sur les immeubles dotaux; or nous sommes en présence d'une
aliénation radicalement nulle, le tiers possesseur du
fonds dotal le détient sans juste cause, l'opération intervenue n'a diminué en rien les droits du véritable
propriétaire; le mari, resté maître unique de la chose
sortie de son patrimoine, pourra la réclamer comme
tout propriétaire dont le bras n'a pas été désarmé
par suite d'une opération restée sans valeur. Vainement on nous dira qu'une aliénation nulle dans son
principe ne peut être rescindée par celui-là même qui
l'a consentie; cet assertion n'est pas d'une exactitude
rigoureuse : nous le prouvons en invoquant la loi 13,
§ 1, IV, IV, qui autorise le mineur de vingt-cinq ans
à reprendre la chose dont il s'est lui-même dessaisi.
On nous oppose la loi 17, *De fund. dot.* ; le mari qui
gagne la dot après la mort de sa femme n'a aucun
droit de revendication. Ne faut-il pas en conclure
par un argument *à fortiori* qu'il était privé de ce
droit auparavant? Un pareil raisonnement paraît
étrange. Si le mari, acquérant définitivement la dot,
ne peut revendiquer, c'est que l'intérêt de la femme
a cessé d'être un jeu, c'est que le principe de l'inaliénabilité dotale a disparu pour faire place au principe
plus général de la validité des conventions. Mais tant
que dure le mariage, on peut croire que l'action *rei
uxoriæ* naîtra au profit de la femme; dès lors, la loi
Julia reçoit toute son application, et le mari qui en a
violé les dispositions protectrices, a le droit et le devoir
de faire tomber une aliénation qui diminue d'autant

les garanties de la femme. Au reste, nous ne prétendons pas que dans toutes les hypothèses le mari ait seul le privilége de revendiquer l'immeuble dotal indûment aliéné; nous lui avons reconnu ce droit exclusif *durante matrimonio;* mais quand le mariage est dissous, quand la femme ou ses héritiers sont appelés à reprendre la dot, le mari ne peut se libérer à leur égard qu'en les mettant à même de recouvrer le fonds dotal dont il s'est dessaisi contrairement à la loi Julia; et à défaut d'une cession régulièrement faite, la femme ou ses ayants droit exerceront comme action utile l'action directe en revendication à laquelle ils devaient être subrogés. Cette explication a l'avantage de concilier les principes généraux avec les règles spéciales de la matière, et de donner un sens à la loi 77, § 5, *De leg. sec.*, et à la loi 13, § 3, *De fund. dot.*, sans exclure le droit incontestable du mari.

Deux autres opinions ont été émises sur cette difficulté; la première, refusant au mari d'une manière absolue la possibilité de revendiquer le fonds indûment vendu, reconnaît à la femme le droit d'agir, alors seulement que la dissolution du mariage aura rendu exigible sa créance en restitution de la dot (1). Ce système ne saurait être sérieusement soutenu; comment comprendre, en effet, que le mari, pendant toute la durée du mariage, puisse être incapable de reprendre sa chose illégalement détenue par un tiers? La seconde opinion s'écarte de la précédente en ce qu'elle confère une action à la femme du jour de l'aliénation consentie

---

(1) Wesenbec., Comment. in Pand. jur. civ. h. tit. in fine.

par son mari (1), mais, en vérité, nous ne pouvons apercevoir le fondement d'une semblable prétention. Avant Justinien, la femme poursuivant, à la dissolution du mariage, la restitution de sa dot ne pouvait intenter qu'une action personnelle garantie par un privilége. Aucune règle de l'ancien droit civil, aucune disposition du droit prétorien ne lui avait conféré le bénéfice d'une revendication. Et l'on voudrait que ce droit de revendiquer pût naître à son profit durant le mariage, à l'occasion d'une vente que le mari a faite du fonds dotal! Cette aliénation aura donc eu le singulier effet de donner ouverture à l'exercice d'un droit de propriété qui, auparavant, n'appartenait pas à la femme, qui ne paaraissait pas susceptible de se fixer sur sa tête *durante matrimonio!* Une pareille décision n'a pu naître dans l'esprit des jurisconsultes romains. Nous arrivons ainsi à démontrer que de tous les systèmes présentés sur notre question le premier est le seul qui ne batte pas en brèche les règles les plus fondamentales de la matière, comme il est le seul qui résiste à un examen un peu approfondi.

CHAPITRE III.

A QUEL MOMENT DISPARAIT L'INALIÉNABILITÉ DOTALE.

Sous l'empire du Code Napoléon, la dotalité cessant avec le mariage, l'inaliénabilité, qui en est une conséquence, prend fin à la même époque. En droit

---

(1) M. Bachofen, *Ausgewählte Lehren*, p. 107 et suiv.

romain, on ne pouvait admettre une règle analogue, l'inaliénabilité du fonds dotal avait pour but de protéger la femme contre le pouvoir de disposition du mari reconnu plein propriétaire des biens apportés en dot; il fallait donc maintenir la garantie aussi longtemps que pouvait exister le danger, et laisser l'immeuble indisponible jusqu'au moment où le mari aurait abdiqué ses droits en le restituant à la femme ou à ses héritiers. Ce principe a été consacré par la loi 12, princip., *De fund. dot.*, qui présente la dotalité comme survivant avec toutes ses conséquences à la dissolution du mariage. Au reste, il ne faudrait pas exagérer la portée de ce texte, et l'étendre au delà des limites que lui assignent les principes en matière de dot; si l'immeuble continue à être inaliénable après que le mariage est dissous, c'est seulement dans le cas où l'action *rei uxoriæ* est ouverte au profit de la femme; dans toute autre hypothèse, l'intérêt de la femme cessant d'être en jeu, nous rentrons sous l'application du droit commun, et la dot, sans distinction de biens meubles et immeubles, redevient disponible. Nous admettrons ce résultat alors même que les héritiers de la femme seront appelés à recueillir les biens dotaux; sans doute une pareille décision semble contraire à la loi 13, § 3, *De fund. dot.*, qui assimile la situation des héritiers à celle de la femme elle-même. Mais il faut bien aussi faire la part de la loi 3, § 1, *eod. tit.*, qui prohibe l'aliénation du fonds dotal alors seulement que l'action de dot est encore susceptible d'appartenir à la femme. Or, dans notre hypothèse, il est bien certain que ce fait ne pourra se présenter, puisque nous supposons la femme décédée au moment de la vente. Il en serait autrement si le fonds avait été aliéné, soit durant le mariage, soit après la dissolution, mais du vivant de la femme; le droit d'attaquer l'aliénation étant né du chef de celle-ci, passerait sur la tête de ses ayants cause, qui pourraient comme elle intenter une revendication utile (1). C'est à ce point de vue qu'existe l'analogie signalée par la loi 13, § 3, entre la femme et ses héritiers, garantis comme elle par le principe de l'inaliénabilité dotale.

Pour déterminer les droits et les obligations du mari à la mort de la femme, il importe de rechercher quelle personne a constitué la dot, en quels termes cette constitution a été faite. La dot est dite *profectitia*, quand elle provient du père, ou de tout ascendant mâle de la femme *per virilem sexum cognatione junctus*. On appelle dot *adventitia* celle qui est constituée par toute autre personne, la femme, un ascendant maternel, un autre parent, un étranger (2). Quand le mariage est dissous par la mort de la femme, la dot profectice retourne à l'ascendant qui l'a fournie, sauf le droit pour le mari de retenir autant de cinquièmes qu'il y a d'enfants, et cela *in infinitum* (3). La dot adventice, dans la même hypothèse du décès de la femme survenu *durante matrimonio*, reste toujours au mari, à moins que le constituant n'ait stipulé qu'elle lui reviendrait, auquel cas elle prend le nom de *dos*

---

(1) V. l'opinion de Cujas, in lib. 1, Papin, De adult. ad leg. 12, De fundo dotali.
(2) Ulp. frag., tit. vi, § 3.
(3) Ulp. frag., tit. vi, § 4.

receptitia (1), ou bien encore à moins que la femme n'ait inséré à son profit une stipulation analogue dans une constitution dotale émanant d'elle ou d'un tiers. Ces diverses circonstances ne sont pas étrangères au sort des transactions consenties par le mari en violation de la loi Julia. Aussi, après avoir rappelé ces principes généraux, nous revenons à notre matière, et nous nous demandons s'il ne pourrait pas se faire qu'un acte nul dans son principe comme constituant une aliénation prohibée fût validé rétroactivement par un événement ultérieur. Notre réponse devra être négative toutes les fois que le contrat sera intervenu, soit avant la dissolution du mariage, la femme ayant assuré par une stipulation la reprise de sa dot, soit après le mariage dissous, mais du vivant de la femme. Dans ces deux hypothèses, les tiers seront toujours évincés soit par la femme elle même, soit par les héritiers de cette dernière subrogés nécessairement à ses droits. Dans tous les autres cas, nous ne saurions affirmer dès le principe quel sera le sort de l'acte indûment consenti par le mari. Sans doute, il peut arriver que la nullité en devienne irrévocable, la femme ayant survécu à la dissolution du mariage, et s'étant prévalue de son droit; mais il peut se présenter telles et telles hypothèses dans lesquelles nul ne sera fondé à méconnaître le droit des tiers acquéreurs. Supposons, par exemple, qu'une union a été dissoute par le divorce; la femme meurt peu après, sans avoir revendiqué le fonds dotal vendu par son mari, sans avoir

---

(1) Ulp., tit. vi, § 5.

mis celui-ci en demeure de restituer la dot ; l'action *rei uxoriæ* ne passe pas aux héritiers de la femme, et la dot se trouvant définitivement acquise au mari, l'aliénation, nulle dans son principe, est désormais réputée valable (1). Il en sera de même toutes les fois que le mariage aura été dissous par la mort de la femme, sauf le cas déjà indiqué où le droit des héritiers sera garanti par une stipulation. La loi 17, *De fund. dot.*, se réfère à cette décision quand elle refuse au mari, devenu propriétaire incommutable de la dot adventice, le droit d'évincer le tiers acquéreur du fonds dotal. Mais que faudrait-il décider si cette éviction avait déjà eu lieu pendant le mariage, à une époque où l'aliénation était encore sous le coup de la loi Julia ? Devrons-nous accorder au tiers contre le mari, après l'acquisition de la dot ainsi réalisée au profit de ce dernier, une action lui permettant de réclamer les effets d'un contrat désormais valable ? Nous ne le pensons pas ; sans doute l'aliénation a pu être validée en ce sens que le mari sera désormais dans l'impossibilité de reprendre la chose par lui livrée en suite du contrat ; mais ce serait aller bien loin que d'attacher à une convention, nulle dans son principe, une action destinée à en poursuivre l'exécution.

En donnant dans notre chapitre precédent l'énumération des actes qui échappent à la prohibition de la loi Julia, nous avons parlé spécialement des aliénations nécessaires ; peut-être aurions nous pu comprendre sous cette dénomination générale les trans-

---

(1) Ulp., tit. VI, § 7.

missions *per universitatem* qui se produisent souvent par l'effet d'une force majeure. Mais comme elles peuvent aussi procéder d'un acte volontaire du mari, et surtout comme elles ne constituent pas de véritables aliénations, nous en avons renvoyé l'examen à une partie plus avancée de ce travail, jugeant plus opportun de nous en occuper dans un moment où nous aurions à rechercher quelle influence des faits de ce genre pouvaient avoir sur l'inaliénabilité de l'immeuble dotal. La loi 1, § 1, *De'fund. dot.*, reconnaît que le fonds dotal passe valablement entre les mains d'un tiers toutes les fois qu'il est compris dans une transmission en bloc des biens du mari ; nous n'aurons donc pas à distinguer suivant que le mari aurait provoqué par un fait volontaire, ou subi comme une nécessité impérieuse cette transmission universelle. Que veulent dire ces expressions employées par le jurisconsulte : *Per universitatem transit prœdium secundum quod possibile est?* M. Demangeat pense qu'elles se réfèrent à cette idée : le fonds dotal est valablement transmis *per universitatem* quand une transmission de ce genre est reconnue par la loi. A l'appui de cette interprétation, il invoque un autre texte du même jurisconsulte, formant la loi 62, *De adqu. rer. domin.*, et dans lequel la même pensée est formellement exprimée. Nous ne croyons pas néanmoins que cette règle, étrangère au sujet même du titre, ait pu faire l'objet d'une disposition insérée dans notre loi. Nous préférons, avec Cujas (1), rapporter ces expressions à un ordre d'idées plus rap-

---

(1) In lib. XXXVI, Pauli, ad edictum ad L. 1 et 3, De fundo dotali.

proché de nous, et les entendre en ce sens que le successeur du mari deviendra propriétaire du fonds dotal, mais en subissant toutes les restrictions apportées au pouvoir de disposition de son auteur. Nous constaterons en effet que le fonds dotal, en passant ainsi dans un autre patrimoine, continuera a être frappé d'inaliénabilité, et cela, que la transmission s'en soit opérée *durante matrimonio* ou par suite d'un événement emportant dissolution du mariage. Dans l'un et l'autre cas, la femme est toujours créancière de sa dot, et les modifications survenues dans l'état ou dans la fortune du mari n'ont pu, de droit commun, porter atteinte à une garantie qui assure le recouvrement de ses reprises.

Nous allons parcourir successivement les diverses hypothèses dans lesquelles le fonds dotal sera compris dans une transmission *per universitatem.*

1° Le mari était *sui juris :* il se donne en adrogation. Tous ses biens personnels, tous ceux qui constituaient la dot de sa femme deviennent la propriété de l'adrogeant (1). Mais la dot, ayant pour destination spéciale de subvenir aux dépenses du mariage, l'adrogeant ne peut l'acquérir sans contracter par là même l'obligation de pourvoir aux besoins des époux, et des enfants issus de leur union. Investi des droits et charges afférant au mari, il devra restituer les biens dotaux quand la dissolution du mariage sera arrivée sans pouvoir jusque-là se dessaisir au profit d'un tiers de la dot immobilière restée inaliénable. La même

____

(1) Gaius, com. III, § 83.

transmission des choses dotales s'opérerait, avec les conséquences que nous venons de signaler, du père naturel au père adoptif, en supposant que le mari, étant fils de famille, ait été l'objet d'une adoption proprement dite (1).

2° Primus et Secundus contractent une société *totorum bonorum* ; à l'instant même du contrat, sans aucune tradition, la propriété et les droits réels qu'avait chacun des associés deviennent communs entre eux (2). Dans l'espèce, Primus étant marié a apporté dans le capital social la dot de sa femme ; les immeubles dont elle se compose restent sous le coup de l'inaliénabilité dotale. Deux lois du titre *Pro socio* ont fait allusion à une société universelle comprenant ainsi des biens dotaux (3). Trois hypothèses sont prévues dans ces textes : 1° La société se dissout *constante matrimonio* ; Primus, désormais, seul chargé de nourrir sa femme et ses enfants, prélèvera la dot ayant tout partage (4). 2° La dissolution du mariage précède celle de la société : *eadem die recipienda est dos qua et solvi debet.* Voici, sans doute, ce qu'il faut supposer : la société prend fin peu après la cessation du mariage ; la femme n'est pas encore en droit de reprendre les quantités qui figurent dans sa dot, et dont le payement n'est régulièrement exigible qu'en trois termes annuels. Les circonstances particulières qui se présentent dans l'espèce ne modifieront pas la règle ordinaire ; les

---

(1) L. 45, 1, VII.
(2) L. 1, § 1; L. 2; L. 3, princip , et § 1, XVII, II.
(3) L. 85, § 10; L. 63, XVII, II.
(4) L. 51, princip.; L. 20, § 2, X, II.

échéances ne se trouveront pas avancées, et l'on partagera le fonds social sans avoir à en déduire dès à présent les quantités dotales dont la restitution future sera sans doute garantie par des stipulations. 8° Au moment où la société se dissout, il est certain que le mari n'aura pas à rendre la dot : dès lors, le caractère de biens dotaux étant rétroactivement effacé, l'actif de la société sera divisé également entre les deux associés.

Jusqu'ici nous avons procédé par voie d'affirmation ; nous nous sommes contenté de dire que le fonds dotal continuera à être indisponible après que le mari se sera donné en adrogation, ou aura contracté une société universelle, et nous n'avons apporté l'autorité d'aucun texte à l'appui de cette proposition. Cette lacune sera facilement comblée, lorsque nous aurons démontré que la loi romaine maintenait expressément l'inaliénabilité dotale dans l'hypothèse où le même événement avait entraîné la dissolution du mariage et la *successio in universum jus mariti*. A plus forte raison, la même décision devait être admise quand cette transmission *per universitatem* de l'immeuble dotal s'était produite sans que le mariage cessât d'exister.

8° L'union est dissoute par la mort du mari ; le fonds dotal passe, avec les autres biens du défunt, entre les mains de son héritier, *suo tamen jure, ut alienari non possit* (1). La loi n'ayant pas prévu spécialement telle ou telle classe d'héritiers, nous com-

---

(1) L. 1, § 1, De fundo dotali.

prendrons sous cette dénomination commune toutes les personnes qui auront pu être appelées à recueillir l'universalité des biens du mari, ou une quote-part de cette universalité, héritier *ab intestat* ou testamentaire, *bonorum possessor*, fidéicommissaire (1).

4° Le mari a subi une *maxima capitis deminutio*; c'est un affranchi qui s'est montré ingrat envers son patron ; c'est un majeur de vingt ans qui s'est laissé vendre comme esclave pour partager avec un tiers le bénéfice de cette opération illicite (2). Dans ces deux hypothèses, celui qui acquiert sur le mari la puissance dominicale acquiert en même temps le patrimoine du nouvel esclave, et par conséquent le fonds dotal qui y était compris; mais, quant à cet immeuble, ses droits sont encore limités par les prohibitions de la loi Julia (3).

5° Le fisc a recueilli le fonds dotal avec les autres biens du mari. Il faut supposer pour cela que le mari a encouru une condamnation pénale (4), ou bien encore que le successeur appelé à recueillir son patrimoine s'est trouvé incapable ou indigne (5). Dans les deux cas, le fisc est traité comme un véritable héritier, tenu des charges du défunt, obligé de restituer la dot de la femme, et, malgré sa solvabilité certaine, astreint à respecter toutes les garanties qui peuvent en assu-

---

(1) Gaius, com. II, § 253, in fine ; com. III, § 80 ; com. IV, § 31 ; L. 63, princip., XXXVI, 1.
(2) Inst. I, xvi, § 1.
(3) L. 2, princip., De fundo dotali.
(4) L. 1, princip., XLVIII, xx.
(5) Ulp. frag., tit. XVII, § 2 ; Dig., XXXIV, ix.

rer le recouvrement, et notamment l'inaliénabilité des immeubles dotaux (1).

Nous avons à nous occuper d'un sixième mode de succession *in universum jus mariti*, c'est le cas de la *bonorum venditio*. Les créanciers qui saisissent les biens du mari afin d'en provoquer la vente en bloc ont le droit de comprendre dans leurs poursuites les biens dotaux, meubles ou immeubles, qui figurent dans le patrimoine de leur débiteur. La femme, toutefois, ne se trouve pas complétement désarmée ; elle peut invoquer contre son mari ce que nous appellerions une séparation de biens, et redemander sa dot ainsi compromise au moyen d'une action *rei uxoriæ utilis quasi facto divortio*. Ce point a besoin de quelques développements. Le principe général dominant la matière est que la restitution de la dot n'a lieu qu'après la dissolution du mariage. De cette première décision découlent les deux applications suivantes : 1° la dot ne peut pas être redemandée pendant le mariage ; 2° la dot ne peut pas être rendue pendant le mariage. A chacune de ces deux propositions ainsi déduites d'une règle unique, la loi romaine avait apporté une ou plusieurs exceptions ; on décida, d'une part, que la femme pourrait redemander sa dot *durante matrimonio*, dans le cas où l'insolvabilité du mari mettrait cette dot en péril (2) ; d'autre part, que le mari pourrait consentir, sans engager sa responsabilité, une restitution anticipée des biens dotaux, alors que cer-

____

(2) L. 2, § 1, De fundo dotali; L. 31, princip., XXIV, III; L. 60, princip.; L. 24, § 7, eod. tit.

(2) L. 24, princip. XXIV, III.

taines circonstances, abandonnées dans une certaine limite à l'appréciation des juges, démontreraient l'utilité de ce dessaisissement. Ces circonstances exceptionnelles seront, tantôt la nécessité pour la femme de pourvoir à ses besoins et à ceux de ses esclaves, *ut se suosque alat*, tantôt l'avantage qui devra résulter pour elle de l'acquisition d'un immeuble productif, *ut fundum idoneum emat*, tantôt l'obligation dans laquelle elle se trouvera de désintéresser ses créanciers personnels, de soutenir ses proches parents qui sont dans le besoin, de les racheter de captivité, de leur fournir des aliments pendant leur exil ou leur relégation (1). Nous n'avons pas à nous occuper ici des hypothèses où la dot peut être valablement restituée *durante matrimonio*, toute notre attention se reportera sur le cas exceptionnel où le désordre survenu dans les affaires du mari autorise la femme à exiger la remise de sa dot dès avant la dissolution du mariage. Ce fait se présentera au premier chef lorsque la ruine du mari sera assez imminente pour que ses créanciers recourent à une saisie et à une *venditio* de son patrimoine. Nous avons vu que l'action conférée à la femme dans une pareille situation sera une *actio utilis rei uxoriæ*, reposant sur l'hypothèse fictive d'un mariage déjà rompu ; son recours sera d'ailleurs garanti par un *privilegium inter personales actiones*, analogue à celui qu'elle aurait pu invoquer à la dissolution du mariage. Nous repoussons d'une manière absolue le droit de revendication dont on a voulu lui attribuer le bénéfice ; nous avons com-

---

(1) L. 13, § 1, XXIII, m; L. 20, XXIV, 1.

battu cette prétention dans le cas où la dot est redemandée après le divorce ou la mort du mari ; cette
circonstance que le moment de la restitution est de-
vancé ne saurait avoir aucune influence sur la nature
de l'action à exercer.

On a voulu toutefois argumenter contre nous de la
loi 22, § 18, *Solut. matrim.*, qui a statué sur une hypothèse voisine de la nôtre. Une femme a épousé un
homme qu'elle croyait libre, et qui en réalité était esclave ; au moment où elle découvre son erreur, elle
pourra réclamer par une *condictio sine causa* les biens
compris dans une constitution de dot viciée dans son
principe. Cette *condictio*, étant intentée contre le maître
de son prétendu mari, prendra le caractère d'action *de
peculio.* Nous savons que, de droit commun, les créanciers d'un esclave poursuivant sur son pécule le recouvrement de leurs droits concourent au marc le franc sur
cette masse commune, sauf le cas où une cause de préférence existe au profit de l'un d'entre eux, et à la
charge de subir de la part du maître le prélèvement
intégral des sommes dont il est lui-même créancier vis-
à-vis de son esclave (1). Dans l'espèce, la femme
jouira pour l'exercice de ses reprises du privilége attaché de droit commun à l'action *rei uxoriæ :* elle pri-
mera donc les autres créanciers agissant *de peculio.*
De plus, par une faveur tout exceptionnelle, elle sera
préférée au maître sur tous les objets par elle apportés
en dot ou achetés des deniers dotaux, et dont la pro-
venance sera suffisamment démontrée. Comment ex-

(1) Inst., liv. IV, tit. VII, § 4.

pliquer cette disposition qui permet à la femme de soustraire certains objets compris dans le pécule au droit de prélèvement, au privilége exclusif garantissant la créance du maître? Nous la rattacherons pour notre part à une idée toute naturelle de justice; il aurait été inique de consacrer au profit du maître un enrichissement qui se serait produit sans droit, au détriment de la femme, et par suite d'une erreur dont la bonne foi ne permet pas de tirer avantage.

Des auteurs, Pothier notamment (1), ne se sont pas contentés de cette explication; ils ont fait dériver la décision ci-dessus d'un prétendu droit de revendication qui aurait été accordé à la femme dès avant Justinien, et dont, pour notre part, nous nions absolument l'existence. Mais la prétention de ces auteurs est contredite par les termes mêmes de notre loi; le texte suppose que la femme intente une *condictio*, revêtant le caractère d'action *de peculio* : nous nous trouvons donc en présence d'une action éminemment personnelle garantie par un privilége. Et ce qui prouve bien que, même en s'occupant du concours de la femme avec le maître créancier du mari, la loi se réfère encore à une action personnelle *de peculio*, c'est qu'elle nous représente la préférence accordée à la femme comme une dérogation aux principes, comme un fait exceptionnel, au lieu d'y voir une application pure et simple du droit de revendication, permettant à un propriétaire de reprendre sa chose sans concours possible de la part de qui que ce soit.

---

(1) Pandect. Just., liv. XXIV, tit. III, n° 86.

Ce texte ainsi interprété, d'autres dispositions non moins explicites (1) nous permettent de poser en principe que la femme redemandant sa dot *durante matrimonio,* en prévision de la ruine de son mari, ne pourra intenter qu'une action personnelle, *actio utilis rei uxoriæ;* et si ce recours, malgré le privilége qui le garantit, n'est pas assez efficace pour lui assurer la reprise intégrale de sa dot, ses droits néanmoins se trouveront définitivement anéantis, le dividende qu'elle aura reçu représentant le montant total de sa créance. Dès lors le tiers, qui se sera porté *bonorum emptor* relativement au patrimoine du mari, n'aura pas à redouter qu'une prohibition quelconque vienne restreindre son droit de propriété; il pourra disposer des immeubles autrefois dotaux, comme de tous les autres biens compris dans l'acquisition en bloc réalisée à son profit.

Nous terminerons cette étude du fonds dotal à la grande époque des jurisconsultes par l'examen de deux textes qui ont soulevé de sérieuses difficultés. Le premier de ces textes est la loi 15 de notre titre, *De fund. dot.* Quelle est l'espèce prévue par Papinien ? M. Demangeat croit que le jurisconsulte se réfère à l'hypothèse suivante : la femme demande, avant la dissolution du mariage, la remise du fonds dotal pour une des causes qui rendent légitime cette restitution anticipée (2). Le mari, faisant droit à sa demande, lui écrit qu'il consent à ce que le fonds cesse d'être dotal; puis le mariage se dissout par le prédécès de la femme,

(1) L. 53, XXIV, III; L. 52, princip., XV, I.
(2) L. 13, § I, XXIII, III; L. 20, XXIV, III.

sans que la remise de l'immeuble ait été réellement ef-
fectuée. On ne voit pas que le mari puisse être désormais contraint à opérer une restitution à laquelle il ne
s'était engagé que par un simple pacte : nous lui appli-
querons donc la règle ordinaire qui fait gagner la dot
au mari survivant, en nous plaçant, bien entendu, en
dehors de la double hypothèse d'une dot profectice ou
réceptice. Cette interprétation a le mérite d'expliquer
toutes les circonstances rappelées dans notre loi, sans
se trouver en contradiction avec aucune d'elles ; Cujas (1) avait proposé une autre explication qui ne nous
paraît pas présenter le même avantage. Voici quelle
aurait été, selon lui, la pensée du jurisconsulte : un mari
voulant faire une donation à sa femme, convient avec
elle que l'immeuble jusque-là dotal sera traité désormais comme paraphernal. Ce pacte ayant pour objet
une libéralité prohibée entre époux, restera sans effet,
en ce sens que le mari, après la dissolution du mariage
survenue par le prédécès de la femme, gardera définitivement le fonds dotal comme s'il n'avait jamais
cessé d'être dotal. Nous ne contestons pas l'exactitude
de la règle à laquelle Cujas rattache notre texte ; seulement nous avons de la peine à croire que Papinien
ait voulu prévoir une espèce de ce genre. Les libéralités entre époux étant caduques par le seul prédécès du
donataire (2), pourquoi faire intervenir d'autres circonstances altérant la validité de la convention, comme
le maintien de la possession entre les mains du mari?

---

(1) In lib. III, Responsor., Papin.
(2) L. 18, Cod., V, xvi.

pourquoi supposer qu'il y a eu un simple pacte, alors que la tradition ou la mancipation faite à la femme n'aurait pas suffi à purger le vice dont la donation était entachée (1) ?

. Le dernier texte sur lequel nous ayons à présenter quelques développements est la loi 7, § 1, *Solut. matrim.* Pour comprendre sur quel terrain se place la difficulté, il faut se reporter aux règles concernant la liquidation des fruits produits par l'immeuble dotal pendant la dernière année du mariage. Le mari, tant que subsiste le mariage, doit subvenir aux besoins du ménage ; les fruits de la dot sont naturellement affectés à ces dépenses communes, jusqu'au moment où, les charges ayant cessé par la dissolution, ces fruits reviennent à la femme. Il faut donc que les fruits de la dernière année se partagent entre le mari et la femme au prorata du temps qu'a duré le mariage dans cette dernière année (2). L'année se calcule ordinairement en prenant pour point de départ le jour où la dot a été livrée au mari (3). Revenons maintenant à l'espèce de la loi 7, § 1. Papinien suppose qu'un immeuble cultivé en vigne est apporté en dot le 1er octobre ; le mari fait la vendange dans le cours du mois d'octobre, et donne ensuite le bien à ferme le 1er novembre. Les époux divorcent le dernier jour de janvier, le mariage ayant duré quatre mois. Il ne serait pas juste, nous dit-on, que le mari pût retenir toute

____

(1) Voir, dans le même sens que Cujas, Poth., Pandect. de Justin., titre De donationibus, n° 19.

(2) Paul, Sent., liv. II, tit. xxii.

(3) L. 5, XXIV, iii : voir toutefois loi 6, eod. tit.

la vendange par lui recueillie, et percevoir en outre
le quart du prix de fermage de l'année courante; autrement, si le mariage avait été dissous dès le lendemain de la vendange, le mari pourrait la garder entiè-
ment, ce qui serait contraire aux principes. Jusqu'ici,
nous avons suivi pas à pas le raisonnement du jurisconsulte, et s'il nous avait été donné de le compléter,
en l'absence d'un texte formel, nous aurions dit :
Les revenus de la dot correspondant aux impenses
du ménage, le mari imputera sur les revenus de la
vendange les charges par lui supportées, et gardera
par conséquent le tiers de ces produits, mais il ne
pourra rien percevoir sur le prix de fermage qui constitue le revenu se rapportant à une année durant
laquelle le mariage n'a pas existé. Au lieu de cette
décision qu'on aurait pu déduire logiquement, soit des
autres textes relatifs à la matière, soit du commencement même de notre loi, le jurisconsulte nous donne
une solution infiniment plus difficile à justifier : *Itaque
si fine mensis januarii divortium fiat, et quatuor mensi-
bus matrimonium steterit, vendemiœ fructus, et quarta
portio mercedis instantis anni confundi debebunt, ut ex
ea pecunia tertia portio viro relinquatur.* De nombreuses
explications ont été présentées sur ce passage; bien
qu'aucune ne nous satisfasse complétement, nous indiquerons celles qui ont rallié les autorités les plus recommandables.

Cujas (1) s'attachant à la lettre du texte de Papinien,
veut que, pour liquider les droits des parties, on cu-

---

(1) *Observat.*, liv. 14, chap. 22, Question. Papiniani.

mule ensemble la valeur totale de la vendange déjà
recueillie avec le quart du prix du bail correspondant
aux trois mois déjà écoulés lors du divorce, et que le
tiers de la somme totale de ces deux valeurs appar-
tienne au mari, à raison de quatre mois que le mariage
a duré. Ce système, renouvelé de Paul de Castre (1),
présente un vice capital. Le divorce étant arrivé après
quatre mois de mariage, le mari ne saurait avoir droit
qu'au tiers du revenu d'un an; et l'on voudrait calculer
le tiers à lui afférent sur le revenu d'un an et trois
mois! Évidemment une pareille division n'a pu entrer
dans l'esprit du jurisconsulte.

Suivant Duarenne (2), ce que dit Papinien de la
confusion du prix du bail et de la vendange ne doit
point être entendu dans un sens absolu. Le jariscon-
sulte romain n'a employé ce langage que pour dire que
le tiers des revenus, qui est dû au mari, doit être pris
simultanément et sur la vendange et sur le prix du
bail, mais sur la vendange pour le prorata d'un mois,
et sur le prix du bail pour le prorata de trois mois,
afin d'atteindre par ce moyen une proportion telle que,
quelque inégalité qui puisse se trouver entre la valeur
de la vendange et le prix du bail, aucune des parties
ne soit exposée à souffrir une lésion. Cette interprétation a le tort de faire dire au texte de Papinien autre
chose que ce qu'il signifie réellement; nous voulons
bien admettre que les mots : *Vendemiæ fructus*, n'é-

---

(1) Comment. sur le titre Solut. matrim.

(2) Liv. I, ch. 60, Disput. anniversariarum, com. sur le Dig., titre
Solut. matrim., L. 7.

tant pas accompagnés d'une expression qui en étende la portée, s'appliquent, non à l'ensemble de la vendange, mais à une part suffisante pour compléter avec le quart du prix de fermage le tiers d'une récolte totale; mais la fin du texte : *Ut ex ea pecunia tertia portio viro relinquatur,* nous obligera donc à prendre encore la troisième partie de ce tiers ainsi calculé; et alors le mari aura, non plus le tiers, mais le neuvième du revenu d'un an.

Proudhon a présenté à son tour sur notre loi une explication ingénieuse. Nous reproduisons textuellement le passage de son *Traité de l'usufruit* relatif à notre matière (1) : « Il n'y a qu'une manière d'en« tendre sainement la décision portée dans la loi ro« maine, c'est de considérer le bail dont il est fait « mention comme portant même sur la vendange que « le mari avait déjà recueillie, et qu'il aura remise à « son fermier, soit par forme d'avance, et pour l'aider « dans l'entrée en jouissance de sa ferme, soit pour « donner tout de suite lieu aux échéances journalières « du fermage au profit du mari lui-même. Cette sup« position fait disparaître toute difficulté dans la liqui« dation des droits des parties; du moment que la ven« dange déjà levée se trouve ramenée dans le bail, au « lieu de rester en dehors, on n'a plus qu'à opérer « sur le prix du fermage qui, pour cette année, est « le prix de la vendange elle-même, de manière qu'en « accordant au mari un prorata équivalent aux quatre « mois des échéances du bail, il aura bien certainement

____

(1) T. V, nº 2723.

« tout ce qui doit lui revenir pour avoir supporté les
« impenses du ménage durant ces quatre mois, et il
« serait impossible de dire que cette somme d'échéances
« contient un centime de trop. »

Nous ferons à cette explication un double reproche :
d'abord, elle repose sur une supposition tout à fait
invraisemblable; il n'est guère dans l'usage de livrer
au fermier des récoltes déjà faites, la constitution de
bail n'étant établie que pour accorder au preneur la
faculté de cultiver les héritages affermés afin d'en obtenir des récoltes dans l'avenir. En outre, une pareille
interprétation a un caractère par trop divinatoire;
nous avons beau étudier et analyser le texte de notre
loi, nous ne pouvons y trouver aucune expression qui
vienne à l'appui d'un commentaire aussi hasardé.

Une quatrième opinion a été émise; en voici le résumé : Le mariage a duré quatre mois; pendant ce laps
de temps, l'immeuble dotal a produit des fruits de différente nature. Jusqu'au moment où il a été affermé
par le mari, il produisait des fruits naturels, depuis
lors il a été appelé à donner des fruits civils; chacune
de ces classes de fruits devra être affectée aux dépenses
du mariage au prorata du temps pendant lequel l'immeuble a été destiné à la produire. En suivant ce raisonnement, on devra attribuer au mari un douzième de
la vendange, et trois douzièmes du prix de fermage.
Mais alors il arrivera que les parties auront à se faire
des comptes réciproques : le mari, ayant perçu la vendange tout entière, devra en rendre les onze douzièmes;
la femme, ayant touché tout le prix de fermage, devra
en restituer le quart. Et comme nous nous plaçons

dans l'hypothèse d'une action *rei uxoriæ*, c'est-à-dire d'une action de bonne foi, rien ne s'opposera à ce qu'il s'établisse entre ces personnes, respectivement créancières et débitrices l'une de l'autre, une compensation opérant, jusqu'à due concurrence, extinction de leurs obligations. Le mari retiendra sur la vendange par lui recueillie une part correspondant au revenu de l'immeuble pendant la durée totale du mariage; la femme sera affranchie relativement au fermage de toute restitution. C'est, dit-on, à cette idée de compensation que Papinien se réfère quand il dit : *Vendemiæ fructus et quarta portio mercedis instantis anni confundi debebunt*, *confusio* étant employé comme synonyme de *compensatio*.

Il y aurait beaucoup à dire contre cette interprétation; nous nous contenterons de signaler les deux principales objections auxquelles elle peut donner prise. On commence par nier que dans le langage des jurisconsultes romains le mot *confusio* ait jamais pu avoir le sens qui lui est ainsi attribué. Cette première critique ne nous paraît pas rigoureusement exacte; nous en attestons la loi 26, § 4, *De condict. indeb.*, qui emploie le terme *confusio* dans une hypothèse où il s'agit évidemment de compensation; nous en attestons la loi 33, *Solut. matrim.*, qui se sert du mot *compensatio* pour exprimer une confusion produite par la réunion sur la même tête de deux qualités incompatibles. Et du rapprochement de ces textes nous tirons cette conséquence que les expressions *confusio* et *compensatio* ont pu être employées indifféremment comme synonymes l'une de l'autre, et que rien ne s'opposerait à ce que la loi 7, § 1, présentât un nouvel exemple de cette synonymie ainsi constatée. La seconde objection est plus grave; nous n'en tenterons pas même la réfutation; le mari, dit-on, doit imputer sur la vendange qu'il a recueillie le montant intégral de ses droits; mais il n'a rien à prétendre sur le prix de fermage qui constitue le revenu de l'immeuble correspondant à une année pendant laquelle le mariage n'a pas existé. Nous avions reconnu, en commençant l'examen de notre texte, l'exactitude de cette proposition; aussi avons-nous voulu nous défendre à l'avance de toute pensée d'adhésion à l'une ou à l'autre des interprétations ci-dessus rappelées; nous reconnaissons, toutefois, que les deux dernières, en faisant prélever exclusivement sur la vendange les dépenses du mariage, ont reproduit la décision à laquelle songeait Papinien, sans nous expliquer la forme bizarre et peu intelligible dont le jurisconsulte a revêtu sa pensée.

DEUXIÈME PARTIE.

DU FONDS DOTAL DANS LA LÉGISLATION DE JUSTINIEN.

Nous avons vu que la loi Julia, en proclamant pour la première fois l'inaliénabilité de la dot immobilière, avait respecté jusqu'à un certain point le pouvoir de disposition du mari sur les biens dotaux; mais une jurisprudence, de plus en plus favorable aux droits de la femme, n'avait accepté le principe de la loi Julia que pour l'étendre au delà des intentions premières du législateur ; elle avait travaillé de tous ses efforts à mettre une indisponibilité absolue à la place d'une disponibilité plus ou moins restreinte. Cette tendance de la législation romaine reçut sa consécration dans le droit de Justinien, et à partir de ce prince on put dire avec toute raison que l'immeuble dotal était désormais frappé d'inaliénabilité entre les mains du mari. Justinien établit ce dernier état de choses par une double décision contenue dans le § 15, loi unique, *De rei uxor. acti.* Avant lui, on s'était demandé si l'inaliénabilité dotale atteignait les fonds provinciaux aussi bien que les fonds italiques ; et sans doute la doctrine commune inclinait vers une réponse affirmative. A l'avenir une pareille question ne pourra se présenter, cette extension de la loi Julia à tous les immeubles de l'empire se trouvant législativement proclamée. D'un autre côté, on avait toujours reconnu au mari la possibilité d'aliéner, avec le consentement de sa femme, l'immeuble apporté en dot ; Justinien assimile l'aliénation à l'hypothèque, et s'oppose à ce que la femme puisse valider par son adhésion tout acte ayant pour objet de transférer à autrui la propriété du fonds dotal.

Dès avant l'établissement de cette nouvelle prohibition, Justinien avait consacré, dans la loi 30, *De jur. dot.*, deux innovations importantes (1), sur les-

____

(1) La loi unique, *De rei uxorix act.*, est de l'an 530 ; la loi 30, *De jure dot.*, de l'an 520.

quelles nous devons quelques instants arrêter notre
attention. Ce texte confère à la femme une hypothèque
privilégiée, et un droit de revendication sur les
choses apportées en dot. Le fonds dotal se trouvera
donc grevé, au profit de la femme, de cette hypothèque atteignant tous les biens dotaux. Au premier
abord, on ne comprend pas, en ce qui le concerne,
l'utilité de cette nouvelle garantie ; un acte émanant
des deux époux est insuffisant à établir sur le fonds
dotal des hypothèques conventionnelles ; dès lors, la
femme ne pourra rencontrer sur cet immeuble que le
concours des créanciers chirographaires, et elle écar-
tera leurs prétentions en invoquant le *privilegium inter
personales actiones* qui garantissait avant Justinien sa
créance dotale. Ce raisonnement serait peut-être
exact si l'immeuble dotal pouvait être grevé seulement de droits conventionnels ; mais il est hors de
doute que les hypothèques légales atteignant les biens
du mari le comprendront aussi dans leur affectation
génerale (1), et c'est alors que le privilége accordé à
la femme par Justinien se présentera dans la pratique
comme une garantie puissante et nécessaire. Faut-il
voir dans l'hypothèque, et dans le droit de revendication établis par notre loi 30 deux armes tout à fait
semblables, de telle sorte que la femme puisse les employer indifféremment ? La force même des choses
repousse cette assimilation. D'une part, l'action en
revendication aura certainement pour résultat de faire
obtenir à la femme la chose même qui est le but de

____

(1) L. 20, Cod. V, xxxvii.

sa poursuite, tandis qu'une action hypothécaire aboutira souvent à une indemnisation purement pécuniaire. D'autre part, nous ne croyons pas que l'objet de ces deux actions soit toujours identiquement le même; l'hypothèque privilégiée suivra évidemment la chose dotale en quelques mains qu'elle passe, à moins que la femme n'ait renoncé à cette garantie en consentant en commun avec son mari une aliénation de sa dot mobilière, ou même de ses immeubles dotaux, avant la promulgation de la loi unique au Code, *De rei uxoriæ actione*. Nous ne saurions en dire autant du droit de revendication, et il nous semblerait contraire aux principes que le tiers acquéreur des biens dotaux puisse succomber dans une action en revendication intentée par la femme, alors que l'aliénation consentie à son profit aurait été valable. Supposons, par exemple, que le mari ait vendu, comme il en avait le droit, soit des meubles dotaux, soit des immeubles apportés en dot avec estimation; supposons encore que l'immeuble dotal non estimé ait passé entre les mains d'un tiers, pour l'une des causes devant lesquelles fléchit la règle de l'inaliénabilité; dans toutes ces hypothèses, la justice et les principes défendent d'anéantir rétroactivement les droits d'un propriétaire légitime, alors surtout que l'intérêt de la femme se trouve puissamment sauvegardé par le maintien sur les biens ainsi aliénés d'une hypothèque dont nous ne prétendons pas contester l'existence. On nous opposera sans doute les termes de la loi 30 dont la généralité semble repousser la distinction que nous voulons établir entre l'hypothèque et le droit de revendication ; mais nous remarquerons que le texte ne s'est pas occupé en même temps de ces deux garanties. C'est seulement après avoir déterminé la portée et les effets de l'hypothèque privilégiée qu'il passe à la revendication ; nous ne voyons donc pas que la loi envisagée en elle-même commande une assimilation à laquelle répugnent les règles les plus élémentaires du droit romain.

La fin de notre loi 30, *De jure dot.*, présente une certaine difficulté. Il semblerait à première vue qu'elle soit venue apporter une importante dérogation aux principes qui régissent l'imprescriptibilité de la dot immobilière ; le fonds dotal, dans le droit des jurisconsultes, est imprescriptible aussi longtemps qu'il est inaliénable. Il ne devient susceptible d'usucapion qu'après le moment où la remise en a été faite à la femme. Faut-il dire, comme semblerait le faire entendre la constitution de Justinien, que, dans la législation de ce prince, l'imprescriptibilité ne sera plus renfermée dans les mêmes limites que l'inaliénabilité dotale, et que le tiers détenteur du fonds dotal pourra l'usucaper du jour où les mauvaises affaires du mari autoriseront la femme à demander la restitution de sa dot, ou du jour de la dissolution du mariage? A coup sûr, nous aurions besoin d'un texte bien formel pour croire à une innovation aussi contraire aux tendances ordinaires de la législation de Justinien ; or, nous ne trouvons pas que la fin de notre loi 30 soit assez explicite pour entraîner en ce sens notre conviction. Comment concevoir, d'une part, que Justinien ait édicté cette disposition restrictive des droits de la femme dans une constitution qui créait deux garanties nouvelles au profit de cette dernière ; d'autre part, que la même loi, après s'être occupée dans sa première partie de la dot en général, sans distinction de meubles et d'immeubles, en soit venue à parler exclusivement des immeubles dotaux, et cela, sans qu'aucun terme ait indiqué la portée nouvelle d'une seconde règle moins générale dans son application? Mais du moment que nous nous refusons à voir dans notre texte l'abrogation des principes concernant l'imprescriptibilité du fonds dotal, cherchons quel peut en être le sens véritable. Il nous paraît à peu près certain, en rapprochant les uns des autres les termes de cette disposition finale, que Justinien voulait déterminer à quelle époque commencerait à courir, soit au profit du mari, soit au profit des tiers, la prescription libératoire contre les diverses actions compétant à la femme, et lui assurant d'une manière plus ou moins directe la restitution de sa dot. Ainsi entendue, l'innovation consacrée par notre loi est facilement justifiée ; chaçune de ces actions se trouvant ouverte au jour de la dissolution du mariage, ou de la ruine du mari, la femme est désormais en faute si elle met trop de retard à les intenter, et trouve la peine de sa négligence dans les déchéances résultant d'une prescription libératoire.

Jusqu'ici, nous avons envisagé les garanties nouvelles accordées à la femme dans le droit de Justinien en tant seulement qu'elles avaient un rapport plus ou moins direct avec l'inaliénabilité de la dot immobilière. Nous ne saurions terminer ce travail sans dire quelques

mots d'autres innovations qui ont avec notre matière
un rapport incontestable, et dont l'examen est nécessaire pour compléter un aperçu général sur le régime
de la dot dans le dernier état de la législation romaine.
Comme nous l'avons dit, avant Justinien, deux actions
pouvaient appartenir à la femme pour la reprise de sa
dot : l'action *rei uxoriœ*, si la dot avait été remise au
mari sans stipulation, l'action *ex stipulatu*, dans le
cas contraire ; les effets de ces deux actions étaient
différents, l'une était une action de bonne foi, l'autre
une action de droit strict. Justinien les confond en
une seule ; de quelque manière que le mariage soit
dissous, quelle qu'ait été l'origine de la dot, il veut que
la femme et ses héritiers puissent toujours la redemander par une action *ex stipulatu*, comme s'il y avait
eu entre les époux une stipulation tacite. Seulement,
cette action *ex stipulatu*, quand elle sera intentée
pour la reprise de la dot, revêtira le caractère d'action
de bonne foi ; le mari pourra invoquer le délai d'un an
pour la restitution des objets dotaux autres que les immeubles, et continuera à jouir du bénéfice de compé-
tence (1) ; l'action ainsi conférée à la femme ou à ses
héritiers sera garantie par une hypothèque tacite portant sur tous les biens de celui qui a reçu la dot (2). La
généralité de ces expressions nous indique toute l'importance d'une pareille affectation hypothécaire ; nous
voyons en effet qu'elle frappera non-seulement les
biens du mari *sui juris*, mais encore le patrimoine tout

---

(1) Loi unique, princip., V, xiii, Cod.
(2) Loi unique, § 1, V, xiii.

entier du beau-père, alors que le mariage contracté par son fils en puissance lui aura fait acquérir la dot de la femme (1). Au reste, il ne faudrait pas conclure du silence de notre loi que l'hypothèque tacite ait toujours été destinée à assurer seulement la restitution des biens dotaux ; une autre constitution de Justinien nous apprend que cette garantie s'étend même aux créances paraphernales (2). Jusqu'ici la loi romaine n'avait admis aucun principe que notre législation actuelle ait dû répudier ; une hypothèque tacite prenant rang du jour du mariage, ou du jour où le mari était devenu comptable de sommes paraphernales, ne pouvait engendrer pour les tiers de dangers sérieux, ne portait aucune atteinte à des droits antérieurs légitimement acquis. Justinien poussa plus loin ses innovations ; la célèbre loi *Assiduis* (3) vint consacrer au profit de la femme une faveur excessive. L'empereur nous expose que les plaintes des femmes gémissant sur la perte de leur dot ont ému sa pitié, ont provoqué de sa part l'intention d'apporter à leurs maux un remède efficace. Autrefois l'action de dot était une action purement personnelle, et cependant le législateur lui donnait le pas sur les autres actions de même nature ; depuis lors une hypothèque est venue garantir ce recours ; pourquoi donc cette hypothèque ne jouirait-elle pas d'une préférence analogue à celle qui avait été édictée pour l'action primitive ? Cette argumentation n'était pas à coup sûr d'une logique puis-

(1) L. 22, § 12, Dig., XXIV, iii.
(2) L. 11, Cod, V, xiv.
(3) L. 12, VIII. xviii, au Cod.

sante ; Justinien la juge irrésistible ; il statue en conséquence, et accorde à la femme une hypothèque privilégiée sur les biens de son mari, lui permettant ainsi
de passer avant tous les créanciers hypothécaires
quelle que soit la date de leur hypothèque. Nous n'avons
pas besoin de démontrer les vices d'un pareil système qui expose un créancier, malgré toute sa prudence, à se voir déposséder par suite d'un événement qu'il ne pouvait ni prévoir ni empêcher.

Au reste, cette faveur particulière, conférée à la
femme, était strictement limitée à la dot même ; elle
ne s'étendait ni à la *donatio ante nuptias* ni à la restitution des paraphernaux (1). Elle était restreinte,
d'autre part, à la personne de la femme, elle ne pouvait donc profiter à ses héritiers ; toutefois on fit exception pour les descendants de la femme, dont la loi
voulait assurer l'existence après la dissolution du mariage. Quelques personnes ont prétendu appliquer le
bénéfice de cette exception seulement dans l'hypothèse où le père a contracté un nouveau mariage ; mais
cette interprétation restreinte est repoussée par la généralité de la novelle 91, ch. 1, dont la disposition a
été reproduite dans l'authentique placée à la suite de
la loi *Assiduis.*

Nous avons rappelé dans la première partie de
notre travail la disposition du sénatus-consulte Velléien, qui prohibait toute obligation contractée par la
femme dans l'intérêt d'autrui ; nous avons également
fait allusion à la loi 22, au Code *Ad. sen.-consult. Vel-*

-----

(1) L. 12, § 2, Cod., VIII, xviii.

letanum, par laquelle Justinien permet à la femme de
valider un engagement de ce genre en confirmant au
bout de deux ans l'acte primitif d'*intercessio*. Une constitution du même empereur vint restreindre la portée de cette innovation en déclarant nulle, sans confirmation possible, l'obligation—dont la femme aurait
grevé sa personne et ses biens, toutes les fois que cet
engagement aurait été destiné à garantir un emprunt
contracté par le mari. Cette règle, néanmoins, rece-
vrait une exception si l'argent provenant de cet emprunt avait réellement profité à la femme. Faut-il
étendre cette disposition à la vente ou à l'hypothèque
du fonds dotal, de telle sorte que la novelle 61 cessât
de recevoir son application, dans le cas où le consentement de la femme aurait été ainsi donné à deux reprises dans l'intérêt exclusif du mari? En ce qui concerne l'aliénation, la question ne peut faire doute; il
est de toute évidence que la novelle 134 est complète-
ment étrangère à une opération de ce genre. Pour ce
qui touche l'engagement de l'immeuble dotal, nous ne
saurions davantage croire à une abrogation partielle
de la novelle 61. D'abord nous nous refusons à reconnaître que ces deux constitutions appartiennent à un
même ordre d'idées; la novelle 134 vient purement
et simplement restreindre une disposition qui avait
modifié le sénatus-consulte Velléien : au contraire nous
nous sommes efforcé de démontrer que la novelle 61
était étrangère à tout rapport avec ce sénatus-consulte.
En outre, la novelle 134 prévoit une hypothèse où la
femme oblige un patrimoine essentiellement personnel et disponible entre ses mains ; dès lors, quand

bien même on prétendrait lui attribuer *durante ma-trimonio* la propriété de ses immeubles dotaux, eu égard à la nature tout à fait spéciale de ces biens, il aurait fallu en faire une mention particulière si l'on avait voulu les comprendre dans une mesure qui, au premier abord, semble devoir leur être étrangère. Enfin, la novelle 61 se suffit à elle-même; en effet, elle ne valide l'hypothèque du fonds dotal consentie par le mari *volente uxore* qu'autant que la femme ne se trouve pas en perte; comment donc concevoir que Justinien ait voulu conférer à une personne suffisamment protégée d'autre part le bénéfice d'une garantie tout à fait inutile ?

Nous n'aurions pas donné une idée complète de cette matière si nous ne signalions en finissant les dispositions contenues dans la novelle 119. Justinien, mû par un sentiment de fanatisme religieux, enlève aux femmes hérétiques tous les droits introduits par sa législation et les met ainsi au rang de simples créanciers, leur laissant tout au plus pour leur dot le privilége simple qui existait auparavant. Toutefois la preuve de leur orthodoxie n'étant exigée qu'au moment même où elles invoqueraient l'hypothèque privilégiée, une conversion subite suffirait pour leur en assurer le bénéfice. Le seul exposé de cette loi démontre combien elle était mauvaise au double point de vue du droit et de la religion.

DROIT FRANÇAIS.

DE L'HYPOTHÈQUE LÉGALE DE LA FEMME MARIÉE.

NOTIONS HISTORIQUES.

L'hypothèque légale de la femme mariée a son origine dans le droit romain. Nous avons vu par quelles modifications successives le privilége simple accordé à la femme pour assurer le recouvrement de ses reprises s'était transformé en une hypothèque tacite et générale, primant toutes autres hypothèques même antérieures au mariage. Les développements que nous avons présentés sur cette matière dans la première partie de notre travail nous permettront de laisser de côté la législation romaine, et d'arriver immédiatement à l'étude de notre ancien droit français.

A quelle époque voyons-nous apparaître en France, pour la première fois, l'hypothèque légale garantissant les droits de la femme mariée? Les *Excerptiones Petri* paraissent nous la représenter comme existant déjà dans une de nos anciennes provinces dès le XIe siècle.

Le chapitre 54, livre IV de ce traité, reproduit à ce sujet, d'une manière à peu près complète, la législation de Justinien, en refusant toutefois à l'hypothèque ainsi reconnue le rang privilégié qui faisait passer la femme avant les créanciers antérieurs au mariage. Malgré l'autorité d'un pareil document, nous avons de la peine à croire qu'il se réfère à un état de choses existant, à un droit réellement pratiqué dans le pays, et à l'époque où il a été rédigé. Notre opinion est admise par la grande majorité des auteurs, qui voient dans cet ouvrage un traité de droit romain plutôt que l'œuvre d'un praticien imposant une législation en vigueur de son temps. Au reste, toutes les coutumes contemporaines gardent le silence sur l'hypothèque légale de la femme; et si elles font quelquefois allusion à un droit réel garantissant les obligations ordinaires entre créanciers et débiteurs, elles se servent toujours de l'expression *pignus*, elles supposent toujours la détention matérielle de l'objet engagé; nous serions donc assez disposé à croire que vers le XI° siècle ce n'était pas seulement l'hypothèque légale de la femme, mais encore l'institution même de l'hypothèque qui était inconnue dans la pratique.

Il faut franchir un intervalle de deux siècles pour trouver une trace incontestable de l'hypothèque légale dont nous parcourons l'histoire. Cette première trace se rencontre dans la législation des pays de droit écrit. La coutume de Toulouse, rédigée dans le courant du XIII° siècle, accorde à la femme un droit tacite de préférence opposable à tous les créanciers du mari postérieurs au mariage. Ce droit est dispensé des formalités de l'ensaisinement seigneurial qui constitue alors le droit commun de la France; il garantit, soit la restitution de la dot, soit le payement de l'indemnité à raison des dettes contractées par la femme avec son mari; du reste, il ne présente pas encore ce caractère d'hypothèque privilégiée que la jurisprudence du parlement de Toulouse lui attribuera dans le dernier état de notre droit coutumier. L'ancienne coutume de Bordeaux, rédigée vers la fin du xiii° siècle ou le commencement du xiv°, reconnaît aussi l'existence d'une hypothèque légale au profit de la femme; le bénéfice de cette garantie est exclusivement réservé à la dot, et ne saurait être étendu aux biens paraphernaux.

Mais l'hypothèque légale ne fut admise que bien postérieurement par la jurisprudence des pays de coutume restés plus longtemps étrangers à l'influence des traditions romaines. Le grand coutumier de Charles VI, Boutellier, dans la *Somme rurale*, énumèrent les droits de la femme, sans rien dire qui puisse faire supposer qu'elle a hypothèque légale. Cette garantie fut établie à son profit, non en vertu d'un principe spécial, mais seulement par application du droit commun. Vers la fin du xv° siècle, à une époque qu'il est impossible de préciser exactement, l'usage de l'hypothèque devint tout à fait général, au moins dans les pays du centre de la France. Aucun écrit n'était exigé pour en constater l'existence et la date; la preuve par témoins était suffisante, et quand cette preuve était faite, elle prévalait sur celle qui résultait d'un acte public postérieur en date au temps dont les témoins déposaient. Mais depuis l'ordonnance de 1539, cette jurisprudence tomba en désuétude, on n'admit plus d'autre hypothèque conventionnelle que celle résultant d'un acte authentique, ou reconnu en justice, et on fut obligé d'avoir recours aux notaires pour assurer entièrement la date des conventions, et l'hypothèque qui pouvait en résulter. Peu à peu on s'habitua à stipuler dans tous les contrats l'établissement d'un droit d'hypothèque; cette stipulation devint une clause de style, presque toujours employée dans la pratique; bientôt on la réputa sous-entendue quand elle n'avait pas été formellement exprimée. Cet état de choses est constaté par Loyseau dans le passage suivant: « Pour ce qu'en tous les contrats, par un style ordi- « naire des notaires, on s'est accoutumé d'insérer la « clause d'obligation de tous ses biens, l'on a enfin « tenu pour règle que tous contrats portaient hypo- « thèque sur tous les biens, comme cette clause étant « sous-entendue, si elle avait été omise. » Ce principe général étant admis, il en résultait que le contrat de mariage entraînait virtuellement, au profit de la femme, établissement sur le patrimoine de son mari d'une hypothèque tacite et générale garantissant le recouvrement de ses reprises. Ce n'était pas encore là une hypothèque légale distincte de ce droit de préférence attribué par la loi à toute personne devenue créancière par suite d'un acte authentique, mais le cours naturel des choses devait amener, au profit de la femme la consécration d'une garantie existant dans toutes les hypothèses, et indépendante du contrat réglant ses conventions matrimoniales. Dès

le milieu du xvi⁰ siècle, la jurisprudence se prononçait
définitivement en ce sens, et le bénéfice d'une hypothèque légale était assuré aux femmes mariées, soit
pour l'exercice des créances qui ne résultaient pas de
leur contrat, soit pour le recouvrement intégral de
leurs reprises, en l'absence de tout contrat de mariage.
Les coutumes revisées à cette époque contiennent des
traces de ce droit; nous citerons notamment à l'appui
de notre thèse l'art. 115 de la coutume d'Amiens re-
visée en 1567.

L'établissement de l'hypothèque légale fit naître de
sérieuses difficultés pour le rang à assigner aux diverses
créances qu'elle devait garantir ; on admit sans peine
que le recouvrement de la dot ou des avantages stipulés par la femme serait assuré par une hypothèque
remontant au jour du contrat, ou à la célébration
du mariage, en l'absence de conventions matrimoniales. Mais la question ne fut pas aussi facilement
tranchée en ce qui concernait le remploi de ses
propres aliénés ou l'indemnité des dettes. Nous laisserons de côté les coutumes peu nombreuses qui refu-
saient à la femme, à défaut de stipulation formelle,
une action pour le remploi de ses propres, ou qui li-
mitaient plus ou moins l'étendue de cette action (1),
et nous nous demanderons quel était, relativement à la
difficulté qui nous occupe, le droit commun des coutumes.

Dans les pays de droit écrit ressortissant au parlement de Paris, la femme n'a d'hypothèque sur les

____

(1) Cout. de Bar et de Tours.

biens de son mari, pour l'indemnité des dettes qu'elle
contracte avec lui, que du jour même de l'obligation,
à moins que le contrat de mariage ne contienne une
convention contraire. Cette jurisprudence est constatée
par une sentence du Châtelet et par trois arrêts de
parlement (1). En Bretagne et en Normandie, les
coutumes et les arrêts accordent à la femme, à raison des obligations ou aliénations qu'elle a consenties
avec son mari, une hypothèque qui prend naissance à
la date même de ces actes (2). Dans les coutumes qui
n'ont point de disposition à ce sujet, on restreignait
parfois l'hypothèque au jour des obligations ou des
aliénations (3) ; mais cette jurisprudence tendit bientôt
à disparaître, et, dans les coutumes muettes, on finit
par accorder l'hypothèque à la femme du jour du contrat de mariage. Telle était aussi la règle suivie par
la coutume de Paris : cette décision favorable était
fondée sur les droits excessifs donnés au mari et sur
la nécessité de les limiter en assurant contre lui un
recours efficace dans le cas où, par un effet de son
pouvoir, ou bien par sa mauvaise administration, il
causerait quelque perte à sa femme : or, comme
l'effet remonte naturellement à la cause, on voulait
assigner pour origine à l'hypothèque garantissant ce
recours le moment même où avaient commencé les
pouvoirs du mari, c'est-à-dire le jour du mariage.
Toutefois, la généralité de ce principe avait subi dans

---

(1) 23 juillet 1742, 26 juillet 1740, 0 avril 1702.
(2) Cout. de Normandie, art. 542.
(3) Arrêts des 17 février 1654, 21 août 1660, 5 février 1661, 8 juillet 1671,
8 juin 1674.

certaines hypothèses de sérieuses attaques. A l'égard
des biens paraphernaux, on admettait que, si le contrat de mariage accordait à la femme une hypothèque
remontant au jour où il avait été passé, la convention
devait servir de règle; si le contrat était muet à ce
sujet, la femme n'avait d'hypothèque, pour la restitution de son paraphernal, que du jour où son mari en
avait eu la libre disposition.

Nous arrivons aux ordonnances qui sont venues à
partir du xvi° siècle réglementer la matière des hypothèques; nous ne parlerons que pour mémoire de l'édit
de 1581, lequel était conçu dans une idée de publicité,
et prescrivait l'enregistrement, dans un délai déterminé, de toutes les conventions destinées à faire naître
une hypothèque, notamment des contrats de mariage.
Cet édit fut rapporté en 1588. L'ordonnance de 1673
entra plus largement encore dans cette voie de publicité des hypothèques si essentielle à la sûreté des contractants. Plusieurs fois, dans le cours de ce travail,
nous aurons l'occasion de revenir sur les dispositions
éminemment sages contenues dans ce document législatif dont nous ne présentons pour le moment qu'un
résumé succinct. L'édit de 1673 établit dans chaque
bailliage et sénéchaussée un greffe spécial dans lequel
tous ceux qui prétendaient hypothèque ou privilége
pouvaient faire enregistrer leurs oppositions (1). Les
créanciers dont les oppositions avaient été ainsi enre-
gistrées étaient préférés, sur les immeubles auxquels
s'appliquaient ces oppositions; aux créanciers même

____

(1) C'était le terme par lequel était désignée l'inscription hypothécaire.

antérieurs qui n'avaient pas rempli cette formalité
(art. 21); si l'inscription était prise dans les quatre mois
de la date de l'acte conférant hypothèque, elle remon-
tait avec effet rétroactif au jour de l'acte lui-même;
l'hypothèque inscrite après l'expiration de ce délai ne
prenait rang qu'à partir de l'enregistrement (art. 23
et 25). L'hypothèque de la femme était dispensée de
cette formalité; toutefois, la femme séparée de biens
était tenue de faire enregistrer ses oppositions dans
les quatre mois de l'acte ou jugement de séparation,
et la femme veuve, dans l'année du décès du mari,
faute de quoi l'hypothèque n'avait d'effet que du jour
de l'enregistrement (art. 57 à 64). L'ordonnance de
1673 fut accueillie avec une extrême défaveur; on
s'alarma de l'inquisition qui devait résulter du nouveau système; on prétendit que rien n'était, non-seulement plus injuste, mais plus contraire au crédit public,
que de lever le voile qui couvre le secret des fortunes
particulières. L'édit d'avril 1674 vint révoquer celui
de mars 1673 et rétablir le système des hypothèques
occultes.

L'édit de 1771 fut rendu pour faciliter la circulation
des immeubles en donnant, avec moins de frais que
ne le faisaient les décrets volontaires, la faculté de se
débarrasser des anciennes hypothèques jusque-là
ignorées; mais entre créanciers opposants, le droit de
préférence continua à être déterminé par la date de
l'acte constitutif d'hypothèque, et non pas celle des
oppositions. Il en résulte que cette loi laissait toujours
les tiers dans l'impossibilité de se faire une juste idée
de la position d'un propriétaire, et des garanties

que leur offrait sa fortune immobilière. Du reste, les dispositions de l'édit étaient applicables sans distinction à tous les créanciers ayant un droit réel à prétendre sur l'immeuble vendu ; la femme elle-même était tenue, à peine de déchéance, de former opposition dans le délai prescrit ; l'omission de cette formalité opérait extinction de ses droits d'hypothèque, à l'exception, toutefois, de ceux garantissant le douaire non encore ouvert (art. 82). L'édit de 1671 rencontra une vive opposition de la part des provinces qui avaient conservé les anciennes pratiques de l'inféodation pour la constitution des droits réels. Le parlement de Flandre notamment refusa d'enregistrer une ordonnance qui modifiait ses traditions, en portant le dernier coup à la publicité de l'hypothèque.

Ce coup d'œil rapide jeté sur notre ancien droit nous a permis de constater l'abrogation presque universelle de la loi *Assiduis*; toutefois, dans le ressort du parlement de Toulouse et dans quelques autres pays de droit écrit, nous voyons la femme passer avant les créanciers de son mari, même antérieurs à son contrat de mariage. Pour anéantir ce privilége, on recourait dans la pratique à une dénonciation de créance faite à la future épouse par acte authentique. Dans quelques provinces, on ne donnait privilége à la femme que sur les biens meubles de son mari ; parfois même ce bénéfice était restreint aux meubles meublants ; de droit commun, il garantissait seulement la restitution de la dot. Dans le Lyonnais, il constituait un privilége essentiellement mobilier, mais il assurait d'une manière générale le recouvrement de toutes les créances matrimoniales. Ce dernier vestige du droit de Justinien a disparu dans notre législation actuelle; l'art. 1572 du Code Napoléon s'est expliqué à ce sujet d'une manière formelle.

Nous sommes arrivés à la révolution de 1789. L'Assemblée constituante s'occupa de la refonte de notre système hypothécaire; le décret des 6 et 7 septembre 1790 annexa aux tribunaux de district les chancelleries établies par l'édit de 1771 à l'effet de sceller les lettres de ratification. Un autre décret des 17, 19 et 20 septembre 1790 abolit les formalités du nantissement féodal, et les remplaça par la transcription au greffe des tribunaux de district des contrats emportant aliénation ou constitution d'hypothèque. L'Assemblée constituante légua sa tâche à l'Assemblée législative qui se sépara sans avoir pris de détermination sur les projets de réforme hypothécaire soumis à son appréciation. Enfin, le 9 messidor an III, la convention adopta une loi qui formait un Code complet de la matière. On ne reconnaissait que deux sortes d'hypothèques : l'hypothèque volontaire et l'hypothèque forcée; les hypothèques tacites ou légales, qui avaient pris naissance avant la promulgation de la loi, étaient maintenues, mais à la condition d'être inscrites dans un délai qui expirait le 1er ventôse an IV. Toute obligation ou créance résultant, soit d'un acte public, soit d'un jugement emportait de plein droit hypothèque sur tous les biens présents et à venir des obligés ou condamnés, et sur ceux de leurs héritiers, sans que la constitution hypothécaire eût besoin d'être exprimée; toutefois, cette hypothèque ne produisait d'effet que par l'inscription de ces actes dans le registre à ce destiné. Il n'était pas nécessaire que l'inscription fût spéciale pour chaque bien; l'hypothèque s'étendait sur tous les biens présents et à venir situés dans l'arrondissement où l'inscription avait eu lieu. L'innovation la plus remarquable introduite par la loi du 8 messidor an III était l'institution de la cédule hypothécaire qui permettait en quelque sorte de mobiliser le sol, et autorisait chaque citoyen à prendre inscription sur lui-même et à convertir ses immeubles en véritables lettres de change. L'application de cette loi fut heureusement retardée, et de prorogation en prorogation, on en arriva à la remplacer avant qu'elle eût reçu force exécutoire.

La loi du 11 brumaire an VII, qui contient sur cette matière le dernier mot de notre législation intermédiaire, reposait sur la double base de la publicité et de la spécialité ; elle maintenait l'hypothèque légale de la femme, en la soumettant à la nécessité de l'inscription. Cette inscription atteignait tous les biens que le mari possédait déjà dans l'arrondissement du bureau; pour tous ceux dont il devenait ensuite propriétaire, il fallait recourir de nouveau à la même formalité. La femme était dispensée d'insérer dans son bordereau d'inscription la désignation spéciale des immeubles grevés à son profit, et si elle devait indiquer le montant de la somme en capital et accessoires, c'était seulement quand il s'agissait de conventions et droits matrimoniaux, ouverts et déterminés; dans toutes autres hypothèses, il suffisait qu'elle énonçât la nature du droit à conserver, et l'époque où ce droit

avait pris naissance. L'inscription, une fois prise, était
dispensée de toute formalité de renouvellement pendant la durée du mariage, et même pendant l'année
qui suivait la dissolution,

La loi du 11 brumaire n'eut pas une longue existence; le régime hypothécaire fut définitivement re-
manié par le Code Napoléon. Après toutes les vicissitudes qu'avait subies cette partie de la législation, on
comprend que les esprits devaient être partagés sur
le mérite et les inconvénients que pouvait présenter
chaque système. Les uns voulaient en revenir au régime en vigueur avant la loi de l'an VII, et rétablir le
principe des hypothèques occultes atteignant, en vertu
de la seule authenticité du titre, l'universalité des biens
présents et à venir du débiteur; les autres deman-
daient la consécration du système de publicité et de
spécialité tel que l'avait conçu le législateur de 1673,
tel que l'avait réalisé le législateur de brumaire. La
première de ces opinions avait pour représentants
MM. Tronchet et Bigot Préameneu, qui l'exprimèrent
au nom de la commission dont ils étaient rapporteurs;
la section de législation du conseil d'État était favorable, au contraire, au principe de la publicité. En présence de cette scission, on convint de part et d'autre
qu'il serait présenté au conseil d'État un rapport dans
lequel chacun motiverait son opinion. En conséquence,
deux rapports contradictoires furent présentés à la
séance du 12 pluviôse an XII par MM. Bigot-Préameneu
et Réal. La discussion s'ouvrit dans la même séance;
le consul Cambacérès, tout en se prononçant pour le
système de l'an VII, exprima le désir qu'on ne l'ap-

pliquât pas dans toute sa rigueur aux hypothèques légales des femmes et des mineurs; il demanda que pour ces hypothèques on dérogeât au double principe de la publicité et de la spécialité, en les dispensant de la formalité de l'inscription et en les faisant peser sur tous les biens présents et à venir du mari ou du tuteur. Cette proposition fut adoptée; en conséquence, un nouveau projet rédigé sur ces bases fut présenté par M. Treilhard dans la séance du 8 ventôse an XII, et adoptée le 12 du même mois. Après une communication officieuse à la section de législation du tribunat, et une discussion entre cette section et la section correspondante du conseil d'État, la rédaction définitive fut arrêtée. Le 24 ventôse, M. Treilhard porta le projet ainsi élaboré au Corps législatif, et en exposa les motifs, faisant ressortir avec une admirable lucidité les avantages d'une publicité indispensable au crédit public et à la sécurité des transactions, discutant et réfutant les critiques dont le système adopté avait été l'objet, développant, quant aux hypothèques légales de la femme et du mineur, les motifs de l'exception apportée au principe qui allait devenir le droit commun de la France. La loi fut ensuite communiquée au tribunat et au Corps législatif, et votée définitivement après un rapport présenté dans les deux assemblées par le tribun Grenier.

Le système hypothécaire établi par le Code Napoléon a été l'objet d'attaques incessantes. On a critiqué notamment la faveur exceptionnelle attribuée aux mineurs et aux femmes mariées; on a invoqué contre la dispense d'inscription édictée à leur profit l'intérêt des

prêteurs qui peuvent se trouver compromis par une hypothèque dont rien ne leur révèle l'existence. Il y a là sans doute un mal incontestable; nous verrons que des dispositions postérieures au Code Napoléon sont venues autant que possible en restreindre la portée; nous reconnaissons, toutefois, que les moyens employés par la loi ne sont pas assez efficaces pour prévenir complétement le danger qu'on nous signale. Mais toutes les critiques élevées contre le système des hypothèques légales occultes tombent devant l'impossibilité matérielle de subordonner à l'inscription la validité de pareilles garanties. « Accorder une hypo-
« thèque légale, et la soumettre à l'inscription, disait
« M. Troplong, c'est évidemment créer d'une main et
« détruire de l'autre. Si la femme et le mineur sont
« incapables de stipuler une hypothèque à leur profit,
« la même incapacité les accompagne pour prendre
« l'inscription qui doit la compléter. » Ne venez donc pas demander au législateur de soumettre aux règles de la publicité des droits qui ne peuvent exister qu'à la condition d'en être affranchis; ou plutôt modifiez la forme de votre proposition : demandez la suppression de l'hypothèque légale, et alors vous trouverez en face de vous un intérêt supérieur à celui des prêteurs que vous voulez protéger, l'intérêt de la famille et de l'État, qui réclame une protection efficace pour la dot des femmes et le patrimoine des mineurs.

PREMIÈRE PARTIE.

DES PERSONNES AU PROFIT DESQUELLES EXISTE L'HYPOTHÈQUE
LÉGALE, ET DES CRÉANCES QU'ELLE GARANTIT.

CHAPITRE PREMIER.

DES FEMMES AUXQUELLES L'HYPOTHÈQUE LÉGALE
EST ATTRIBUÉE.

Nous lisons dans l'art. 2121 : « Les droits et créances
« garantis par l'hypothèque légale sont ceux des fem-
« mes mariées sur les biens de leurs maris, » et dans
l'art. 2135 : « L'hypothèque existe indépendamment
« de toute inscription...; 2° au profit des femmes pour
« raison de leurs dots et conventions matrimoniales,
« sur les immeubles de leurs maris, et à compter du
« jour de leur mariage. » De ces deux dispositions, il
ressort évidemment que le législateur a voulu rattacher l'hypothèque au fait même du mariage, sans
prendre en considération les clauses du contrat réglant
les intérêts civils des époux ; cette garantie se réali-
sera au profit de la femme, du moment qu'elle aura
contracté un mariage valable, ou tout au moins susceptible de produire en sa faveur des effets civils
(art. 202 C. Nap.). Nous n'aurons pas à examiner,
d'une part, si les époux se sont mariés sans contrat,
ou s'ils ont réglé à l'avance leurs conventions matrimoniales ; d'autre part, si le contrat intervenu entre
eux les a soumis au régime de communauté, ou au

régime dotal, ou à tout autre régime; l'hypothèque légale existera dans toutes les hypothèses. La généralité de la loi repousse l'idée d'une distinction entre des cas soumis à une réglementation unique.

Si le mariage a été célébré en pays étranger, l'hypothèque légale serait-elle dépendante de l'accomplissement des formalités prescrites par l'art. 171 du Code Napoléon, en sorte que la femme dût être primée par des tiers qui auraient pris inscription sur les biens du mari avant la transcription de l'acte de célébration du mariage sur les registres de l'état civil du domicile des époux en France? Nous supposons, bien entendu, une union contractée entre Français, ou, ce qui revient au même, entre un Français et une étrangère, qui acquiert par le fait de son mariage la qualité de Française. La question a été résolue dans le sens de l'affirmative par un premier arrêt de cassation rejetant, le 6 janvier 1824, le pourvoi dirigé contre un arrêt de la Cour de Montpellier en date du 25 janvier 1823. Depuis lors, la jurisprudence a subi un revirement et s'est prononcée d'une manière constante en faveur de la femme; cette dernière décision est la seule qui nous paraisse conforme, soit au texte de la loi, soit au motif qui l'a inspirée.

Que dit l'art. 171? Il soumet à la nécessité d'une transcription, dans les trois mois du retour en France, l'acte de célébration du mariage contracté par le Français en pays étranger; aucune pénalité ne vient garantir l'accomplissement de la formalité prescrite; et sous le prétexte plus ou moins plausible qu'une disposition législative ne saurait être dépourvue de sanction, on veut faire résulter du défaut de transcription, soit la nullité même du mariage, soit la perte pour la femme des garanties consacrées à son profit par le droit commun! Mais, en vérité, c'est émettre une interprétation singulièrement divinatoire, et attribuer des effets bien rigoureux à un article muet sur la question de pénalité. D'ailleurs, en privant la femme de son hypothèque légale quand la transcription n'a pas été régulièremont faite, n'allez-vous pas contre l'intention du législateur révélée dans tous les articles qui ont trait à notre matière, intention toute de protection pour la femme, dont on ne veut pas subordonner les droits à l'accomplissement de formalités qu'elle ne remplirait pas elle-même, que son mari remplirait bien moins encore, à cause de l'opposition matérielle qui existe entre leurs intérêts? On nous objecte le danger auquel nous exposons les tiers, qui, sans la transcription du mariage passé en pays étranger, n'auraient aucun moyen de connaître ce mariage, et par conséquent le droit de la femme sur les biens de son mari. Nous opposons à cet argument une double réponse : d'abord il nous semble que, si l'existence du mariage peut être révélée d'une manière efficace, c'est bien plutôt par la qualité d'épouse avéc laquelle la femme se présente dans les rapports sociaux que par une inscription sur des registres d'état civil, où bien peu de personnes vont puiser leurs renseignements. En outre, nous prétendons que l'art. 171 n'a pas été édicté dans l'intérêt des tiers, que par conséquent le défaut de transcription ne saurait être opposé de leur chef. Les travaux préparatoires démontrent surabondamment la légitimité de cette assertion ; dans toute la discussion qui a précédé la rédaction de notre article, nous voyons exprimer la pensée d'en assurer l'exécution par une disposition pénale : mais la peine prononcée par le projet contre l'époux négligent n'a jamais consisté dans une réparation accordée aux tiers qui ont traité avec l'un ou l'autre des époux dans l'ignorance du mariage : on s'occupait d'une sanction exclusivement pécuniaire destinée à enrichir le trésor public. Après ces préliminaires, dans lesquels l'intérêt des tiers n'a pas été pris en considération, l'art. 171 est resté muet sur la question de peine. Ne faut-il pas en conclure que s'il est actuellement garanti par une sanction, cette sanction consiste uniquement dans les difficultés et les lenteurs que présentera la preuve du mariage, lorsqu'il n'aura pas été régulièrement transcrit sur les registres français (1)? Mais comme après tout il y a eu une union valablement contractée, nous sommes sous l'empire des principes généraux, et nous devons reconnaître à la femme l'hypothèque légale que les art. 2121 et 2135 attachent au fait seul du mariage.

Passons maintenant à l'examen d'une question plus difficile et plus controversée. Les femmes étrangères ont-elles, comme les Françaises, une hypothèque légale sur les immeubles que leurs maris possèdent en France ? Deux opinions extrêmes sont en présence : la première refuse à la femme étrangère le bénéfice de

____

(1) Bordeaux 31 août 1837; Cass. 23 nov. 1840, 11 juillet 1855; Pont, *Priv. et hyp.*, n° 437; Troplong, n° 513 *bis.*

l'hypothèque légale, parce que l'hypothèque est une concession du droit civil exclusivement introduite en faveur des nationaux, et qui par suite ne peut profiter à des étrangers ; cette décision est la conséquence nécessaire d'un principe plus général qui refuse aux étrangers la jouissance et l'exercice des droits civils français auxquels une disposition spéciale ne leur a pas attribué de participation. On tempère toutefois cette disposition rigoureuse par une double exception ; on reconnaît que l'autorisation spéciale donnée aux époux d'établir leur domicile en France confère à la femme étrangère le droit de jouir, aussi bien que la femme française, d'une hypothèque légale sur les immeubles de son mari : on admet la même solution dans le cas où le principe de réciprocité consacré par l'art. 11 du Code Napoléon reçoit son application (1). La seconde opinion extrême émise sur la question ne reconnaît pas de différence, quant à l'hypothèque, entre le Français et l'étranger qui possèdent des immeubles en France, et décide par conséquent que la femme de l'étranger peut revendiquer pour l'exercice de son hypothèque légale, sur des immeubles français appartenant à son mari étranger, le bénéfice de la loi française. Ce système invoque pour principal argument l'art. 3 du Code Napoléon, qui place sous l'empire de nos lois les immeubles situés en France, même ceux possédés par des étrangers (2).

---

(1) Douai, 24 juin 1844 ; Bordeaux, 14 juillet 1845 ; Metz, 6 juillet 1853 ; Paris, 19 août 1851 ; Grenoble, 29 mars, 27 août 1855.

(2) Grenoble, 19 juillet 1849 ; Merlin, v° *Remploi*, § 2, n° 9 ; Troplong, n° 429 et 513 *ter.*

Nous repoussons ces deux opinions opposées : la première, parce qu'elle a un point de départ dont nous contestons l'exactitude; la seconde, parce qu'elle repose sur une confusion manifeste entre les lois qui régissent les biens et celles qui déterminent la condition des personnes. En commençant l'exposition de notre théorie, nous admettrons comme démontré le principe suivant qui forme la base de notre argumentation, à savoir que les étrangers jouissent en France de tous les droits que le législateur ne leur a pas enlevés d'une manière formelle. C'est la seule règle à l'aide de laquelle nous puissions combler les lacunes nombreuses que présentent nos lois au sujet de la condition civile des étrangers ; c'est la seule qui explique la présence dans le Code Napoléon des dispositions particulières contenues dans les art. 726, 912, etc... C'est la seule enfin qui soit conforme aux travaux préparatoires, et qui puisse se concevoir en présence des observations du tribunat. En partant de cette idée, nous devrions reconnaître au profit de la femme étrangère l'existence d'une hypothèque légale grevant dans tous les cas les immeubles de son mari situés en France ; mais ici encore les principes nous commandent de restreindre dans son application cette disposition trop générale. L'état et la capacité des personnes sont réglés par la loi de leur domicile qui les suit en quelque lieu qu'elles se transportent; or nous soutenons que l'hypothèque légale, par son origine même, se trouve placée sous l'empire du statut personnel régissant l'état de la femme mariée. Est-ce que cette loi qui accorde l'hypothèque n'est pas celle-là même qui organise la famille, qui règle la situation respective

des époux, qui dit à la femme : Si votre mari a sur vos
biens un pouvoir étendu, si je l'institue chef et administrateur d'une communauté sur laquelle vous avez des
droits à prétendre, je vous accorde en retour des garanties qui rétabliront la balance entre vous, qui assu-
reront la conservation de votre patrimoine, je vous confère sur les immeubles de votre mari une hypothèque
légale, je l'oblige à vous fournir un cautionnement, je
vous place sous la surveillance d'une autorité tutélaire
confiée à tel ou tel magistrat? Peu importe le mode
sous lequel se présentera la disposition garantissant les
droits de la femme ; il n'en est pas moins vrai qu'une
loi unique établira l'incapacité en même temps que la
mesure protectrice destinée à faire respecter les droits
de l'incapable. Cette loi sera la loi personnelle de la
femme, la loi de la nation à laquelle elle appartient,
abstraction faite de la situation des biens sur lesquels
la garantie édictée s'exercera par voie de conséquence.
Nous refusons donc d'appliquer à notre matière l'art. 3
du Code Napoléon, qui reprendrait au contraire tout
son empire, s'il s'agissait d'un droit immobilier existant indépendamment de toute question d'état et de capacité. Du reste, il ne faudrait pas exagérer outre mesure la portée de notre système ; nous nous référerons
à la loi personnelle de la femme étrangère pour savoir
si la législation régissant son état assure par une hypothèque le recouvrement de ses créances ; mais dès
que ce premier point sera vérifié, dès que nous aurons
reconnu la possibilité d'appliquer le principe de l'hypothèque légale, les questions de détail et de réglementation tomberont sous l'empire du Code Napoléon ;

nous laisserons aux dispositions spéciales de nos lois le soin de déterminer l'étendue et la durée de cette garantie ; en un mot, nous rendrons à l'art. 3 l'autorité que nous avons dû lui refuser, tant que nous nous sommes trouvé en présence d'une question d'état exerçant sur la naissance du droit hypothécaire une influence commandée par les principes.

On a fait à notre système une objection dont nous ne cherchons pas à nous dissimuler l'importance. Le Code Napoléon, a-t-on dit, accorde à la femme mariée une hypothèque occulte ; en présence d'une publicité qui fait le fond même de notre législation en matière d'hypothèque, cette dispense d'inscription constitue une faveur tout exceptionnelle, dont l'application doit être restreinte dans des limites étroites ; elle expose les tiers à un danger contre lequel le législateur doit les prémunir. De cette double considération ressortent les deux conséquences suivantes : d'une part, on conçoit que le bénéfice de l'hypothèque légale puisse être accordé aux femmes françaises. C'est un droit exorbitant ; néanmoins le législateur pouvait l'édicter au profit de ses nationaux ; mais il n'avait pas la même raison d'étendre à des femmes étrangères, à des intérêts qu'il n'était pas obligé de sauvegarder, un privilége aussi important ; du moins, si telle avait été son intention, il aurait dû s'en expliquer formellement. D'autre part, en ce qui concerne les femmes françaises, l'inconvénient de l'hypothèque occulte est grandement atténué par la notoriété du mariage et par les précautions prises par la loi pour que cette hypothèque soit rendue publique. Mais quel moyen pourraient avoir les tiers traitant avec

un étranger de savoir s'il est marié, et si ses biens sont à ce titre grevés d'une hypothèque légale ? La première partie de l'objection nous touche médiocrement ; du moment que nous attribuons aux étrangers tous ceux de nos droits civils qui ne leur ont pas été expressément refusés, nous ne comprenons pas de distinction entre tels et tels de ces droits, nous n'admettons pas qu'il soit besoin d'une disposition formelle pour leur conférer un bénéfice reconnu par la législation de notre pays. Nous éprouvons plus de difficulté à répondre d'une manière satisfaisante à l'argument tiré de l'intérêt des tiers ; néanmoins, s'il fallait considérer la publicité du mariage comme une condition *sine qua non* de l'hypothèque légale, nous dirions avec M. Valette (1), que ce point de départ pourrait nous conduire à des conséquences inadmissibles ; « en effet,
« beaucoup de mariages de Français sont tout à fait
« ignorés en France, parce que les époux se sont mariés
« à l'étranger, peut-être même sans avoir fait en France
« de publications, ou parce que, mariés en France, ils
« n'y ont aucune possession d'état. » Et cependant malgré ce défaut de publicité, ou cette publicité insuffisante, personne ne refuserait d'attacher une hypothèque légale à ces unions légitimement formées. D'ailleurs, il résulte des articles relatifs à notre matière que le législateur a voulu édicter une disposition générale, et indépendante des considérations de fait auxquelles on prétendrait la subordonner. Les tiers pourront se trouver lésés ; mais, encore une fois, l'intérêt des tiers constitue un argument à opposer au

---

(1) *Privil. et hyp.*, p. 255.

principe même de l'hypothèque légale ; ce principe
étant admis, la circonstance qu'en fait le mariage a
été ignoré de ceux qui ont traité avec les époux, ne
sera pas un obstacle à ce qu'on se prévale contre eux
d'une hypothèque dont la base essentielle n'est pas la
publicité.

Notre système a rencontré jusqu'ici peu de partisans ; une jurisprudence à peu près unanime s'est
prononcée dans un sens défavorable à la femme étrangère. Néanmoins la doctrine que nous avons émise
est celle qu'ont adoptée MM. Valette et Demangeat (1) ;
elle était consacrée assez généralement par notre ancien droit, dont les interprètes se fondaient sur une
distinction faite *a priori* entre les droits civils, et les
droits naturels (2). Nous ne prétendons pas reproduire
aujourd'hui cette argumentation ; mais nous prenons
acte de ce précédent favorable, sans accepter la dé-
monstration sur laquelle on a voulu l'établir.

Avant de terminer ces observations générales sur
les femmes qui peuvent invoquer le bénéfice de l'hypothèque légale, nous devons dire quelques mots de
la femme du failli, et de la difficulté qu'avait fait naître
à son sujet la rédaction l'ancien art. 443 du Code de
commerce. Cet article exprimait que nul ne peut acquérir

(1) M. Valette, *Privil. et hyp.*, n° 637, p. 207 ; M. Demangeat, *Traité de
la condit. civ. des étrang. en France*, n° 82, p. 380 ; V. en outre dans le
même sens M. Rapetti, *Thèse sur la cond. des étrang.*, p. 121 ; M. Cubain,
Traité des droits de la femme ; rapport de la Faculté de Paris, t. III, *Des
documents relatifs au rég. hyp.*, publiés par ordre de M. Martin (du Nord),
p. 570 et suiv.

(2) Goujet, *Traité des hyp.*, quest. 1 ; Basnage, *Traité des hyp.*, part. I,
ch. 12, p. 30 ; arrêt du parlement de Paris, 4 septembre 1744, relatif à la
princesse de Carignan.

avoir à y prétendre. Énumérons rapidement les diverses reprises dont le recouvrement sera assuré par le bénéfice de l'art. 2121, et complétons l'énumération inexacte de l'art. 2135.

Au premier rang des créances garanties par l'hypothèque figure la dot, c'est-à-dire le bien apporté par la femme au mari pour supporter les charges du ménage. La créance dotale pourra-t-elle être poursuivie dans tous les cas par une action hypothécaire? Nous faisons allusion à l'hypothèse où la dot immobilière d'une femme mariée sous le régime dotal a été indûment aliénée par son mari. La femme aurait certainement, aux termes de l'art. 1560, la faculté de faire révoquer l'aliénation après la dissolution du mariage, ou même après la séparation de biens. Mais indépendamment de cette action révocatoire qui lui permettrait de reprendre en nature le bien sorti de son patrimoine, pourrait-elle intenter une action hypothécaire, et se faire colloquer sur les biens de son mari jusqu'à concurrence de la valeur du propre aliéné? On a soutenu que la femme aurait seulement une action révocatoire, et non le droit de collocation. Nous avouons que, si la question se présente à la dissolution du mariage, il nous semble bien difficile de refuser à la femme une libre option entre ces deux bénéfices qui ne sont pas exclusifs l'un de l'autre. Veut-elle rentrer en possession de son immeuble? L'art. 1560 lui donne le moyen d'évincer le tiers acquéreur. Préfère-t-elle une indemnisation pécuniaire? Cette option emporte virtuellement ratification tacite de l'aliénation faite par son mari; mais cette ratification est devenue possible depuis que l'immeuble a cessé d'être dotal, et la double disposition des art. 2121 et 2135 lui confère le bénéfice de l'hypothèque attachée à la créance dotale quelle que soit la nature de la dot. La question devient plus délicate quand c'est pendant le mariage que la femme prétend exercer l'action hypothécaire. Nos adversaires invoquent pour principal argument l'impossibilité où elle est de ratifier dès à présent la vente du bien irrégulièrement aliéné, et la circonstance qu'une ratification tacite résultera implicitement de sa demande tendant à la faire colloquer sur les immeubles de son mari. Nous ne méconnaissons pas la force de cette objection, mais nous croyons la réfuter en disant que la collocation ne serait en aucun cas définitive; il y aura là une opération éventuelle, provisoire, laissant à la femme le droit d'opter pour la revendication après la dissolution du mariage. Cet argument écarté, nous nous trouvons de nouveau en présence des art. 2121 et 2135-2°, qui comprennent dans leur généralité toutes les créances de la femme contre son mari. De nombreux arrêts se sont prononcés en notre faveur, décidant expressément, comme nous venons de le faire, que jusqu'à la dissolution du mariage il y aurait seulement, au profit de la femme, une collocation provisoire. En vertu de cette jurisprudence, on refuse à la femme un payement immédiat; le juge pourvoit à ce que les fonds lui soient conservés, soit dans les mains de l'acquéreur, soit par un autre emploi. Si elle opte pour la revendication, une fois le mariage dissous, le montant de sa collocation revient aux créanciers du mari; dans le cas contraire, les détenteurs des fonds se libèrent définitivement dans les mains de la femme (1).

Une difficulté analogue se présente lorsque l'aliénation des immeubles dotaux a été permise par le contrat de mariage, mais à la condition de remploi. Une jurisprudence à peu près unanime attache au défaut de remploi cette double conséquence d'engager la responsabilité du mari, et d'exposer le tiers acquéreur à l'action révocatoire. Mais, dans ce cas encore, la femme pourra-t-elle opter entre la résolution et l'action hypothécaire? Nous admettons l'affirmative; la question toutefois est vivement controversée. On a prétendu dans une certaine opinion restreindre singulièrement les droits de la femme contre le tiers acquéreur. On a dit, tantôt qu'une action tendant à faire annuler la vente constituerait pour elle un recours purement subsidiaire, subordonné à l'impossibilité où elle serait de se faire payer sur les biens de son mari (2), tantôt que le tiers acquéreur pourrait repousser cette action en nullité en offrant de payer une seconde fois le prix de l'immeuble (3). Pour notre part, si les principes de la matière ne nous conduisaient pas à reconnaître l'existence au profit de la femme du double bénéfice de l'hypothèque et de l'action révocatoire, nous dirions que la dernière de ces deux garanties devrait lui être exclusivement attribuée, ou du

(1) Cass. 16 nov. 1847, 3 mai 1853, 21 déc. 1853; Bastia, 2 fév. 1846, Montpellier, 4 mars 1851; voir dans le même sens Merlin, v° Remploi, § 9; Zachariæ, t. III, p. 570; MM. Rodière et Pont, t. II, n° 580; M. Troplong, Hyp., n°° 612 à 626.

(2) Grenoble, 30 juin 1825.

(3) Grenoble, 16 août 1832.

moins devrait être invoquée par elle en premier lieu.
Vainement on nous objectera que la vente du fonds
dotal, lorsque l'aliénation en a été permise par le
contrat de mariage, avec charge de remploi, est valable en soi, et que le défaut de remploi a bien pu
vicier la libération du tiers acquéreur, et par suite l'o-
bliger à payer deux fois, mais ne saurait entraîner
l'annulation d'un contrat régulièrement intervenu
entre les parties. Nous répondrons, en nous plaçant
au point de vue de la nature même de la dot, que cette
dot était immobilière dans son principe, qu'elle devait
conserver ce caractère au moyen du remploi imposé
par les conventions matrimoniales, que, par conséquent, il n'a pu dépendre de la volonté du tiers acquéreur de convertir en une somme d'argent un droit essentiellement immobilier. Nous allons plus loin ; nous
avons dit, et nous répétons que peut-être une loi vraiment équitable aurait dû imposer à la femme l'obligation d'exercer, de préférence à toute autre action,
son droit de révocation contre les acquéreurs. En
effet, l'action hypothécaire pourra dépouiller, au profit de tiers acquéreurs qui ont tout au moins une négligence à se reprocher, les créanciers qui ont reçu du
mari une hypothèque postérieure à celle de la femme,
et qui, en traitant avec lui, croyaient n'avoir pas à
redouter une hypothèque légale à raison de la dot immobilière, que la loi ne permettait pas d'aliéner, ou
dont la conservation tout au moins était assurée par
une clause de remploi engageant la responsabilité des
acquéreurs. Néanmoins cet argument d'équité ne saurait l'emporter sur un texte formel, et s'il est tout-

puissant contre les tiers acquéreurs, il laisse subsister dans toute sa généralité l'art. 2135, et la possibilité pour la femme d'intenter à son choix l'action hypothécaire ou l'action révocatoire (1).

L'hypothèque légale s'étend, non-seulement à la dot, mais encore aux intérêts qui en sont l'accessoire; nous aurons à rechercher plus tard si l'art. 2151 et la restriction qu'il édicte à propos des créances inscrites sont applicables à notre matière. Nous nous contentons ici de parcourir les divers droits investis de la garantie hypothécaire. Quant aux intérêts produits par les intérêts capitalisés, nous dirons, avec la Cour de cassation (2), qu'ils constituent une créance distincte de la dot, et que par conséquent ils ne jouissent pas du bénéfice de l'art 2135-2°.

Nous attribuerons au contraire à la femme l'hypothèque légale pour son droit d'habitation, et pour les aliments qu'elle peut prétendre contre son mari, ou contre la succession de ce dernier; plusieurs arrêts ont consacré cette doctrine favorable (3). La jurisprudence s'est prononcée dans le même sens au sujet des habits de deuil; et pour notre part, nous ne voyons pas de raison sérieuse qui puisse faire refuser à cette créance la garantie de l'hypothèque. Les habits de deuil, comme les aliments, comme l'habitation, constituent de véritables gains de survie, que la loi, à défaut de stipulation expresse, répute sous-entendus dans le contrat de mariage, et qui, à ce titre,

---

(1) Cass., 24 juillet 1821.
(2) Cass., 28 mars 1848; Riom, 17 déc. 1846.
(3) Toulouse, 6 déc. 1821; Cass., 29 août 1838.

rentrent dans l'expression générate *conventions matrimoniales* dont nous étudierons tout à l'heure la véritable portée. Sans doute notre doctrine, au moins en
ce qui concerne le deuil de la veuve, serait exposée à
de justes critiques, si la femme pour le recouvrement
de ce chef de dépenses jouissait d'un privilége général
faisant double emploi avec l'hypothèque légale ; mais
l'existence de ce privilége, dont on prétend argumenter contre nous, ne nous paraît pas suffisamment
démontrée. La loi, dans les art. 2101 et 2105, déclare privilégiés les frais funéraires seulement ; or il
nous semble bien difficile de comprendre parmi les
frais funéraires les habits de deuil que la femme doit
porter pendant une année entière ; cette extension
d'ailleurs est d'autant plus difficile à admettre qu'elle
porte sur une disposition éminemment restrictive, et
qu'en matière de privilége nous devons nous en tenir
strictement à l'énumération contenue dans la loi (1).

La femme a hypothèque légale pour la créance résultant à son profit des conventions matrimoniales.
Par conventions matrimoniales, nous devons entendre
les dispositions du contrat de mariage qui assurent à
la femme, soit un préciput, soit un douaire, soit
des gains de survie. Toutefois il ne faudrait pas croire
que tous les avantages faits à la femme par son mari
dans leur contrat de mariage soient garantis par l'hypothèque légale. Ils jouiront de ce bénéfice toutes les

---

(1) Merlin reconnaît que, dans le cas où les frais de deuil sont stipulés
par le contrat de mariage, la femme peut invoquer l'hypothèque légale ;
en l'absence de stipulation expresse, il lui confère le bénéfice de l'article 2101-2°.

fois qu'ils emporteront un dessaisissement actuel, un droit acquis pour la donataire, à laquelle les actes ultérieurs du mari donateur ne sauraient préjudicier. Mais il importe de ne pas confondre avec des conventions de ce genre constituant des avantages matrimoniaux certains quant à leur existence, quoique éventuels et subordonnés quant à l'exécution, d'autres dispositions ayant le caractère d'institutions contractuelles, de donations de biens présents et à venir. De pareilles stipulations ne confèrent à la femme aucun droit irrévocable; le dessaisissement qui peut en résulter ne se produit pas au moment du contrat, puisque la donation porte seulement sur les biens qui se trouveront dans la succession du mari au jour de son décès; ce dernier pourra donc les vendre, les hypothéquer de son vivant, sans porter atteinte à un droit qui n'est pas encore né, et qui, par conséquent, ne peut pas être garanti par l'hypothèque légale. C'est en effet ce que disent les art. 1083 et 1085 du Code Napoléon (1), qui laissent le donateur libre de disposer de ses biens à titre onéreux, et qui déclarent la donation contractuelle non opposable aux acquéreurs et aux créanciers hypothécaires dont les droits ont pris naissance dans la suite.

Nous passerons rapidement sur les autres créances auxquelles l'art. 2135 attache l'hypothèque légale; elles résultent, soit de l'ouverture un profit de la femme de successions ou donations mobilières dont le montant a dû être versé entre les mains du mari,

___

(1) Cass., 16 mai 1855.

soit du payement fait avec les deniers de la femme des
dettes par elle contractées avec son mari, soit enfin de
l'aliénation de ses propres, faisant naître à son profit
une obligation de remploi. Ces divers chefs d'indemnités ne sauraient présenter de difficultés; la loi s'en
est occupée dans une disposition formelle.

On a mis en question le point de savoir si l'hypothèque légale s'étend aux créances paraphernales.
Cette difficulté a été diversement résolue (1); et
cependant nous ne saurions imaginer comment les
opinions ont pu se diviser sur une pareille matière.
L'art. 2121 alttibue l'hypothèque légale aux droits et
créances des femmes; or les répétitions extradotales
constituent évidemment des créances au profit de ces
dernières. La jurisprudence a consacré d'une manière
à peu près unanime cette solution commandée par
un texte formel (2). Un seul arrêt rendu par la Cour
d'Aix, le 19 août 1813, a admis la décision opposée.
Les créances paraphernales sont garanties par l'hypothèque légale, non-seulement quant au capital, mais
même quant aux intérêts et aux fruits. La négative
toutefois est enseignée par plusieurs auteurs (3). Nos
contradicteurs se fondent, entre autres motifs, sur
les expressions de l'art. 1577 qui s'occupe précisément
du compte de fruits que le mari est tenu de rendre à sa
femme à raison des paraphernaux dont il a eu la
jouissance. Cet article assimile à ce point de vue la po-

(1) Delvincourt, t. III, p. 165.
(2) Lyon, 16 août 1823; Grenoble, 30 mai 1834; Bordeaux, 20 juin 1835.
(3) Grenier, t. I, n° 232; Rolland de Villargues, *Hyp.*, n° 359.

sition du mari à celle d'un mandataire; or, nous dit-on, les obligations imposées au mandataire ne sont pas de droit commun garanties par une hypothèque. Cet argument prouverait trop s'il prouvait quelque chose ; ou bien il faudrait le pousser jusqu'à sa dernière limite, et, dire, avec MM. Delvincourt et Planel, que, si l'art. 1577 traite le mari administrant les paraphernaux de sa femme comme un mandataire ordinaire, cette disposition doit l'affranchir de toute charge hypothécaire à raison des créances paraphernales; ou bien, au contraire, on devrait écarter l'article invoqué comme étranger à notre question, et s'en référer uniquement à l'art. 2121 qui a édicté une règle applicable à toutes les hypothèses. Mais nous ne comprenons pas un système qui mettrait en avant un texte clair et général, pour le diviser ensuite, pour s'en approprier une partie, pour laisser de côté tout ce qui serait contraire à la démonstraction qu'on se propose d'établir. Du reste, il nous sera facile de reconnaître un sens à l'art. 1577 en dehors de la portée excessive qu'on voudrait lui attribuer; le mari sera tenu comme mandataire en ce qui concerne les paraphernaux dont il a eu l'administration; nous en conclurons qu'il faudra recourir aux règles du mandat pour régler l'existence et l'étendue de sa dette, pour déterminer le point de départ des intérêts mis à sa charge. Mais nous nous garderons bien de confondre en un seul les deux caractères dont il est revêtu, de telle sorte que la qualité du mari soit absorbée dans celle du mandataire, et nous laisserons subsister sans contradiction, sans antagonisme, les art. 1577 et 2121 qui traitent deux questions éminemment distinctes (1).

Jusqu'ici nous avons vu la jurisprudence se montrer aussi favorable que possible aux intérêts de la femme, et interpréter dans le sens le plus large les dispositious relatives à son hypothèque légale. Cette tendance ne s'est pas toujours maintenue ; plusieurs arrêts ont refusé de comprendre parmi les droits investis de la garantie hypothécaire ceux que la femme est appelée à prétendre dans le partage de la communauté, ou de la société d'acquêts qui a existé entre elle et son mari. On a voulu lui attribuer exclusivement son privilége de copartageante, soumis à la nécessité de l'inscription dans les soixante jours de l'acte de licitation ou de partage, conformément à l'art. 2109 (2). Nous ne saurions admettre cette opinion, en présence de la disposition générale de l'art. 2121, qui est applicable à tous les droits de la femme contre son mari ; l'article 2135 qu'on nous oppose est purement énonciatif, ainsi que nous l'avons reconnu, ainsi que l'a reconnu la jurisprudence elle-même en ce qui concerne les reprises paraphernales. On objecte que, pour les droits dont il s'agit, la femme a le privilége de copartageante ; sans doute, mais ce privilége n'est pas exclusif de l'hypothèque ; deux garanties de ce genre peuvent exister concurremment, comme on le voit par l'art. 2113, qui substitue l'hypothèque au privilége lorsque toutes les conditions prescrites pour la conservation du privilége n'ont pas été remplies. Re-

---

(1) Montpellier, 27 avril 1846.

(2) Cassation, 15 juin 1842 ; Bordeaux, 2 mars 1848.

marquons, au reste, que l'hypothèque légale de la femme, à cause de la généralité qui en étend les effets sur tous les biens présents et à venir du mari, lui sera plus utile que le privilège, ce dernier étant limité aux immeubles de la communauté ou de la société d'acquêts.

Lorsqu'il y a eu restitution de la dot par le mari après la dissolution du mariage, l'hypothèque légale n'a plus d'objet, et le mari peut en demander mainlevée aux héritiers de la femme. Mais il pourrait se faire que la dot n'eût pas été réellement comptée aux ayants cause de la femme décédée, et que néanmoins il soit intervenu entre ces derniers et le mari une opération emportant extinction de l'hypothèque. Nous n'avons qu'à supposer une clause du contrat de mariage attribuant au mari l'usufruit de tous les biens laissés par sa femme ; le bénéfice de cette disposition, subordonné à la condition de survie du donataire, s'est réalisé par le prédécès de la donatrice. Le mari fait rédiger, de concert avec les héritiers de sa femme, un acte de liquidation déterminant le montant des reprises de celle-ci, et constatant que, comme usufruitier aux termes de son contrat de mariage, il restera nanti jusqu'à son décès des valeurs sur lesquelles son droit est établi. Dans cette hypothèse, il y a eu novation ; le mari a rapporté fictivement à la succession de sa femme ce dont il était comptable en sa qualité de mari : par là il a éteint son obligation, et fait disparaître les causes de l'hypothèque. Sans doute les biens compris dans ce rapport fictif continuent à figurer dans son patrimoine, mais le titre de sa détention a été interverti, et il possède maintenant comme tout donataire affranchi de la charge exceptionnelle résultant d'une hypothèque légale (1). Au reste, les termes mêmes dont nous nous sommes servi pour établir les diverses circonstances dont le concours est indispensable à la libération du mari précisent et limitent la portée de notre observation. Il n'y aura extinction de l'hypothèque légale qu'autant qu'une novation se sera produite ; le mari aura beau être usufruitier universel, même avec dispense de caution, des biens compris dans la succession de sa femme, s'il n'a pas fait liquider les reprises de cette dernière, il sera toujours réputé détenir en vertu de son titre primitif, et l'hypothèque légale pourra toujours être invoquée contre lui (2).

A la fin de notre précédent chapitre, nous avons fait allusion à un point qui doit maintenant attirer toute notre attention : quelles sont au juste les restrictions apportées par la loi commerciale aux droits des femmes sur les biens des maris commerçants tombés en faillite ? Ces restrictions, en ce qui nous concerne, sont de deux sortes : restrictions quant aux créances garanties par l'hypothèque légale, restrictions quant aux immeubles sur lesquels portent ces hypothèques. Nous ne nous occuperons pour le moment que de la première de ces dérogations au droit commun de la matière. Remarquons d'abord que la garantie hypothécaire attribuée à la femme mariée ne se trouvera

---

(1) Grenoble, 4 janvier 1854; Bourges, 6 mars 1055; cassation, 21 décembre 1852.

(2) Cass., 27 nov. 1855, 20 avril 1857.

pas altérée par le fait seul des mauvaises affaires de son mari, et de la faillite qui en sera résultée ; il faudra le concours de telles et telles autres circonstances énumérées par la loi. Le Code de commerce avait édicté sur ce point des dispositions dont l'excessive rigueur a été heureusement atténuée par le législateur de 1838. Aux termes des art. 551, 552, 553 du Code de 1807, le régime exceptionnel restrictif de l'hypothèque légale s'appliquait dans les cas suivants : 1° lorsque le mari était commerçant à l'époque de la célébration du mariage ; 2° lorsque, fils de commerçant, et n'ayant lors de son mariage aucun état ou profession déterminée, il était ensuite devenu lui-même commerçant ; 3° enfin lorsque, même ayant au moment de son mariage une profession déterminée autre que celle de commerçant, il s'était livré au commerce dans l'année de la célébration. D'après la loi nouvelle, il n'est plus question du fils de négociant qui serait lui-même devenu commerçant plus d'un an après son mariage, ni de celui qui, en se mariant, avait une profession déterminée autre que celle de négociant, et qui s'est livré au commerce dans l'année de la célébration ; en d'autres termes, les règles ordinaires de l'hypothèque légale ne subissent plus aujourd'hui de modifications que dans le cas où le mari était commerçant lors de la célébration du mariage, et dans celui où, n'ayant point alors d'autre profession déterminée, il est devenu commerçant dans l'année. Peu importe, du reste, quelle a été la qualité par lui prise, soit dans l'acte de célébration, soit dans le contrat de mariage ; il y aura dans tout ceci des questions

de fait à établir et à apprécier, et l'on ne s'en rappor-
tera pas aux énonciations plus ou moins mensongères
que le mari aura été intéressé à substituer à la vérité (1).

Quelles sont les créances pour lesquelles la femme
du failli sera admise à faire valoir son hypothèque légale? La loi de 1838 nous en donne l'énumération
dans le nouvel art. 563 du Code de commerce. En
rapprochant ce texte soit du Code de 1807, soit de
l'art. 2135 du Code Napoléon, on voit qu'il ne reproduit ni l'une ni l'autre de ces deux dispositions législatives. D'après l'ancien art. 551 du Code de commerce, l'hypothèque n'existait que pour les deniers ou
effets mobiliers que la femme justifiait par acte authentique avoir apportés en dot, pour le remploi de ses
biens aliénés pendant le mariage, et pour l'indemnité
des dettes par elle contractées avec son mari ; la loi
de 1838 place en outre sous la garantie de l'hypothèque légale les deniers et effets mobiliers advenus
à la femme depuis le mariage par succession ou donation, pourvu que la délivrance ou le payement de
ces objets ou de ces deniers soit constaté par un acte
ayant date certaine. Le nouvel art. 563 ainsi modifié
présenterait une énumération exactement conforme à
celle de l'art. 2135 du Code Napoléon, s'il n'omettait
les conventions matrimoniales ; ce silence s'explique
quand on a pris connaissance de l'art. 564, lequel
enlève à la femme le droit d'exercer dans la faillite
aucune action à raison des avantages portés au con-

----

(1) Cass., 5 juillet 1837, 4 mai 1852.

trat de mariage. Ces avantages, on se le rappelle, constituent précisément ce que l'art. 2135 du Code Napoléon appelle conventions matrimoniales. Dès lors on conçoit qu'il ne pouvait être question de garantir, par une hypothèque légale, l'exercice d'une action expressément refusée à la femme.

CHAPITRE III.

DE QUELLE ÉPOQUE DATE L'HYPOTHÈQUE LÉGALE DE LA FEMME MARIÉE.

Nous avons constaté sur ce point le dernier état de notre ancienne jurisprudence. La majorité de nos coutumes rattachaient l'hypothèque légale à une seule date, celle du mariage ou du contrat de mariage, quelle que fût l'origine des reprises à exercer contre le mari. La pensée première des rédacteurs du Code avait été de reproduire cette décision; le projet soumis au conseil d'État était conçu en ce sens. Voici, en effet, quelle était la rédaction primitive de l'art. 44 qui a formé depuis notre art. 2135 : « L'hypothèque « existe indépendamment de toute inscription... au « profit des femmes, pour raison de leurs dots, re- « prises et conventions matrimoniales, sur les immeu- « bles appartenant à leurs maris, et à compter du jour « de leur mariage. » La discussion qui s'engagea de- vant le conseil d'État tendit à faire supprimer de l'art. 44 le mot *appartenant*, qui semblait restreindre aux biens présents du mari l'hypothèque de la femme, mais ne porta aucunement sur le rang à assigner à cette hypothèque. La question fut soulevée par le tribunat, lors de la communication officieuse du projet; la section de législation pensa qu'il y aurait un grand inconvénient à laisser subsister, d'une manière aussi indéfinie que le faisait l'art. 44, l'hypothèque légale de la femme. « Les sommes dotales, a-t-on dit, ne « doivent avoir d'hypothèque légale, lorsqu'elles pro- « viennent de successions, que du jour de l'ouverture « de ces successions, car c'est seulement alors qu'il « y a de la part du mari une administration qui seule « peut faire le fondement de l'hypothèque; il en est « de même pour les donations. D'un autre côté, si la « femme s'oblige conjointement avec son mari, ou si, « de son consentement, elle aliène ses immeubles, elle « ne doit avoir hypothèque sur les biens du mari pour « son indemnité dans les deux cas, qu'à compter de « l'obligation ou de la vente. Il n'est pas juste qu'il y « ait une hypothèque avant l'existence de l'acte qui « forme l'origine de la créance; et il est odieux que la « femme en s'obligeant, ou en vendant postérieure- « ment, puisse primer des créanciers ou des acqué- « reurs qui ont contracté auparavant avec le mari; « c'est là une source de fraudes qu'il est enfin temps « de faire disparaître (1). » Sous le bénéfice de cette observation, la rédaction de l'art. 44 fut modifiée; notre art. 2135 reproduisit cette modification. On a critiqué l'innovation du tribunat, au moins en ce qui concerne les successions échues à la femme; M. Dalloz (2), notamment, a pensé que pour ces sortes

---

(1) Fenet, t. XV, p. 414.
(2) *Rép.*, v° *Priv. et hyp.*, n° 906.

de reprises on aurait dû faire remonter l'hypothèque à la date du mariage : il n'y aurait eu sur ce point aucune collusion à redouter de la part des époux pour frauder les tiers ; en outre, le germe de cette créance se trouve dans le contrat de mariage, puisque les successions dévolues à la femme constituent une partie de sa dot, ou se rattachent tout au moins aux conventions matrimoniales. Pour notre part, nous ne pouvons qu'applaudir à une disposition restrictive d'un droit déjà exorbitant ; c'est à juste titre que les tiers ont été protégés, non-seulement contre les chances d'une fraude, mais encore contre l'apparition d'une hypothèque privilégiée dont la crainte incessante aurait entravé les transactions.

Aux termes de l'art. 2135, l'hypothèque légale a sa date du jour du mariage pour raison de la dot et des conventions matrimoniales. On a prétendu que cette disposition serait applicable dans le cas seulement où il n'y aurait pas eu de contrat de mariage ; si un contrat avait précédé la célébration devant l'officier d'état civil, il faudrait, dit-on, faire remonter l'hypothèque à la date du contrat ; ce système a eu pour principal interprète M. Troplong. Nous ne saurions admettre une opinion aussi contraire au texte de notre article. M. Troplong invoque à l'appui de sa prétention les art. 2194 et 2195, desquels il semble bien résulter que la date du contrat, quand il en sera intervenu entre les parties, devra seule être prise en considération ; mais il faut avouer que, sur une question concernant le rang des hypothèques, c'est à une disposition placée au siége même de la matière qu'on doit s'en référer, plutôt qu'à des articles dans lesquels la date de l'hypothèque a été indiquée d'une manière purement accidentelle. M. Troplong se fonde ensuite sur l'ancienne jurisprudence dont les décisions étaient conformes à la distinction qu'il propose; nous ne reconnaissons pas l'autorité de ces précédents. Si l'hypothèque légale de la femme a pu remonter autrefois à la date du contrat de mariage, c'est en vertu de ce principe général qui attachait l'hypothèque de plein droit à tous les actes notariés ; ceci est tellement vrai que, dans le cas où les conventions matrimoniales étaient rédigées par acte sous seing privé, l'hypothèque ne prenait plus rang du jour du contrat. On voit donc combien il serait illogique de maintenir la décision de l'ancien droit dans une législation qui ne fait plus résulter virtuellement la garantie hypothécaire du caractère d'authenticité dont une convention est revêtue. D'ailleurs, il est une considération qui doit l'emporter sur tous les arguments de texte ; cette considération est empruntée à l'intérêt des tiers qui se trouvent assez compromis par toutes les dispositions relatives à l'hypothèque de la femme pour que nous ne prétendions pas encore empirer leur situation en exagérant à leur égard les rigueurs de la loi. Il est évident que, si la célébration du mariage devant l'officier d'état civil emporte avec elle une certaine publicité, il n'en est pas de même du contrat réglant les intérêts pécuniaires des époux ; ce serait donc tendre aux tiers un piége, dont il ne leur serait pas possible de se garantir, que d'accorder à la femme, déjà si favorisée par la dispense d'inscription, le bénéfice d'une hypothèque remontant jusqu'au jour où le contrat de mariage aurait été passé. Notre ancienne jurisprudence elle-même avait senti toute la force d'une pareille objection : un arrêt du 2 juin 1706 vint décider que, dans une espèce où il y avait eu sept mois d'intervalle entre le contrat et la célébration du mariage, la femme n'aurait hypothèque pour son douaire que du jour de la célébration.

Nous déciderons donc que l'art. 2135 doit être maintenu dans toute sa généralité, et que l'acte civil du mariage détermine seul le point de départ de l'hypothèque garantissant la dot et les conventions matrimoniales. Peu importe, au reste, que la dot ait été comptée avant le mariage ou que des termes aient été pris pour le payement. La loi romaine ne reconnaissait pas de distinction à ce sujet (1); le Code a reproduit ce précédent (2).

A l'égard des successions recueillies par la femme ou des donations qui lui sont faites pendant le mariage, l'hypothèque ne prend rang que du jour de l'ouverture des successions, indépendamment de l'époque à laquelle les sommes dotales provenant de ce chef ont été reçues par le mari, ou bien du jour que les donations ont eu leur effet, c'est-à-dire du jour de l'acceptation, si la donation est pure et simple, et du jour de l'événement de la condition, si elle a lieu sous une condition suspensive. En vertu d'une disposition analogue, l'hypothèque légale de la femme, pour l'in-

---

(1) L. 1, Dig., *Qui pot. in pign.*
(2) Grenier, t. I, n° 233; Troplong, t. II, n° 584 *bis*; Bordeaux, 10 août 1853.

demnité des dettes qu'elle a contractées avec son mari, date du jour des obligations; et de même l'aliénation de ses propres lui confère le bénéfice d'une hypothèque prenant rang du moment même de la vente : dans ces deux dernières hypothèses, on n'aura pas à se préoccuper du jour où le prix du bien aliéné a été versé entre les mains du mari, pas plus qu'on ne prendra en considération le moment du payement opéré par la femme en exécution de la dette qu'elle a contractée pour son mari.

Sur tous ces cas que nous venons d'examiner, dans lesquels l'art. 2135 rattache la date de l'hypothèque à des époques diverses, mais toutes postérieures à la célébration du mariage, il s'est élevé des questions transitoires tenant au caractère même de la loi nouvelle qui apportait à la législation antérieure une importante modification. Une femme s'est mariée avant la promulgation du Code Napoléon; elle appartenait à une de ces nombreuses coutumes qui faisaient remonter l'hypothèque légale, pour toutes les créances sans distinction, au jour même du mariage. Une succession lui est échue, un de ses propres est aliéné, elle s'engage comme caution de son mari, le tout après qu'un tiers a reçu de ce dernier hypothèque sur un ou plusieurs immeubles à lui appartenant. Le droit du créancier hypothécaire sera-t-il préférable à celui de la femme, en supposant que l'opération fondant le recours de cette dernière soit intervenue depuis la publication du Code? Nous ne le pensons pas; le principe de la non-rétroactivité des lois doit faire maintenir dans leur intégrité les droits qui ont pris naissance au profit de la femme par le fait seul de son mariage et qui, bien qu'éventuels à ce moment, n'en ont pas moins constitué un bénéfice placé dès lors à l'abri de toute disposition législative survenue ultérieurement. Cette décision est consacrée par une jurisprudence à peu près unanime (1).

Devons-nous combiner les dispositions de l'art. 2135 avec celles de l'art. 1328? En d'autres termes, lorsque c'est par acte sous seing privé que la femme s'est obligée avec son mari, ou qu'un de ses propres a été vendu, est-ce du jour de l'obligation ou de la vente, ou seulement du jour où ces actes ont acquis date certaine que la femme peut requérir sa collocation? Selon nous, l'hypothèque ne prendra rang que du jour où la convention aura date certaine. L'opinion contraire rencontre un obstacle invincible dans le texte de l'art. 1328, qui ne déclare opposables aux tiers que les actes dûment enregistrés, ou ayant acquis date certaine par toute autre formalité mentionnée dans la loi. Or il est par trop évident que les créanciers hypothécaires du mari, ceux-là même auxquels la femme veut opposer un droit antérieur et préférable, figurent au premier rang parmi ces tiers qui peuvent s'abriter derrière l'art. 1328, et méconnaître toute prétention dont un titre régulier n'établirait pas la légitimité (2).

Les époux pourraient-ils déroger par leur contrat de mariage à la règle de l'art. 2135 et stipuler, par exemple, que la femme aurait hypothèque légale du jour du mariage pour le remploi de ses propres

---

(1) Cass., 12 août 1834; 26 janvier 1836; Paris, 26 mars 1836; Poitiers, 18 juin 1838.

(2) Cass., 5 déc. 1851; Rouen, 21 mars 1832.

aliénés? La validité de cette clause a été généralement reconnue; on s'est fondé sur le caractère spécial d'une pareille stipulation, qui donnait au droit de la femme le caractère d'une hypothèque conventionnelle et mettait les tiers en éveil en les avertissant dès le principe du danger qui pouvait les atteindre ultérieurement. Nous sommes peu sensible au mérite d'un pareil argument. Reportons-nous à la discussion soulevée devant le tribunat par la rédaction primitive de l'article 2135.: nous verrons que, dans la pensée même du législateur, les dispositions concernant le rang de l'hypothèque légale ont eu le double but de faire disparaître les garanties préexistant à la créance elle-même, et de protéger les tiers contre les fraudes auxquelles pourrait donner lieu la rétroactivité du droit hypothécaire. La nature même de ces considérations doit faire envisager la règle de l'art. 2135 comme un principe d'ordre public auquel la volonté des parties ne saurait déroger; ces raisons ont été méconnues par le seul arrêt qui ait été appelé à statuer sur la question. Au reste, la difficulté tranchée par cette décision judiciaire se présentait, non pas à l'occasion de l'art. 2135, mais au sujet de l'art. 429 de la coutume de Bretagne, qui, à la différence de la majorité des coutumes, consacrait sur notre matière une décision analogue à celle du Code Napoléon.

Une question plus importante, présentant un intérêt pratique plus considérable, a divisé, sinon la doctrine, au moins la jurisprudence; on s'est demandé si la disposition de notre article, qui ne donne hypothèque à la femme pour le remploi de ses propres aliénés qu'à compter du jour de la vente, s'applique limitativement aux femmes mariées sous le régime de la communauté ou si elle contient aussi la règle applicable aux femmes mariées sous le régime dotal. Une jurisprudence à peu près unanime, la grande majorité des auteurs (1) s'accordent à ne pas assimiler sur ce point la femme dotale à la femme commune. Les nombreux partisans de ce système se sont, au reste, divisés quand il a fallu faire l'application de leur théorie aux différentes hypothèses. M. Pont, dans son Traité des hypothèques, décide que l'hypothèque de la femme dotale, pour le remploi de ses biens dotaux aliénés, remonte au jour du mariage, alors seulement que l'aliénation de ces biens a été permise par le contrat, avec charge de remploi. M. Troplong va plus loin; il attribue la même date à l'hypothèque, alors même que les immeubles ont été vendus par le mari, en l'absence de toute clause dérogeant au principe de l'inaliénabilité dotale. Nous ne saurions admettre ni l'une ni l'autre de ces deux opinions; nous les combattrons successivement, en attaquant d'abord la doctrine émise par M. Pont.

Cet auteur invoque les termes mêmes de l'art. 2135 qui, selon lui, visent seulement l'hypothèse d'une femme mariée en communauté. Ce texte, dit-il, assimile en quelque sorte, en les confondant dans une même disposition, l'obligation souscrite par la femme conjointement avec son mari, et l'aliénation de ses propres avec le concours ou le consentement de ce dernier. Or cette assimilation est restrictive par elle-

____

(1) Cass., 27 juillet 1826; Grenoble, 6 janvier 1831; M. Tessier. *De la dot*, t. II, n° 134-2°; M. Benech, *De l'emploi et du remploi*, n° 111.

même, puisque les créances de la femme pour dettes contractées par elle conjointement avec son mari se produisent en général dans le régime de la communauté; la loi ayant eu en vue ce régime quand elle a parlé de l'indemnité des dettes, ne pouvait que viser la même situation en s'occupant ensuite du remploi des propres aliénés. Cette induction acquiert une force irrésistible quand on se réfère à ces expressions : *propres aliénés;* les propres, ce sont les biens qui, dans le langage du droit, prennent le nom de *propres* par opposition aux biens communs; or il n'y a de biens communs que dans le régime de la communauté.

Voilà quel est l'argument de texte; il nous paraît prêter à une réfutation facile. Vous rapprochez deux dispositions unies dans notre article, et vous établissez *à priori* que ces deux dispositions ont eu en vue le même régime de mariage; je le veux bien, mais j'ai de la peine à comprendre comment ce régime serait uniquement celui de communauté. Vous nous dites que c'est presque exclusivement à la femme commune que seront applicables les indemnités pour dettes garanties par notre article; cette assertion me semble purement gratuite; depuis quand la femme dotale a-t-elle perdu la capacité de s'engager, de contracter des obligations valables, de s'associer comme caution ou comme débitrice solidaire à l'engagement souscrit par son mari? Elle a des biens dotaux sur lesquels elle ne saurait être poursuivie; mais est-ce une raison pour qu'elle ne puisse librement disposer des paraphernaux qui ne sont pas soumis au principe de l'inaliénabilité dotale, et de ce

qu'une partie de son patrimoino est déclarée insal-
sissable, faut-il en conclure qu'elle ne puisse affecter
à la sûreté de ses créanciers ou des créanciers de son
mari les biens qui ont échappé à cette disposition
protectrice? Nous croyons donc que le raisonnement
de nos adversaires pèche par sa base, quand il déclare
inapplicable à la femme dotale la décision concernant
l'indemnité des dettes; et par là même tombe l'induction qu'on prétendrait tirer de cette affirmation
démontrée inexacte. On nous oppose ensuite l'expression *propres aliénés,* qui impliquerait, dit-on, de
la part du législateur l'intention de viser uniquement
le régime de communauté; je conviens que le mot
propres s'emploie souvent pour désigner les biens exclusivement réservés à la femme commune; mais, à
côté de cette acception restreinte dans laquelle notre
expression est prise quelquefois, nous devons lui reconnaître un sens plus général; et il est vrai de dire
que souvent aussi le mot *propres* a pour objet de désigner tous les biens dont la femme conserve la propriété, quel que soit le régime adopté par les époux.
D'ailleurs s'il était vrai que le législateur, en se servant de ce mot, eût voulu lui attacher la signification
rigoureuse que lui prêtent nos adversaires, s'il avait
eu l'intention d'indiquer par là que la disposition de
notre article s'appliquerait seulement au régime sous
lequel il y a véritablement des propres, il y aurait eu
quelques explications données. Une expression isolée
ne suffit pas à fonder une distinction comme celle que
proposent nos adversaires, surtout quand cette expression a une certaine portée en dehors du sens qu'il

faut lui reconnaître pour enlever à la loi toute sa généralité. Eh bien, si nous examinons de nouveau la
seule discussion qui soit·de nature à nous éclairer sur
la signification réelle de notre article, nous n'y trouvons aucun élément favorable au système que nous
combattons; le tribunat, vivement préoccupé des
dangers attachés à la rétroactivité de l'hypothèque
légale, demanda qu'elle prît rang pour le rémploi des
propres aliénés seulement du jour de la vente, et
pourquoi cette mesure restrictive? Parce qu'il n'est
pas juste qu'il y ait une hypothèque avant l'existence
de l'acte qui fait l'origine de la créance. Ceci a été dit
d'une manière générale; on n'a fait allusion à aucune
distinction entre les divers régimes de mariage. Comment donc croire à l'existence de deux règles spéciales, alors que le législateur, soit dans la disposition
que nous devons seule consulter, soit dans les travaux préparatoires qui expliquent et complètent sa
pensée, a édicté une règle unique, applicable à toutes
les hypothèses?

Si nous quittons cette discussion de texte pour
aborder les considérations invoquées par nos adversaires à l'appui de leur prétention, nous n'aurons pas
de peine à les combattre par leurs propres armes, et
à démontrer la fausseté évidente pour nous de leur
argumentation. J'emprunte à M. Pont (1) le passage
suivant : « La dot est une chargé qui grève le mari
« dès l'instant du mariage; si cette dot se tranforme
« par l'effet d'une aliénation, cette transformation

---

(1) M. Pont, *Privil. et hyp.*, p. 771.

« même est un acte de la gestion du mari, de la ges-
« tion qu'il tient du contrat de mariage; et ainsi la
« sûreté des sommes qui remplacent la dot primitive
« ne peut pas, à peine d'inconséquence, avoir un
« autre point de départ que celui de la gestion même,
« de cette administration du mari qui, dans la pensée
« de la loi, est la cause génératrice de l'hypothèque. »
Je me demande, en vérité, si le raisonnement de
M. Pont n'est pas applicable aussi bien aux immeubles
propres de la femme commune qu'à la dot immobilière de la femme dotale, et si l'éminent jurisconsulte
ne doit pas en arriver, par une conclusion logique,
à considérer l'aliénation d'un propre appartenant à la
femme commune comme un acte de la gestion du
mari, fondant une hypothèque légale dont la date coïn-
derait avec le commencement de cette gestion, c'est-
à-dire avec la célébration du mariage. Viendra-t-on
nous dire maintenant que la clause autorisant la vente
de l'immeuble dotal constitue une véritable convention
matrimoniale; que le plus souvent un remploi aura été
stipulé, que ce remploi est une condition même de
l'administration confiée au mari par le contrat; que
l'inexécution d'une obligation de ce genre se trans-
forme en une créance ayant, elle aussi, sa cause dans
les conventions matrimoniales? Nous comprendrions
cette objection si le mari avait reçu par son contrat
de mariage mandat d'aliéner les biens dotaux; mais
nous ne raisonnons pas dans une hypothèse de ce
genre; la femme s'est seulement réservé la faculté de
vendre ou échanger son immeuble dotal avec l'autorisation de son mari, sauf à en employer le prix en d'autres

immeublés qui seraient dotaux commé le premier. Et, dès lors, quel droit auquel peut se rattacher l'hypothèque une pareille convention matrimoniale transportait-elle au mari? Absolument aucun. De cette clause du contrat du mariage il ne résultait qu'une seule chose, c'était une dérogation à la loi d'inaliénabilité du fonds dotal; encore une fois, la femme se trouvait placée, par rapport à l'aliénation de ses biens dotaux, dans la même condition que la femme commune en biens.

Le système de M. Troplong (1) se distingue du précédent en ce qu'il fait remonter l'hypothèque légale au jour du mariage, même dans le cas où les biens dotaux ont été vendus par le mari en violation de la loi d'inaliénabilité. Ici pourtant on ne ne voit pas à quelle stipulation du contrat de mariage l'hypothèque peut se rattacher, puisqu'on suppose que rien n'a été dit dans le contrat qui fût relatif à l'aliénation des biens dotaux. Toute l'argumentation de M. Troplong se réduit à ceci : sous le régime dotal, le mari prend, dans le contrat de mariage, sous la garantie hypothécaire de tous ses biens, l'engagement tacite de respecter la loi du contrat qui est l'inaliénabilité du fonds dotal. S'il viole cette loi en aliénant le fonds dotal, la garantie hypothécaire est encourue; et comme elle existait avant l'aliénation, ce n'est pas la date de cette aliénation, mais celle du contrat de mariage (2), qui

(1) M. Troplong, *Hyp.*, t. II, n° 580 *bis*.
(2) Nous croyons avoir démontré que si l'hypothèque était susceptible de remonter au delà de l'aliénation, elle ne pourrait en aucun cas se placer à la date du contrat de mariage.

est le point de départ de l'hypothèque. Ce raisonnement est, à peu de chose près, conforme à celui de M. Pont; il ne contient aucun motif qui ne puisse s'appliquer à la vente des propres de la femme commune comme à la vente des biens dotaux. C'est que l'on aura beau faire, il faudra toujours en revenir à appliquer les mêmes principes à toutes les aliénations quels que soient les régimes divers de mariage, parce que les raisons sont toujours les mêmes, parce que le même danger appellera toujours le même remède. En définitive, si le législateur a craint de favoriser la fraude en donnant à l'hypothèque une autre date que celle de l'aliénation, est-ce que la collusion des époux est moins à redouter quand il s'agira de la vente de biens dotaux que lorsqu'il s'agira de la vente d'un propre de la femme commune (1)?

L'hypothèque remonterait sans difficulté au jour du mariage, si l'aliénation avait eu lieu en vertu d'une clause spéciale du contrat de mariage conférant au mari le mandat de vendre soit les biens propres, soit les immeubles dotaux de la femme. Ici même, le régime des époux ne devrait pas être pris en considération; l'unique motif qui fait attribuer cette date à l'hypothèque légale, c'est que le mandat d'où procède la faculté d'aliéner les immeubles de la femme sans le concours de cette dernière dérive du contrat de mariage, et que l'hypothèque se rattache ainsi aux conventions matrimoniales. Or l'argument est exactement

______

(1) Caen, 7 juillet 1851. Cet arrêt a été suivi d'un pourvoi en cassation qui a été rejeté; Req., 21 déc. 1853.

le même quel que soit le régime adopté par les époux.

S'il s'agissait de sommes qui n'auraient pas appartenu à la femme lors du mariage, qui lui reviendraient seulement par un nouveau droit, comme par suite de quelque action rescisoire qu'elle aurait exercée, l'hypothèque légale remonterait-elle au jour du mariage, ou seulement à l'époque où les fonds auraient été versés entre les mains du mari ? MM. Grenier et Troplong donnent la préférence à cette dernière date. Nous ne saurions nous rallier à leur opinion ; dans le cas au moins où l'action rescisoire existait déjà lors du mariage, nous dirons que cette action est entrée dans la constitution de dot, quoiqu'elle n'ait obtenu son effet que dans la suite ; que, dès lors, les sommes touchées par le mari se rattachant à une cause préexistante au mariage, l'hypothèque qui en assure la restitution à la femme datera de la célébration du mariage.

Des questions nombreuses peuvent se présenter au sujet du rang à assigner aux diverses causes d'hypothèque légale de la femme qui n'ont pas été énumérées dans l'art. 2135. Ces questions ne nous arrêteront pas longtemps ; elles sont dominées par ce principe général dont notre article nous a présenté diverses applications : l'administration du mari étant la cause génératrice de l'hypothèque, l'existence de l'hypothèque se trouve corrélativement liée à celle de la créance que la femme peut exercer contre son mari. Nous en conclurons que l'hypothèque légale à raison des sommes paraphernales touchées par le mari, en l'absence de tout mandat à lui donné dans le contrat de mariage, remontera soit au jour où le mari aura reçu ces valeurs, soit au jour de l'ouverture de la succession dans laquelle elles figurent, soit au jour où la donation qui les comprend aura reçu son effet. Nous en conclurons également que les droits attribués à la femme par le partage de l'actif de la communauté seront garantis par une hypothèque prenant date, non du jour du mariage, mais du jour où la communauté a cessé, parce que c'est alors seulement que ce chef de créance est né au profit de la femme. Nous pourrions multiplier ces exemples; il nous suffit d'avoir rappelé la règle à laquelle on devra se référer dans toutes les hypothèses.

DEUXIEME PARTIE.

DES BIENS SUR LESQUELS FRAPPE L'HYPOTHÈQUE LÉGALE ET DE LA DISPENSE D'INSCRIPTION.

CHAPITRE PREMIER.

SUR QUELS BIENS FRAPPE L'HYPOTHÈQUE LÉGALE DE LA FEMME MARIÉE?

L'hypothèque légale s'étend sur tous les biens présents et à venir du mari; l'art. 2122 édicte à ce sujet une disposition absolue. On s'est demandé si une exception ne devait pas être apportée à la généralité du principe, au moins en ce qui concerne les immeubles acquis par le mari, quand il a perdu cette qualité par la dissolution du mariage. A première vue, l'art. 2121 semblerait commander une réponse affirmative, puisqu'il attribue une hypothèque légale aux femmes mariées sur les biens de leurs maris seulement; or il n'y a plus de mari du moment que le mariage est dissous. Comment donc les héritiers de la femme pourraient-ils acquérir une garantie hypothécaire sur les immeubles survenus à leur débiteur après la cessation de la cause qui produisait l'hypothèque? La jurisprudence et la doctrine (1) ont fait justice d'un pareil argument, et ont reconnu d'une manière à peu près unanime que l'hypothèque légale grèverait les biens du mari, quelle que fut l'époque de l'acquisition réalisée à son profit. L'art. 2122 est général, il comprend dans sa disposition le patrimoine tout entier du débiteur; et s'il est vrai que l'obligation à la charge du mari subsistera dans son intégrité après la dissolution du mariage, il est non moins évident que cet événement, impuissant à modifier la créance de la femme, ne pourra davantage porter atteinte à la garantie hypothécaire qui en assure le recouvrement. Les termes de l'art. 2121 ne sauraient d'ailleurs avoir le sens rigoureux qu'on prétend leur attribuer; la qualification de mari, dans le langage du droit, comme dans le langage usuel, est donnée indifféremment à celui qui a été, ou qui est actuellement marié. Au reste, de ce que l'hypothèque légale grève les immeubles entrés

---

(1) Cass., 17 juillet 1844; Lyon, 23 nov. 1850; M. Valette, Priv. et hyp., n° 500. Voit toutefois, en sens contraire, M. Cubain, Des droits des femmes, n° 527.

dans le patrimoine du mari, alors qu'il n'y a plus mariage, il ne faudrait pas conclure par un argument d'analogie plus ou moins spécieux que les héritiers du mari, succédant à son obligation, verront leurs immeubles personnels placés sous le coup de la même affectation hypothécaire. Sans doute, l'acceptation pure et simple de la succession de leur auteur les exposera à des poursuites qui pourront aboutir à une condamnation au profit de la femme, et par suite à la constitution d'une hypothèque judiciaire ; mais il n'en est pas moins vrai que la femme ou ses ayants cause ne pourront requérir sur les biens appartenant en propre à ces héritiers du mari une collocation en vertu de l'hypothèque légale.

Le mari devient, pendant le mariage, propriétaire de l'immeuble A, par suite d'un échange qui a conféré à l'autre partie la propriété de l'immeuble B, à lui appartenant dans le principe. Le fonds acquis par le mari sera incontestablement frappé par l'hypothèque ; mais que faut-il décider au sujet du fonds cédé en échange ? Admettrons-nous que cet immeuble passera entre les mains du coéchangiste avec la charge hypothécaire dont il était atteint entre les mains du mari ? Dirons-nous, au contraire, que la femme ne saurait avoir une hypothèque double de celle sur laquelle elle devait compter, et que l'immeuble A ayant pris dans le patrimoine du mari la place de l'immeuble B, il s'est opéré une véritable subrogation, dont l'effet a été de substituer une garantie à une autre, et d'affranchir définitivement le fonds primitivement grevé ? Nos anciens auteurs admettaient généralement la première solution (1). Nous ne pouvons que suivre cette doctrine, et maintenir sur les deux immeubles une hypothèque dont le fonds abandonné par le mari n'a pu être affranchi par le fait seul de ce dessaisissement, puisque la garantie hypothécaire ne saurait disparaître qu'au moyen de la purge, ou d'une radiation volontairement consentie.

Tous les biens du mari sont atteints par l'hypothèque légale de la femme; mais cette hypothèque subira les modalités dont la propriété pourra être affectée entre les mains du débiteur. Supposons que le mari soit propriétaire d'un immeuble sous condition suspensive; la charge hypothécaire est subordonnée à la réalisation de la condition : cette condition vient-elle à défaillir, le mari est réputé n'avoir jamais eu aucun droit sur l'immeuble, et par suite la garantie de la femme est rétroactivement anéantie. La condition vient-elle au contraire à se réaliser, le mari est considéré comme ayant toujours été propriétaire incommutable, et l'hypothèque légale de la femme est réputée avoir grevé le fonds dès l'origine. Si nous admettons maintenant que la propriété du mari soit affectée d'une condition résolutoire, le droit de propriété, comme la charge hypothécaire qui en est la conséquence, seront maintenus avec un effet rétroactif, si la condition ne se réalise pas; dans l'hypothèse contraire, le propriétaire sous condition suspensive sera traité comme s'il avait eu dès le principe un droit entier et définitif, et la femme ne pourra exercer son

---

(1) Domat, *Lois civiles*, liv. III, sect. 1, n° 12; Pothier, *Vente*, n° 620.

hypothèque sur l'immeuble rétroactivement enlevé au patrimoine de son mari. Cette dernière règle, toutefois, a reçu deux exceptions consacrées par des textes formels du Code Napoléon.

La première de ces exceptions est prévue par l'art. 952, d'après lequel l'effet du droit de retour sera de résoudre toutes les aliénations des biens donnés, et de faire revenir ces biens au donateur, francs et quittes de toutes charges et hypothèques, sauf néanmoins l'hypothèque de la dot, et des conventions matrimoniales, si les autres biens de l'époux donataire ne suffisent pas, et dans le cas seulement où la donation lui aura été faite par le même contrat de mariage duquel résultent ces droits et hypothèques. Trois points sont à considérer pour se rendre un compte exact de la disposition de notre article et de la dérogation qu'il apporte au principe réglant le droit de retour conventionnel en matière de donation entre-vifs. Ainsi, malgré l'événement de la condition résolutoire jointe à la donation, le bien donné restera grevé d'une hypothèque légale au profit de la femme du donataire :

1° Si les autres biens de cet époux donataire ne sont pas suffisants pour la garantie de la femme. L'hypothèque réservée par notre article sera donc un droit purement subsidiaire, subordonnée dans son exercice à une discussion préalable des biens meubles et immeubles appartenant au mari.

2° A raison de la dot, et des conventions matrimoniales seulement ; toutes les autres créances de la femme seront privées du bénéfice de notre disposition.

3° Dans le cas ou la donation aura été faite par le

même contrat de mariage duquel résultent ces droits et hypothèques ; il faut en conclure que l'hypothèque légale de la femme s'évanouirait comme toutes les autres charges par l'effet du droit de retour, si la donation avait été faite à un tout autre moment, soit avant, soit après le contrat de mariage.

Le second de ces cas exceptionnels, dans lesquels l'hypothèque légale survit à la résolution du droit de propriété du mari, est réglé par l'art. 1054 du Code Napoléon, qui permet aux femmes des grevés de substitutions d'exercer sur les biens à rendre un recours subsidiaire, si les biens libres sont insuffisants, mais uniquement pour le capital des deniers dotaux, et dans la seule hypothèse où le testateur l'a expressément ordonné. Le droit de la femme, pour ce second cas, est restreint dans des limites plus étroites que pour le précédent ; l'hypothèque légale maintenue par l'art. 1054 garantira, non plus la dot et les conventions matrimoniales en capital et intérêts, mais seulement le capital des deniers dotaux ; en outre le recours subsidiaire de la femme sera subordonné à l'intention du testateur ou du donateur, dont la volonté aura dû être formellement exprimée ; enfin, comme tout est de droit strict en matière de substitutions, nous ne permettrons pas aux parties de déroger, au profit de la femme, à la disposition de l'art. 1054, tandis que le principe général de la validité des conventions laissera le donateur libre d'étendre à son gré les garanties que l'art. 952 a maintenues au profit de la femme du donataire. L'ordonnance de 1747 contenait une règle à peu près semblable à celle édictée par l'art. 1054 du

Code Napoléon; l'hypothèque de la femme sur les biens grevés n'était que subsidiaire, et garantissait seulement certaines créances : 1° la dot, tant en capital qu'intérêts et frais; 2° le douaire ou l'augment de dot; on n'exigeait pas que le donateur ou le testateur eût manifesté son intention à cet égard. On voit que sous un double rapport le Code s'est montré plus rigoureux que l'ancien droit. Comme on renfermait les substitutions dans des limites fort étroites, on a pensé que, dans les cas tout à fait favorables où elles étaient encore permises, l'intérêt des enfants était surtout à considérer. Dans l'ancien droit, au contraire, où les substitutions étaient si fréquentes, on les traitait moins favorablement; on ne voulait pas qu'elles eussent pour effet d'amener les femmes à contracter des alliances ruineuses par la trompeuse apparence d'une fortune engagée.

Lors de la célébration du mariage, le mari est engagé dans une société qui possède des immeubles, ou dont les deniers sont employés ultérieurement à des acquisitions immobilières. La femme peut-elle exercer son hypothèque sur les immeubles de la société, en supposant, pour rendre sa situation plus favorable, que les fonds provenant de sa dot ont été versés dans la caisse sociale? Nous repousserons évidemment sa prétention si les immeubles sociaux sont vendus avant la liquidation ou le partage de la société, attendu qu'ils n'ont jamais appartenu au mari débiteur (1). Mais si nous supposons maintenant que la femme invoque son

____

(1) Toulouse, 31 juillet 1820.

droit d'hypothèque, après le partage de la société, et sur ceux des immeubles sociaux qui ont été acquis depuis le mariage, et que l'événement du partage a attribués au mari, devrons-nous lui permettre de primer les créanciers sociaux investis d'une hypothèque dont la fiction de l'art. 883 l'autoriserait à contester l'existence? Sur ce chef encore, nous écarterons sa demande. Sans doute le mari est réputé, par l'effet du partage, avoir été propriétaire exclusif des biens mis dans son lot, du jour de la dissolution de la société ; mais il ne faudrait pas exagérer les choses et faire remonter le droit de propriété du mari au jour où l'immeuble est entré dans le fonds social. Les sociétés, selon nous, aussi bien les sociétés civiles que les sociétés commerciales, constituent des personnes morales indépendantes des associés qui les composent; seules, elles sont propriétaires de l'actif social jusqu'au moment de la dissolution ; et sur cet actif, les créanciers de la société ont un droit de préférence opposable aux créanciers personnels des associés. La jurisprudence a consacré cette doctrine (1).

L'hypothèque légale de la femme mariée sous le régime de la communauté s'étendrait-elle aux immeubles qui sont entrés dans l'actif de la société conjugale? Ce problème est, à coup sûr, un des plus importants et des plus difficiles que puisse présenter notre matière; les opinions les plus diverses se sont produites à ce sujet : il n'est pas un côté de la question qui n'ait prêté à des interprétations différentes, qui n'ait donné lieu à des déci-

---

(1) Pau, 17 fév. 1830; Cass., 10 mai 1831.

sions contradictoires. Pour apporter dans cette discussion tout l'ordre, toute la clarté possibles, nous distinguerons plusieurs hypothèses, et nous indiquerons pour
chacune d'elles la solution qui nous paraît préférable.

Et d'abord, plaçons-nous dans le cas de renonciation à la communauté, et demandons-nous si la femme
renonçante pourra faire valoir son hypothèque sur les
conquêts, soit à l'égard des créanciers chirographaires,
soit à l'égard des tiers qui ont reçu du mari sur ces
immeubles un droit d'hypothèque ou un droit de propriété. L'affirmative est généralement admise; la majorité des auteurs, une jurisprudence constante (1) ont
reproduit à ce sujet la décision consacrée par l'ancien
droit (2). On se fonde avec raison sur le caractère
spécial de la renonciation à la communauté. La femme
qui renonce est réputée n'avoir jamais été commune;
tous les biens dépendant de la communauté aujour-
d'hui dissoute se confondent dans le patrimoine du
mari avec les biens propres de ce dernier, non pas en
vertu d'une cession opérée à son profit, mais *jure non
decrescendi*, par suite de l'anéantissement rétroactif du
droit dont le concours pouvait seul limiter et réduire
son entière et exclusive propriété. Si les choses se
présentent ainsi, si le mari est considéré comme ayant
toujours été maître unique des biens jadis communs,

---

(1) Grenier, *Hyp.*, t. 1, n° 248; M. Troplong, *Hyp.*, t. 11, n° 133 *ter*;
Tessier, *De la dot*, t. 11, p. 311; M. Pont, *Priv. et hyp.*, n° 525; M. Ber-
thaud, *Hyp. lég. sur les conq. de com.*, p. 60 et suiv.; Cass., 16 févr. 1841,
15 mai 1844, 21 février 1849; Orléans, 16 mars 1850.

(2) Lebrun, *Com.*, liv. 111, ch. 3, sect. 2, p. 50 et suiv.; Duplessis,
Com., liv. 2, ch. 5, p. 460; Renusson, *Com.*, 2ᵉ partie, ch. 3, n°ˢ 42, 43
et 44, p. 435.

il faudra de toute nécessité appliquer les règles de l'art. 2121, et accorder à la femme sur ces conquêts de communauté l'hypothèque légale que la loi lui attribue sur tous les immeubles appartenant à son mari. Peu importe que ces conquêts, durant le mariage, aient été grevés de droits d'hypothèque au profit d'un tiers, peu importe qu'ils aient été aliénés par le mari, pourvu que la femme n'ait pas renoncé tacitement à sa garantie hypothécaire en concourant à l'aliénation ou à la constitution d'hypothèque. Ces divers actes du mari, qui seraient impuissants à restreindre les droits antérieurs de la femme, s'ils concernaient des biens ayant toujours appartenu au mari, ne sauraient porter à ces droits une atteinte plus sérieuse par cela seul qu'ils auraient pour objet des immeubles autrefois compris dans une communauté dont l'existence est rétroactivement effacée. Ce raisonnement paraît d'une exactitude rigoureuse ; néanmoins des autorités recommandables en ont méconnu la valeur, et ont refusé à la femme, même dans la situation favorable où nous nous sommes placés, toute hypothèque légale sur les conquêts de communauté (1). Un seul argument a été produit en faveur de cette opinion extrême ; sans doute, nous dit-on, la renonciation de la femme a eu pour effet de résoudre, au profit de son mari, le droit de copropriété à elle appartenant; mais il n'en est pas moins vrai que l'art. 1421 continue à subsister avec toutes ses conséquences. En fait, il y a eu communauté ; en fait,

---

(1) M. Delvincourt, t. III, p. 185, en note; M. Perail, sur l'art. 2121, n° 10; M. Valette, *Priv. et hyp.*, p. 258.

lé mari a reçu le pouvoir de disposer sáns contrôle des biens communs, pourvu que ce fût à titre onéreux : et cependant la validité des actes par lui consentis sera subordonnée au parti que prendra la femme, après de longues années peut-être, sur l'acceptation ou la répudiation de la communauté. Mais je me demande, en vérité, en quoi notre théorie est contraire aux droits du mari sur la communauté, à ce pouvoir absolu de disposition dont je suis le premier à reconnaître l'existence. Est-ce que nous attribuerons jamais à la femme renonçante la faculté de faire tomber les hypothèques et les aliénations consenties par le mari sur les immeubles communs? Sans doute la garantie hypothécaire que nous lui reconnaissons pourra primer celle du créancier qui a traité avec le mari; sans doute son hypothèque légale lui permettra de poursuivre, en qualité de tiers détenteur, l'acquéreur dont les droits n'ont pas été assurés par les formalités de la purge : mais y a-t-il là un seul résultat qui ne puisse se concilier avec le principe de l'art. 1421 ? Y en a-t-il un seul qui ne se produise aussi bien relativement aux immeubles dont le mari a toujours eu l'entière propriété? Et cependant je ne sache pas que la loi, en établissant l'hypothèque légale, ait pris en considération cette prétendue confiscation du droit de propriétaire. D'ailleurs, qu'on se le rappelle, l'ancien droit ne faisait pas difficulté de reconnaître à la femme renonçante une hypothèque sur les biens autrefois communs; cependant les termes de la coutume, en qualifiant le mari de maître et seigneur, marquaient avec toute espèce d'énergie ses pouvoirs sur la communauté. Comment donc la prétention de la femme, qui n'avait pas été jugée incompatible avec ces droits ainsi déterminés, serait-elle aujourd'hui réputée inconciliable avec des pouvoirs évidemment plus restreints, puisque l'art. 1421 parle, non plus d'un maître, mais d'un administrateur?

Supposons maintenant que la femme ait accepté la communauté. Pourra-t-elle invoquer sur les conquêts le bénéfice de son hypothèque, à l'encontre tant des créanciers chirographaires, que des créanciers hypothécaires, ou des tiers acquéreurs, vis-à-vis desquels elle ne s'est pas personnellement obligée? Ce droit lui a été généralement refusé : MM. Troplong (1), Marcadé (2), Grenier (3), Tessier (4) professent cette doctrine d'une manière absolue. MM. Odier (5), Valette (6) admettent l'existence de l'hypothèque légale sur les conquêts qui n'ont été ni aliénés ni grevés de charges réelles par le mari. M. Pont, après avoir suivi dans son *ratté du contrat de mariage* ce dernier système (7), est revenu ensuite à une opinion plus favorable à la femme, et dans son ouvrage sur les priviléges et hypothèques, il a reconnu que l'hypothèque légale frappait les conquêts de communauté soit en cas d'acceptation, soit en cas de renonciation (8) : Zachariœ

---

(1) *Contr. de mariage*, t. III, n° 1646.
(2) *Droit civil*, t. V, p. 625.
(3) *Hyp.*, t. I, n° 248.
(4) *Dot.*, t. II, p. 311.
(5) *Contr. du mari*, n° 560.
(6) *Priv. et hyp.*, n° 252.
(7) T. I, n° 834.
(8) N°ˢ 624 et suiv.

s'est prononcé dans le même sens (1). La jurisprudence est encore jusqu'à un certain point hésitante ; cependant nous devons convenir que, si elle accorde une hypothèque à la femme acceptante sur les conquêts mis dans le lot du mari par l'événement du partage, elle tend à affranchir de cette garantie les immeubles attribués définitivement à la femme (2). Toutes ces hésitations, toutes ces décisions diverses démontrent suffisamment l'importance de la question envisagée à ce point de vue, et la difficulté qu'on éprouve à concilier, sinon les textes mêmes de la loi, au moins les principes fondamentaux de la matière. Rappelons tout d'abord le singulier tempérament que M. Troplong a prétendu apporter à son système exclusif de tout droit d'hypothèque, au profit de la femme acceptante, sur les immeubles communs. Le savant auteur substitue à la garantie hypothécaire, dont il méconnaît l'existence, un privilége général, ou plutôt un droit de prélèvement atteignant tous les biens meubles et immeubles de la communauté. Cette théorie nous paraît singulièrement difficile à justifier ; quel est donc ce droit qui ne constitue pas une hypothèque ? Je ne puis croire que ce soit un véritable privilége ; il n'y a de priviléges que ceux établis par une disposition spéciale : or aucun article du Code n'a conféré à la femme une créance privilégiée. Je ne saurais admettre davantage l'existence d'un droit de prélèvement, de revendication ; la femme agit comme créancière, nul-

---

(1) *Code civil*, 2ᵉ partie, liv. I, vol. III, p. 456.
(2) Cass., 1ᵉʳ août 1848.

lement comme propriétaire : les termes des art. 1470 et 1471 ne sauraient suffire à fonder un système que M. Troplong ne voudrait pas d'ailleurs accepter avec toutes ses conséquences, puisque si la loi, dans ses dispositions, avait voulu conférer à la femme un droit de distraction, il faudrait aussi reconnaître au mari la faculté de prélever ses créances sur la communauté, en exemption des dettes qui la grèvent, rien dans le texte des articles ne nous permettant de croire à une différence dans la situation des deux époux. Nous n'insistons pas davantage sur ce point, et nous revenons à la difficulté qui doit fixer toute notre attention.

Nous nous demanderons d'abord ce qui arriverait, si des créanciers chirographaires, si des tiers, ayant reçu du mari seul hypothèque sur les conquêts de communauté, venaient saisir ces immeubles avant le partage, mais après l'acceptation faite par la femme de la communauté dissoute. La femme pourra-t-elle leur opposer son hypothèque légale ? Sans doute, elle ne saurait ici se retrancher derrière la fiction de l'art. 1492, et se prétendre étrangère à une communauté qui aurait rétroactivement disparu ; mais il nous semble que sa prétention s'appuiera sur des considérations non moins décisives. Elle dira à ces tiers qui se présentent en concours avec elle : Vous venez poursuivre sur les immeubles de la communauté le payement de vos droits ; vous venez invoquer les garanties que mon mari vous a conférées en sa qualité d'administrateur de notre société conjugale : eh bien ! moi aussi j'agis en qualité de créancière, moi aussi je réclame le remboursement d'une dette, moi aussi je fais valoir une

garantie hypothécaire établie à mon profit du chef de
mon mari, notre débiteur commun. La seule différence
qu'il y ait entre nous, c'est que vous êtes investis d'une
hypothèque spéciale résultant d'une stipulation expresse, tandis que mes droits placés plus particulière-
ment sous la sauvegarde de la loi sont protégés par
une garantie générale, par une affectation hypothécaire toujours sous-entendue. Une objection, toutefois,
a été élevée contre notre argumentation. On a dit :
Tant que la femme renonce à la communauté, elle ne
prend aucun engagement; elle peut donc à son gré
intenter une action qui serait susceptible d'invalider
en tout ou en partie les actes émanant de son mari;
mais, en acceptant, elle ratifie virtuellement toutes les
opérations du chef de la communauté, et ne saurait,
dès lors, porter atteinte aux droits par lui constitués
au profit des tiers. J'avoue que je ne comprends guère
cet argument tiré d'une prétendue ratification; est-ce
que, pour être valables, les actes du mari avaient besoin d'une confirmation de la part de la femme? L'art.
1421 repousse une pareille supposition; d'après ce
texte, le mari administre seul les biens de la communauté, il peut les vendre, aliéner et hypothéquer sans
le concours de sa femme. Le mari, dans l'espèce, n'a
donc fait qu'user de ses pouvoirs; qu'importe, dès lors,
au créancier une approbation reconnue inutile? Veut-
on dire, quand on parle de ratification, que la femme
est réputée avoir concouru à l'hypothèque? Mais si
l'acceptation avait cette portée rétroactive, si elle ren-
dait la femme individuellement partie à chacun des
actes du chef de la communauté, il faudrait dire que

toutes les obligations du mari, en cas d'acceptation,
seraient réputées l'œuvre commune des époux, que la
femme serait toujours sous le coup de l'art. 1487,
qu'elle ne pourrait jamais, bien qu'elle fît rédiger un
bon et fidèle inventaire, invoquer l'art. 1483 qui, sous
cette condition, ne la déclare tenue des dettes sociales
que jusqu'à concurrence de son émolument! Cette
idée d'une prétendue ratification est donc inexacte, à
quelque point de vue qu'on l'envisage.

Arrivons au cas où, le partage de la communauté
ayant été consommé, les conquêts affectés par le mari
à la sûreté d'un tiers ont été placés définitivement dans
le lot de l'un ou l'autre des époux. Il nous semble
assez difficile de refuser à la femme une hypothèque
sur les immeubles attribués à son mari; la communauté ne constitue pas un être moral : c'est une indivision *sui generis* ayant ses règles et ses conditions à
part. Tant que cette indivision a duré, les époux ont
été copropriétaires de chacun des objets entrés dans
la communauté; après l'événement du partage, leurs
droits communs et indivis jusque-là se sont trouvés
déterminés : chacun d'eux est devenu propriétaire exclusif des biens à lui assignés, et ce droit d'entière
propriété est remonté fictivement, en vertu de l'art. 883,
au moment où l'indivision avait commencé, c'est-à-
dire au jour même où l'acquisition des objets communs s'était réalisée au profit de la communauté (1).
S'il est vrai de dire, en raisonnant ainsi, que le mari

____

(1) M. Valette, l'riv. et hyp., n° 252; Championnière et Rigaut, n°s 2835
et 2836, supplément, n° 740.

soit réputé avoir eu seul, dès le principe, la propriété
des immeubles mis dans son lot, il faut bien reconnaître que ces immeubles sont compris dans l'affectation générale de l'art. 2121, et ont dû être frappés par
l'hypothèque légale de la femme.

Mais cette hypothèque atteindrait-elle également les
conquêts de communauté attribués à la femme elle-
même? Nous le pensons; néanmoins il semble que
cette doctrine soit contraire au principe même que
nous venons d'invoquer; il semble que le partage,
conférant un droit de propriété dont l'origine se place
au jour de l'acquisition des immeubles partagés, la
femme n'a jamais pu avoir hypothèque sur des biens
dont elle est réputée avoir toujours été propriétaire.
Cette apparente contradiction s'explique par la présence, dans la loi, des art. 883 et 1421, et par la nécessité de concilier ces deux dispositions, dont la
seconde vient nécessairement limiter la portée de la
première; la femme est considérée comme ayant ou
dès le principe la propriété des immeubles mis dans
son lot : mais tant qu'a duré la communauté, ces immeubles ont été placés entre les mains du mari investi
à leur égard d'un pouvoir d'administration des plus
étendus. Le mari a pu les aliéner, les hypothéquer;
et comme il ne fallait pas que de semblables affecta-
tions pussent rendre illusoire l'exercice des droits de
la femme, la loi a voulu que ces immeubles portassent,
au profit de cette dernière, l'empreinte d'une hypothèque légale dont l'existence serait tout aussi régulière que celle d'une hypothèque établie en faveur des
tiers par la volonté seule du mari. N'est-il pas vrai

d'ailleurs que la femme, en consentant l'aliénation
d'un de ses propres, en garantissant une obligation
contractée par son mari, aurait pu stipuler de celui-ci,
pour assurer le remploi et l'indemnité de la dette, une
garantie hypothécaire atteignant spécialement les conquêts de communauté? Pourquoi donc l'affectation
plus large que la loi crée en sa faveur ne saurait-elle
exister là où une hypothèque purement conventionnelle pourrait trouver sa place? J'avoue qu'il semble
tout au moins inutile d'accorder à une personne qui
est déjà investie d'un droit de propriété un autre
droit moins étendu, et qui paraît s'absorber dans le
premier. Mais cette objection est plus spécieuse que
décisive. Pour reconnaître une certaine utilité à cette
hypothèque légale qui frappe, selon nous, les conquêts
attribués à la femme, il suffit de supposer que la
femme, dès avant la dissolution de la communauté,
s'est dessaisie par des subrogations de sa garantie hypothécaire. Le subrogé, ayant dès lors un droit distinct de celui de la subrogeante, pourra se présenter
de son chef et réclamer le bénéfice d'une sûreté qui
lui est devenue personnelle. Vainement on lui opposera que, la femme ne pouvant avoir hypothèque sur
ses propres biens, ses ayants cause ne sauraient être
plus favorisés qu'elle-même; il répondra avec toute
raison que le cessionnaire d'une créance hypothécaire
n'a jamais perdu son droit par cela seul que le cédant
est devenu propriétaire de l'immeuble hypothéqué. La
décision contraire aboutirait à une conséquence évidemment inadmissible : si l'hypothèque légale, dans
l'espèce que nous examinons, n'était pas opposable,

au moins de la part des subrogés, il en résulterait que
ces derniers, à supposer qu'ils n'eussent pas hypothèque de leur chef, seraient primés sur les conquêts
échus à la femme par les créanciers auxquels celle-ci
les aurait hypothéqués depuis la dissolution de la communauté. D'ailleurs, même en l'absence de toute cession, la femme restée nantie de ses droits aura encore
un immense intérêt à invoquer sur les immeubles mis
dans son lot le bénéfice de l'hypothèque légale. Les
créanciers de la communauté viennent la poursuivre,
comme tiers détenteurs, par voie hypothécaire; la
saisie immobilière pratiquée entre ses mains fait disparaître sa qualité de propriétaire désormais inutile.
Dans l'ordre ouvert sur le prix de l'immeuble, elle se
présente avec son titre de créancière, avec le bénéfice
de son hypothèque qui a été paralysée, mais non définitivement anéantie par l'existence, à son profit, d'un
droit plus absolu dont elle ne peut ni n'entend se
prévaloir aujourd'hui.

Si la femme acceptante est fondée à exercer son
hypothèque légale sur les conquêts de communauté à
l'encontre des créanciers hypothécaires, nous devons,
par identité de raison, lui accorder la même faculté à
l'égard des tiers acquéreurs qui ont reçu du mari la
propriété de ces immeubles. Tout ce que nous avons
dit plus haut pour concilier les pouvoirs du mari sur
la communauté avec la garantie hypothécaire assurée
à la femme, peut s'appliquer aussi bien à une aliénation qu'à la constitution d'une charge réelle, en réservant toujours, bien entendu, le cas où la femme aurait
parlé au contrat, ce concours emportant de sa part

une renonciation, ou une subrogation tacite à son hypothèque. Toutefois, en ce qui concerne la situation
vis-à-vis de la femme, des tiers acquéreurs d'un bien
de communauté, nous avons encore à combattre un
dernier argument emprunté à cette obligation que la
femme contracte, par le fait seul de son acceptation,
de garantir soit la vente, soit la donation consenties
par son mari. Nous ne méconnaissons pas cette obligation de garantie : seulement nous ne voyons guère
le rôle qu'elle vient jouer dans notre question. Supposons la femme en concours sur un bien de la communauté avec un acquéreur dont le titre est postérieur
à son droit d'hypothèque. Ce tiers pourra-t-il lui dire :
L'hypothèque que vous prétendez exercer sur l'immeuble qui est entré dans mon patrimoine porte atteinte à
un droit de propriété dont vous devez respecter l'existence, puisque vous êtes garante vis-à-vis de moi de
la validité d'une aliénation consentie par le chef de la
communauté que vous avez acceptée ? La femme lui
répondra que l'obligation dont on invoque contre elle
le bénéfice est essentiellement divisible par sa nature;
or, si le fait de son acceptation l'oblige à supporter,
pour une certaine part, les dettes de la communauté,
elle n'en est pas tenue de droit commun au delà de
la moitié; il en résulte que l'exception de garantie
opposée à sa demande ne pourra que dans cette proportion de moitié la faire déclarer non recevable; et
même, si nous supposons qu'elle ait fait dresser un
inventaire à la dissolution de la communauté, elle ne
subira de la part du tiers acquéreur aucune réduction
dans l'exercice de son droit, pourvu que sa poursuite

tende uniquement au recouvrement de ses reprises, sans lui assurer un émolument. L'art. 1483 recevra ici touto son application.

Du reste, si notre opinion confère à la femme acceptante sur les conquêts une hypothèque opposable aux créanciers hypothécaires, il ne faut pas croire qu'elle tende à l'affranchir de tout recours la part de ces derniers. En définitive, la communauté a été acceptée ; la femme, dès lors, est tenue comme commune et les créanciers pourront agir contre elle jusqu'à concurrence de son émolument, si elle a fait inventaire, et à défaut d'inventaire, jusqu'à concurrence de la moitié des dettes sociales. Voilà quelles sont, à notre avis, les solutions à donner sur les diverses hypothèses que nous avons successivement passées en revue ; la femme a, selon nous, dans tous les cas, une hypothèque légale sur les conquêts de communauté. Dans l'ancien droit, notre question avait déjà été controversée. Lebrun (1) et Renusson (2) reconnaissaient d'une manière formelle l'existence de l'hypothèque de la femme au préjudice des tiers dans la seule hypothèse d'une renonciation. Au contraire, Bacquet (3) et Bourjon (4) disaient en termes généraux, sans parler d'acceptation ni de renonciation, que l'hypothèque de la femme s'exerce sur les conquêts de la communauté comme sur les propres du mari. Pothier (5) était non moins explicite en notre

---

(1) *Commun.*, p. 501.
(2) *Commun.*, part. 2, ch. 3, n° 47.
(3) *Des droits de justice*, ch 15, n° 42.
(4) *Droit commun de la France*, t. I, p. 671.
(5) *De la commun.*, n°° 756 et 757.

faveur; nous lui empruntons le passage suivant : « Le
« demandeur (1) doit faire raison à la femme, non-
« seulement de ce qu'elle a payé à des tiers, dont l'hy-
« pothèque était antérieure à celle du demandeur; i
« doit pareillement lui tenir compte de ce qu'elle s'est
« payé à elle-même pour ses créances contre la com-
« munauté, pour lesquelles elle a une hypothèque du
« jour de son contrat de mariage, antérieure à celle
« du demandeur. » Prévot de la Jannès (2) s'expli-
quait dans le même sens. On voit que les tendances
de notre ancienne jurisprudence étaient favorables à
la doctrine que nous avons suivie.

La faillite du mari, qui limite les droits de la femme
au point de vue des créances dont l'hypothèque assure
le recouvrement, entraîne une restriction analogue en
ce qui concerne le gage hypothécaire. Le Code de 1807
avait décidé que, pour toutes les reprises dont la
femme est admise à poursuivre le remboursement,
elle n'aurait hypothèque légale que sur les immeubles
appartenant au mari à l'époque de la célébration du
mariage. La loi de 1838 a maintenu ce principe restrictif, en ayant soin d'en atténuer la portée; aux
termes du nouvel art. 563, sont soumis à l'hypothèque
de la femme, non-seulement les immeubles qui appartiennent au mari lors de la célébration, mais encore
tous ceux qui lui sont advenus depuis, soit par succession, soit par donation entre-vifs ou testamentaire.

---

(1) Il s'agit du créancier hypothécaire qui poursuit la femme acceptante comme détenant des conquêts à lui hypothéqués, et qui en demande le délaissement à son profit.

(2) *Principes de la jurisprudence française*, t. II, p. 71.

On affranchit seulement de l'affectation hypothécaire les biens que le mari acquiert à titre onéreux pendant le mariage : on a considéré avec raison que ces acquisitions pouvaient s'être réalisées avec les deniers des créanciers.

Le conflit entre les deux législations qui se sont succédé sur la matière, a fait naître une question transitoire dont nous devons dire quelques mots. En supposant le mariage célébré sous l'empire du Code de 1807, la faillite survenue depuis la loi nouvelle, quelle est de ces deux lois celle qui doit être prise pour règle à l'effet de déterminer l'étendue de l'hypothèque légale de la femme du négociant failli? Nous distinguerons deux cas : la femme qui prétend hypothèque sur les immeubles advenus au mari par succession, donation, ou legs, ne saurait passer avant les créanciers hypothécaires du mari inscrits sur ces mêmes immeubles antérieurement à la loi de 1838. Les créanciers, ayant stipulé hypothèque sous l'empire du Code de 1807, ayant conservé leurs droits par une inscription régulièrement prise, sont dès lors investis d'un droit de préférence qu'on ne peut, sans rétroactivité, faire fléchir devant la disposition d'une loi nouvelle. Que si, au contraire, la femme se trouve en présence de créanciers chirographaires, ou de créanciers hypothécaires postérieurs à la loi de 1838, elle devra les primer attendu que ces créanciers n'ont aucune cause de préférence à invoquer; comme l'a dit la Cour de cassation (1), « ils sont restés soumis

____

(1) Rejet, 3 janvier 1811.

« aux éventualités des conventions faites par le failli,
« tant qu'il a eu le libre exercice de ses droits; ils
« doivent l'être à plus forte raison aux modifications
« législatives dont l'expérience a fait reconnaître la
« nécessité, et que l'intérêt public a réclamées. »

On s'est demandé si les constructions, additions, améliorations faites aux immeubles du mari durant le mariage sont soumises, en cas de faillite, à l'hypothèque de la femme. L'affirmative se fonde sur le texte de l'art. 2133 du Code Napoléon qui veut que l'hypothèque acquise s'étende à toutes les améliorations survenues à l'immeuble hypothéqué. Tel n'est pas notre avis; nous ne saurions appliquer à notre matière une disposition qui tendrait à faire de notre art. 563 une lettre morte, puisqu'il serait toujours facile au mari de présenter sous l'apparence d'améliorations des travaux de construction, ou autres, augmentant d'une manière notable la valeur primitive du fonds, au préjudice des créanciers dont les deniers auraient pu recevoir cette destination.

CHAPITRE II.

DANS QUELS CAS L'HYPOTHÈQUE LÉGALE EST-ELLE DISPENSÉE D'INSCRIPTION ?

Nous avons vu que la loi du 11 brumaire an VII avait fait de la publicité une règle applicable universellement à toutes les hypothèques; en ce qui concernait l'hypothèque légale de la femme mariée, l'art. 4 laissait entendre que, si cette garantie frappait tous les biens du débiteur situés dans l'arrondissement du bureau où se faisait l'inscription, elle ne les frappait du moins qu'au moment même de cette inscription. Sous le Code Napoléon, au contraire, et avant la loi du 23 mars 1855, l'hypothèque légale était indéfiniment affranchie de l'inscription, et subsistait indépendamment de cette formalité, soit après la dissolution du mariage, soit après la subrogation qui en avait transporté le bénéfice sur la tête d'un tiers. C'était étendre l'application du principe en dehors des cas où il était pleinement justifiable ; car si la faveur de la loi avait sa cause dans l'état même des personnes par elle appelées à en jouir, elle ne pouvait constituer un avantage perpétuel, survivant à la dissolution du mariage, ou transmissible de la femme à ses cessionnaires. La loi de 1855 a fait droit à cette critique ; nous reviendrons ultérieurement sur ce point. Au reste, depuis la promulgation du Code Napoléon, on a tenté à plusieurs reprises de replacer complétement l'hypothèque de la femme sous le niveau commun de la spécialité et de la publicité. Malgré ces propositions, qui ont surgi, soit en 1841, soit dans des discussions plus récentes, le principe même de l'hypothèque légale occulte a été maintenu dans les limites où l'incapacité des femmes sollicitait de la part du législateur aide et protection.

Revenons à l'art. 2135 du Code Napoléon, qui abrogeait l'art. 4 de la loi de l'an VII en faisant fléchir la règle de la publicité au profit de la femme mariée. La disposition finale de ce texte réservait les droits acquis aux tiers avant l'avénement de la législation nouvelle ; il en résultait que, si la promulgation du Code valait inscription pour toutes les hypothèques légales des femmes engagées précédemment dans les liens d'un mariage, cette inscription ne pouvait préjudicier aux droits des tiers inscrits auparavant, en supposant, bien entendu, que les hypothèques légales n'auraient pas été régulièrement publiées, conformément à la loi de brumaire. Remarquons d'ailleurs que la disposition essentielle de l'art. 2135 ne pourrait s'appliquer en aucune façon dans tous les cas où la dissolution du mariage aurait précédé la publication du Code Napoléon ; elle régirait, au contraire, d'une manière absolue les droits des femmes qui se seraient mariées après cette promulgation, et dont l'hypothèque aurait toujours été affranchie du principe de publicité.

Nous avons constaté plus haut que la femme a une hypothèque légale, non-seulement pour les droits qui touchent plus ou moins à sa dot, mais encore pour ses créances paraphernales. Des auteurs et de nombreux arrêts (1), sans refuser à ces sortes de répétitions le bénéfice de la garantie hypothécaire, voulaient du moins qu'il ne pût leur être attribué qu'à charge d'inscription. Ce système s'appuie sur la généralité de l'art. 2134, aux termes duquel l'hypothèque, soit légale, soit judiciaire, soit conventionnelle, n'a de rang que du jour de l'inscription... sauf l'exception portée en l'article suivant ; or l'art. 2135, dit-on, n'accorde à la femme une hypothèque dispensée d'inscription que pour certains chefs de créances parmi lesquels ne figu-

______

(1) Grenier, t. I, n° 230; Delvincourt. t. III, p. 165, note 12; Riom, 4 mars 1822; Toulouse, 6 décembre 1824; Grenoble, 22 juin 1825, 18 janvier 1830.

rent pas les droits paraphernaux. Nous répondrons à
cet argument que l'art. 2135 est un texte général, s'appliquant à toutes les créances que la femme peut avoir
à exercer ; l'esprit de cette disposition se révèle dans
les art. 2193, 2194, 2195, où l'on s'occupe des formalités que les tiers détenteurs ont à remplir pour purger les hypothèques non inscrites des femmes mariées,
à raison de leurs dots, reprises et conventions matrimoniales : or les créances paraphernales constituent
un des genres de reprises que les femmes ont le droit
de poursuivre contre leurs maris. Au reste, la dispense
d'inscription n'est pas accordée à raison de la nature
ou de l'origine des créances, mais à cause de l'état de
dépendance où se trouve la créancière par rapport au
débiteur, et qui ne lui laisse pas plus de liberté morale
pour prendre inscription à l'effet d'exercer ses créances
paraphernales qu'elle n'en aurait pour une obligation
par elle contractée pour son mari, ou pour toute autre
reprise. Cette seconde opinion a été consacrée par la
jurisprudence unanime de la Cour de cassation et par
la majorité des auteurs ; on peut donc aujourd'hui considérer la question comme définitivement tranchée en
ce sens (1).

Si une loi bien entendue ne peut faire dépendre,
pour le créancier, l'efficacité de l'hypothèque d'une inscription que ce créancier ne peut prendre lui-même à
raison de son incapacité et de son état de subordina-

---

1) M. Duranton, t. XX, n° 33; Favard, v° *Hyp.*, p. 719, n° 6; M. Troplong, *Hyp.*, t. II, n°° 418 et 575; Cass., 5 nov. 1832, 5 déc. 1832,
9 août 1852.

tion, il n'est pas indifférent au moins pour les tiers que l'hypothèque se révèle aussitôt que se produit le fait duquel elle prend naissance. De là les dispositions contenues dans les art. 2136 et suivants, qui imposent à certaines personnes l'obligation de requérir l'inscription, qui donnent à d'autres la faculté de la faire. Sont astreints à rendre publique l'hypothèque de la femme le mari d'abord, les officiers du ministère public ensuite ; l'action de ces derniers est purement subsidiaire, et ne s'exerce que dans les cas où le mari néglige de satisfaire au vœu de la loi. D'ailleurs, comme la mesure prescrite est conçue principalement dans l'intérêt des tiers, il faut dire que le ministère public, bien que tenu d'agir, doit le faire avec infiniment plus de réserve que s'il intervenait dans l'intérêt exclusif de la femme qu'il a mission de protéger. Une circulaire du grand juge, en date du 15 septembre 1806, est venue confirmer cette interprétation ; elle exprime que « l'intervention du « ministère public est subordonnée au plus ou moins « de diligence des parties, mais qu'il importe surtout « qu'il n'agisse qu'en parfaite connaissance de cause, « et après s'être assuré qu'il y a lieu de prendre in- « scription, afin de ne point exposer les parties à des « frais frustratoires, et les tiers qui auraient légitime- « ment contracté à de vaines difficultés, et à des len- « teurs préjudiciables. » Cette instruction a eu pour résultat de faire de l'art. 2138 une lettre morte, et il est vrai de dire maintenant qu'aucun procureur impérial ne songe à rendre publiques les hypothèques légales des femmes et des mineurs.

Revenons au mari, à ce devoir plus rigoureux mis

à sa charge, et à la sanction qui vient en garantir l'accomplissement. On craignait avec raison que ce débiteur, astreint à révéler un droit qui diminue d'autant son crédit, ne cherchât à éluder la disposition de la loi ; aussi le 2° de l'art. 2136, pour l'enfermer dans les liens d'une obligation stricte, l'a déclaré stellionataire, et comme tel contraignable par corps, toutes les fois que n'ayant pas requis, ou fait faire l'inscription prescrite, il a consenti ou laissé prendre des priviléges ou des hypothèques sur ses immeubles, sans déclarer expressément que lesdits immeubles étaient affectés à l'hypothèque légale de la femme. Remarquons que la peine du stellionat n'atteindrait pas le mari qui aurait consenti à un tiers, non plus une affectation hypothécaire, mais une vente, sans insérer dans l'acte une clause relative à l'existence de cette hypothèque qu'il n'a pas publiée : l'art. 2136 est formel, et l'on ne saurait étendre au delà des termes de la loi une disposition éminemment rigoureuse. D'ailleurs cette différence entre le cas d'une aliénation et le cas d'une constitution d'hypothèque se conçoit facilement : un tiers acquéreur a toujours le droit de purger avant de solder le prix de son acquisition ; il pourra donc mettre ses intérêts à couvert en remplissant cette formalité. Au contraire, le créancier qui reçoit hypothèque du mari n'a aucun moyen, en dehors de la déclaration imposée à son débiteur, qui lui permette de se renseigner sur la préexistence d'une hypothèque légale. Tous les auteurs ont admis cette justification de l'art. 2136-2°, et ont reconnu que, pour la vente des immeubles grevés de l'hypothèque de la femme, le mari reste sous l'empire du droit commun consacré par l'art. 2059.

En nous plaçant maintenant dans le cas où notre art. 2136 peut recevoir son application, déterminons d'une manière précise les circonstances dont le concours est nécessaire pour que le mari soit réputé stellionataire; il faut, d'une part, que l'hypothèque légale n'ait pas été inscrite, d'autre part, que le contrat intervenu ne contienne aucune déclaration suppléant au défaut d'inscription. Quel doit être le contenu de cette déclaration dont l'absence constitue un cas de stellionat? Suffirait-il que le mari eût fait connaître sa qualité de mari? Nous pensons que ce renseignement serait insuffisant, puisque les tiers, malgré la connaissance qu'ils ont ainsi acquise de l'événement du mariage, et de la garantie hypothécaire qui en résulte de droit commun, ont pu croire que l'immeuble affecté à leur sûreté était affranchi de l'hypothèque légale, aux termes des art. 2140, 2144, 2145. D'ailleurs, la loi parle d'une déclaration expresse, portant non sur le fait même du mariage, mais sur l'existence à la charge du fonds de l'hypothèque de la femme; ce dernier argument, selon nous, est décisif : il est toujours dangereux de substituer un équipollent aux énonciations rigoureusement prescrites. Rappelons, au reste, que le délit civil du stellionat suppose nécessairement la mauvaise foi chez celui qui a induit en erreur l'autre partie; il en résulte que la pénalité de notre article ne serait pas applicable au mari qui n'aurait pas fait la déclaration voulue, s'il était survenu une circonstance de laquelle il aurait

pu légitimement induire l'anéantissement de l'hypothèque légale. Nous pouvons supposer que l'immeuble
engagé par le mari avait été affranchi de cette hypothèque par suite d'une réduction, dont la nullité a été
prononcée après coup (1), ou bien encore que la femme
avait concouru au contrat, renonçant ainsi à sa garantie, mais que son consentement a été plus tard
annulé, comme donné par elle en minorité.

On a prétendu que notre art. 2136-2°, contenait
une erreur de rédaction manifeste; la loi, a-t-on dit,
ne se borne pas à parler des maris qui consentent des
hypothèques, elle parle de ceux qui consentent ou
laissent prendre des priviléges ou des hypothèques,
or, si l'on comprend que le mari soit stellionataire
quand il consent une hypothèque sans déclarer celle
de la femme, on conçoit difficilement qu'il encoure la
même peine quand il ne fait que laisser prendre
une hypothèque. Ces expressions ne peuvent guère
s'entendre que des hypothèques judiciaires et légales.
De là, il suit que, si l'on s'en tient à la lettre de la loi,
le mari sera stellionataire si, avant de plaider, il
n'avertit pas son adversaire que son hypothèque judiciaire sera primée par celle de la femme; qu'il sera
stellionataire encore s'il a accepté une fonction de
comptable sans avertir l'État des charges dont il est
grevé en sa qualité de mari. Mais en vérité cette décision est bien rigoureuse; d'ailleurs à quel moment
devra-t-il faire sa déclaration? La loi n'en a rien dit :
son silence doit nous faire supposer qu'elle n'a pas

____

(1) Cass., 21 fév. 1827.

songé à cette hypothèse. Mais alors quelle est donc l'espèce prévue? Selon nous, le mari qui a laissé prendre une hypothèque est stellionataire, notamment dans le cas suivant : un homme qui a eu la qualité de mari, et qui est encore débiteur à ce titre, est appelé à des fonctions de tuteur, ou contracte un second mariage. Il demande que les droits d'hypothèque légale qui doivent le grever de nouveau soient restreints à quelques-uns de ses immeubles, et il obtient cette réduction sans avoir révélé au conseil de famille ou à la seconde femme l'hypothèque non inscrite dont il était grevé par suite de son premier mariage. Il est vrai de dire que dans ce cas le mari a laissé prendre une hypothèque, et que les dispositions de l'art. 2136-2°, pourront recevoir leur application. Voici maintenant comment nous expliquerions les mots *consentir* ou *laisser prendre un privilége* qu'on a voulu effacer comme n'ayant aucune signification dans l'espèce : le mari vend un immeuble sans en toucher le prix ; il acquiert un privilége de vendeur qui est primé par l'hypothèque de sa femme, dont les sûretés n'ont pu être diminuées par son fait. L'acheteur emprunte une somme d'argent pour désintéresser le mari, et lui demande de consentir, aux termes de l'art. 1250-2°, le bénéfice de la subrogation au profit du tiers dont les fonds doivent servir à l'acquittement du prix de vente. Le mari n'avertit pas le nouveau créancier que le privilége que va lui transporter la subrogation est primé par l'hypothèque de sa femme ; il est alors stellionataire ; car il a, sinon consenti, du moins laissé prendre comme très-efficace un privilége qui en réalité ne l'était pas.

A côté des personnes qui doivent requérir l'inscription de l'hypothèque légale, il en est d'autres qui sont simplement autorisées à le faire. Ces dernières se trouvent limitativement énumérées dans l'art. 2139. Ce sont : la femme elle-même, à laquelle nous reconnaîtrons la faculté d'agir sans le consentement de son mari, les parents du mari et les parents de la femme. Nul autre ne pourra de son chef, sauf le cas de subrogation, exercer à ce sujet un droit que la loi n'a pas conféré aux amis de la femme, comme à ceux du mineur. Le conservateur des hypothèques ne saurait davantage prendre au nom de la femme une inscription d'office; l'art. 2108 prévoit la seule hypothèse où il puisse procéder ainsi.

Quelles sont les formalités à remplir pour opérer valablement l'inscription de l'hypothèque légale? Aux termes de l'art. 2153, les droits d'hypothèque purement légale des femmes mariées sur leurs époux seront inscrits sur la représentation de deux bordereaux contenant seulement : 1° les nom, prénoms, profession et domicile réel de la créancière, et le domicile qui sera par elle et pour elle élu dans l'arrondissement; 2° les nom, prénoms, profession, domicile ou désignation précise du débiteur ; 3° la nature des droits à conserver et le montant de leur valeur quant aux objets déterminés, sans être tenu de la fixer quant à ceux qui sont conditionnels, éventuels ou indéterminés. En rapprochant ces dispositions de celles édictées par l'art. 2148 pour l'inscription des priviléges et des hypothèques ju iciaires et conventionnelles, nous constatons entre ces deux textes de lois de nombreuses différences.

D'abord l'art. 2148 oblige le créancier qui requiert inscription à représenter au conservateur des hypothèques le titre d'où procède l'hypothèque ou le privilége ; l'art. 2153 ne pouvait reproduire cette exigence, la femme mariée ayant son titre hypothécaire dans la loi elle-même. C'est par la même raison que le bordereau relatif à l'hypothèque légale ne doit contenir aucune énonciation concernant la date et la nature du titre ; l'art. 2148 demande que ces indications figurent dans les bordereaux ordinaires. Ce même article enjoint au créancier inscrivant de faire connaître le montant du capital des créances exprimées dans le titre ou évaluées par lui, pour les rentes et prestations, ou pour les droits éventuels, conditionnels ou indéterminés, dans le cas où cette évaluation est ordonnée, comme aussi le montant des accessoires de ces capitaux et l'époque d'exigibilité. La mention correspondante prescrite par l'art. 2153 ne pouvait, par sa nature, contenir des détails aussi complets et aussi précis. Il suffira, d'après ce texte, que l'inscrivant indique le montant des créances déterminées : pour toutes les autres, il n'y aura pas d'évaluation à faire ; cette évaluation approximative aurait été le plus souvent impossible. Comment fixer d'avance ce dont un mari pourra être redevable envers sa femme à la fin de sa gestion ? Je dis même que l'énonciation relative aux droits dès à présent déterminés ne pourra être que rarement exigée dans la pratique. Il y aura, en fait, bien peu de cas où les reprises de la femme seront, à raison de certains chefs, connues et invariablement fixées au moment où l'inscription est prise ; il faudrait supposer pour cela qu'une dissolution de communauté, qu'un partage, qu'une liquidation soit intervenue. Et d'ailleurs, alors même que notre assertion ne serait pas exacte, alors même que les créances de la femme seraient, moins souvent que nous le prétendons, eventuelles ou indéterminées, est-ce que les personnes appelées à requérir l'inscription seraient toujours, le mari excepté, en état de connaître le montant de ces reprises, dont le chiffre ne pourrait leur être révélé que par une immixtion dans des affaires, qui, par la force même des choses, échappent à leur examen? Nous n'avons qu'à supposer des époux mariés sous le régime dotal ; la femme, entre autre biens, a apporté à son mari des sommes et valeurs pour un chiffre de 50,000 fr. ; cet apport, constaté par le contrat de mariage, peut être facilement connu de ceux qui viendront du chef de la femme requérir l'inscription de l'hypothèque légale. En conclurons-nous que le bordereau devra nécessairement contenir l'énonciation exacte de cette valeur dotale? Mais, depuis la célébration du mariage, le mari a eu la libre administration des capitaux de sa femme, il a pu, sans contrôle, sans autorisation nouvelle, les affecter à telle ou telle dépense, employer notamment les 50,000 fr. au remboursement de dettes grevant le patrimoine de sa femme. Un emploi de ce genre éteindrait évidemment l'hypothèque légale en tant qu'elle garantissait cette cause de reprise, et dès lors, l'inscrivant, qui insérerait dans son bordereau le montant des créances résultant au profit de la femme de son contrat de mariage, serait induit en erreur par une apparence trompeuse ; loin de révéler l'étendue réelle de la garantie hypothécaire en précisant la valeur des droits dès à présent déterminés, il représenterait cette garantie comme s'attachant à un chef de reprises désormais anéanti. Nous pourrions donner d'autres exemples, et démontrer par des hypothèques nombreuses le caractère essentiellement indéterminé de cette hypothèque légale qui passe à chaque instant par des alternatives et des vicissitudes produites en dehors de toute action de la femme, qui a aujourd'hui une portée restreinte, qui demain peut-être garantira des droits considérables. Il nous suffit d'avoir indiqué pour un cas spécial l'inconvénient qui peut résulter d'une apparente précision dans des énonciations que le mari ne serait pas toujours en état de faire exactement. Du reste, je veux bien supposer pour un instant que rien de semblable ne se présente dans la pratique. L'inscrivant, renseigné exactement sur la valeur réelle de certains droits de la femme, se conforme à la lettre même de l'art. 2153, et mentioône dans l'inscription le montant des créances ainsi déterminées ; est-ce que cette indication sera pour les tiers d'une utilité sérieuse ? Je comprends sans peine que la publicité donnée au chiffre d'une dette hypothécaire constitue une garantie éminemment utile, toutes les fois qu'il s'agit d'une hypothèque soumise quant à son existence à la nécessité d'une inscription ; mais dans notre espèce, l'inscription est-elle requise comme un élément vital, comme une condition indispensable à la validité de l'hypothèque ? Nullement. Certaines créances de la femme ont été énumérées dans le bordereau présenté au conservateur ; mais, depuis le jour de l'inscription, la femme a acquis de nouveaux droits, une succession mobilière s'est ouverte à son profit, une obligation a été par elle consentie pour son mari. Est-ce que ces nouveaux chefs de créance qui n'ont pas été rendus publics en même temps que les premiers, devront, pour jouir du bénéfice de l'affectation hypothécaire, appeler une seconde inscription? Personne ne voudrait le soutenir. Dès lors vous aurez beau demander à celui qui vient publier l'hypothèque de la femme des énonciations complètes et minutieuses, comme ces énonciations sont forcément étrangères aux droits importants qui pourront naître dans l'avenir au profit de la femme, vos exigences ne sauraient faire que les tiers qui entrent en rapport avec le mari soient renseignés d'une manière exacte sur sa situation et sur son crédit; et vous aurez obtenu pour unique résultat de mettre la femme ou ses ayants cause dans l'impossibilité de requérir une inscription régulière de l'hypothèque légale. Ces diverses considérations nous portent à décider qu'en thèse générale une formule énonçant vaguement les reprises, les créances ou les droits matrimoniaux de la femme répond au vœu de la loi, et que, s'il est quelquefois indispensable de préciser et d'exprimer la nature des reprises et le montant de leur valeur, ce ne peut être que dans des hypothèses tout à fait exceptionnelles. Notre doctrine, du reste, n'est pas directement contraire au texte de l'art. 2153, puisque nous imposons à la femme l'obligation d'indiquer la nature et le montant de ses reprises, notamment dans le cas où elle prendrait inscription après la fin d'une communauté dont la liqui-

dation aurait déterminé l'étendue de ses droits. Tout
ce que nous demandons, c'est que le 3° de cet article
soit appliqué de telle manière que la seconde partie
de cette disposition constitue la règle à suivre pour la
majorité des cas, et que sans exiger de droit commun
une énumération incomplète ou impossible en fait, on
se contente en principe d'une simple note conçue dans
des termes brefs et généraux. Les travaux préparatoires
sont favorables à cette interprétation ; s'il est une idée
qui domine dans toute la discussion relative à notre matière, c'est l'idée de l'indétermination résultant du caractère même de l'hypothèque légale de la femme, c'est
l'idée de l'impossibilité matérielle qui s'oppose à ce que
cette garantie soit spécialisée au moyen de l'inscription (1).

L'art. 2153, à la différence de l'art. 2148, n'oblige
pas à mentionner dans le bordereau l'époque de l'exigibilité de la créance. Cela tient à la nature même
des choses : comment préciser à l'avance le moment
où la société conjugale sera dissoute? On n'exige pas

---

(1) Nous ne faisons que reproduire ici l'opinion consacrée par la jurisprudence. Un arrêt de la Cour de Rouen, en date du 18 juin 1860, a décidé que les droits liquides de la femme se trouvent suffisamment déterminés d'après le vœu de la loi par la désignation du contrat de mariage
d'où ils dérivent. D'autres arrêts ont reconnu la même doctrine dans leurs
considérants. Voir Paris, 24 août 1840, 25 janvier 1851, 30 juin 1853,
31 août 1858. J'extrais de cette dernière décision le motif suivant, qui est
on ne peut plus explicite en notre faveur : « Considérant que sans doute
« l'inscription ne contient l'énonciation ni des titres constitutifs des
« créances, ni des sommes auxquelles elles s'élèvent, mais que les
« créances de la femme contre son mari sont de leur nature indétermi-
« nées, quant au titre comme quant à leur importance, et qu'elles sont
« du nombre de celles que la loi autorise à faire inscrire sans ces indi-
« cations précises que la loi exige pour les créances ordinaires..... »

davantage l'indication de l'espèce et de la situation des biens frappés par l'hypothèque légale ; la raison en est qu'une pareille hypothèque est générale, et que l'inscrivant, en faisant connaître que le droit hypothécaire par lui publié procède de la loi, avertit suffisamment les tiers que l'inscription atteindra tous les immeubles présents et à venir du débiteur situés dans l'arrondissement du bureau. Si le mari possédait des immeubles dans divers arrondissements, l'inscription devrait être prise dans chacun d'eux, le bénéfice de cette publicité ne pouvant dépasser les limites du ressort où elle a été acquise.

Nous avons parcouru les diverses formalités énumérées dans l'art. 2153. Il nous reste à dire quelques mots de l'influence que peut avoir sur l'existence de l'inscription l'omission ou l'imperfection de l'une ou de l'autre de ces formalités. Quant à la troisième indication prescrite par cet article, nous avons résolu la difficulté, nous n'y reviendrons pas ; pour les deux autres mentions relatives soit à la désignation de la créancière, soit à celle du débiteur, nous n'en subordonnerons pas la validité à une observation minutieuse du texte de la loi. On admet généralement aujourd'hui, d'une part, que les énonciations imposées par les art. 2148 et 2153 ne sont point sacramentelles et peuvent être remplacées par des équipollents ; d'autre part, que si l'omission d'une formalité est susceptible de vicier l'inscription, c'est seulement quand il s'agit d'une formalité substantielle dont l'absence peut blesser un intérêt que la publicité a pour objet de protéger. Si donc la personne grevée de l'hypothèque légale se trouve assez complétement désignée pour que nous ne puissions méconnaître son individualité, s'il ressort des termes de l'inscription qu'une affectation hypothécaire résultant de sa qualité de mari frappe l'universalité de son patrimoine, le vœu de la loi sera rempli, et nous n'attacherons pas d'importance à l'omission de formalités accessoires qui ne sont prescrites que pour révéler aux yeux de tous ces faits dont l'existence se trouve suffisamment publiée par les autres énonciations contenues dans le bordereau. Nous n'admettrons aucune exception au principe ainsi posé et, par suite, nous ne ferons pas résulter la nullité de l'inscription de ce qu'il n'y aura pas eu élection de domicile dans l'arrondissement du bureau. Cette question, toutefois, est vivement controversée; elle a été soulevée à diverses reprises sur l'art. 2148; elle se présente par identité de raison sur notre art. 2153; nous devons nous y arrêter quelques instants.

La jurisprudence constante de la Cour de cassation a considéré l'élection de domicile comme une des formalités essentielles de l'inscription hypothécaire, et a prononcé la nullité de toute inscription qui présenterait une lacune au sujet de cette énonciation. On a même étendu la nullité dont s'agit au cas où le créancier inscrivant aurait son domicile réel dans l'arrondissement du bureau des hypothèques, et aurait indiqué ce domicile dans son inscription. Quelques auteurs ont partagé l'opinion de la Cour suprême (1); mais la doc-

___

(1) Cass., 27 août 1828, 6 janvier 1835, 11 décembre 1853; Orléans, 1er décembre 1836; Paris, 8 juillet 1852; MM. Duranton, Favard, *Répert.*, v° *Domicile*, § 3, n° 1; Hervieu, *Privil. et hyp.*, v° *Inscrip. hyp.*, n° 5.

trine qui maintient quand même la validité de l'inscription a trouvé sa consécration dans de nombreuses
décisions de nos Cours impériales, et a rallié à elle la
majeure partie des jurisconsultes qui ont été appelés à
examiner la question (1). C'est à ce dernier système
que nous avons donné tout d'abord notre assentiment.
En effet, l'élection de domicile a été plus spécialement
prescrite dans l'intérêt du créancier inscrivant, afin
qu'il pût être interpellé dans un lieu par lui choisi, à
raison des circonstances diverses qui se rattachent à
son inscription et aux effets qu'elle est destinée à produire. Toutes les conséquences du défaut d'élection
retomberont donc sur lui seul et ne préjudicieront
nullement aux tiers. Ainsi, dans le cas où le débiteur
serait obligé d'aller le chercher à son domicile réel,
pour demander la radiation de l'inscription, les frais
de cette recherche devront être à la charge de l'inscrivant; à l'égard des tiers, tels que l'acquéreur qui veut
purger et des autres créanciers, peu leur importe la
négligence de l'inscrivant, puisqu'il en portera seul la
peine, en ne recevant pas à ce domicile qu'il n'a pas
indiqué, soit les notifications utiles pour la surenchère,
soit la sommation de prendre communication du cahier
des charges en cas de saisie immobilière, soit les
significations qui le convoquent à l'ordre, et dont
l'ignorance l'expose à y être forclos. Mais il est impossible de trouver là ou ailleurs un préjudice quelconque

(1) Grenoble, 11 juillet 1823; Riom, 29 fév. 1832; Paris, 9 août 1832;
Agen, 4 janvier 1854; Alger, 21 nov. 1856; MM. Merlin, *Questions,*
v° *Inscrip. hyp.,* §4; Zachariæ, t. II, p. 171; Delvincourt, t. III, p. 575;
Troplong, n° 629; Pont, *Privil. et hyp.,* n° 970.

pour les tiers, et par conséquent ceux-ci ne peuvent être admis à se prévaloir du défaut d'élection de domicile pour demander la nullité de l'inscription. Tous les motifs invoqués contre notre argumentation par la jurisprudence de la Cour de cassation nous paraissent d'autant plus vicieux qu'ils se trouvent en contradiction avec le principe reconnu et préconisé par la Cour de cassation elle-même. On sait en effet que la Cour suprême, distinguant dans nos art. 2148 et 2153 les énonciations substantielles de celles qui ne sont que secondaires, considère comme entachées de nullité virtuelle seulement les inscriptions dans lesquelles sont omises ou mentionnées irrégulièrement les énonciations essentielles à la réalisation des règles de la publicité et de la spécialité. Or je ne sache pas que ces principes de publicité et de spécialité se trouvent en rien compromis par l'absence d'une élection de domicile, et dès lors je ne comprends guère comment il est possible d'attacher à une omission de ce genre une sanction destinée à prévenir un danger qui ne résultera pas, dans l'espèce, du silence de l'inscrivant.

Nous savons que l'art. 448 du Code de commerce annule les inscriptions postérieures au jugement déclaratif de faillite et permet aux juges de frapper de la même nullité celles qui, ayant été prises après l'époque de la cessation des payements ou dans les dix jours qui précèdent, sont séparées de l'acte constitutif de l'hypothèque ou du privilége par un intervalle de plus de quinze jours, sauf l'augmentation de ce délai à raison des distances. Nous savons, d'autre part, que, d'après l'art. 2146 du Code Napoléon, les inscriptions

prises depuis l'ouverture d'une succession ne produisent aucun effet entre les créanciers de cette succession, à supposer qu'elle ait été acceptée sous bénéfice
d'inventaire. Il est par trop évident que ces deux dispositions sont absolument étrangères aux hypothèques
légales des femmes mariées ; ces hypothèques existant
indépendamment de toute inscription tant que subsiste
la cause qui leur a donné naissance et un an au delà,
les articles que nous venons de rappeler ne pouvaient
changer les conditions qui leur avaient été faites et les
déclarer éteintes, parce qu'une inscription dont elles
sont formellement dispensées n'aurait pas été prise
avant l'ouverture de la succession acceptée sous bénéfice d'inventaire ou avant le jugement déclaratif de
faillite.

Les inscriptions, porte l'art. 2154 du Code Napoléon, conservent l'hypothèque et le privilége pendant
dix années à compter du jour de leur date ; leur effet
cesse, si ces inscriptions n'ont pas été renouvelées
avant l'expiration de ce délai. Cette disposition a été
empruntée à la loi de brumaire, qui, après avoir consacré une règle analogue dans la première partie de
son art. 23, y apportait ensuite deux exceptions, la
première en faveur des inscriptions prises sur les comptables et leurs cautions, lesquelles, est-il dit, auront
leur effet jusqu'à l'apurement définitif des comptes, et
six mois au delà ; la deuxième en faveur des inscriptions
sur les biens des époux pour leurs droits et conventions,
lesquelles dureront pendant tout le temps du mariage
et un an après. Si ces exceptions ne se retrouvent plus
dans le Code Napoléon, c'est par suite des principes

qui sont aujourd'hui la base de notre système hypothécaire. D'abord, les inscriptions relatives aux droits des
femmes ne sont plus nécessaires pour la conservation
de leurs hypothèques, qui existent indépendamment.
de toute publicité, suivant l'art. 2135 du Code ; il
n'était donc pas utile de dispenser de la formalité du
renouvellement des inscriptions qui ne sont pas indis-
pensables à l'établissement de la garantie hypothécaire.
En ce qui concerne les créances du trésor public
contre les comptables et leurs cautions, l'hypothèque
étant soumise aux conditions ordinaires de la publicité, il n'y avait pas lieu de déroger pour elles au
principe général proclamant la nécessité, soit de
l'inscription, soit du renouvellement dans les dix ans.
Un avis du conseil d'État, en date du 15 décembre 1807,
approuvé le 22 janvier 1808, est venu trancher tous
les doutes qui auraient pu s'élever à ce sujet. Mais
bien que l'existence de l'hypothèque légale ne soit
pas subordonnée à l'application de l'art. 2154, il faut
dire, avec l'avis précité, que les maris sont incontestablement tenus, sous les peines portées en l'art. 2136,
de renouveler avant l'expiration du délai de dix ans
les inscriptions des hypothèques dont leurs biens
peuvent encore être chargés, et que le motif qui leur
a fait ordonner d'inscrire leur prescrit aussi de renouveler l'inscription toutes les fois que leurs biens continuent d'être grevés à raison du mariage. Du reste,
lorsque nous reconnaissons à la femme la faculté d'invoquer sa garantie hypothécaire, même en l'absence
de toute inscription, nous supposons qu'il s'agit uniquement du droit de préférence résultant de l'hypo-

thèque. Que si, au contraire, la femme se trouvait en présence du tiers acquéreur, d'un immeuble de son mari, si elle voulait se prévaloir du droit de suite attaché à son hypothèque légale, il faudrait bien que ce droit eût été publié et que l'inscription prise dans ce but eût été renouvelée dans le délai requis par la loi. Supposons, en effet, que la femme se soit fait inscrire dans le courant de l'année 1825 ; en 1836, le mari vend à un tiers un immeuble grevé de l'hypothèque légale ; il est bien entendu que l'inscription de 1825 n'a pas été renouvelée. Le tiers acquéreur devra-t-il remplir vis-à-vis de la femme les formalités de la purge ordinaire? Nullement ; les droits de la femme ont été publiés, il est vrai, mais les registres des conservateurs n'étant pas destinés à maintenir pendant plus dix ans une charge qui n'a pas été reproduite, ne conservent aucune empreinte de cette inscription aujourd'hui périmée. On devra donc recourir à l'application des articles concernant la purge légale, et si la femme ne prend pas une nouvelle inscription dans le délai de la loi, elle sera destituée de tout recours contre l'acquéreur. Elle ne pourra, d'une part, se retrancher derrière l'omission des formalités exigées pour la purge des hypothèques inscrites, puisque ces formalités étaient ici impraticables ; d'autre part, repousser toute application dans l'espèce des déchéances de l'art. 2195, sous le spécieux prétexte d'une publicité antérieurement acquise, puisque cette publicité n'existait qu'à la condition d'un renouvellement d'inscription dont la nécessité a été méconnue.

CHAPITRE III,

DANS QUELS CAS L'HYPOTHÈQUE EST-ELLE SOUMISE
A LA NÉCESSITÉ DE L'INSCRIPTION ?

Pour le moment, nous laisserons en dehors de nos observations les diverses hypothèses où des tiers auront été subrogés dans l'hypothèque légale de la femme. Ce point fera l'objet de la quatrième partie de notre travail. Occupons-nous donc exclusivement de l'obligation d'inscrire mise à la charge de la femme ou de ses héritiers; la disposition constitutive de cette obligation est l'art. 8 de la loi du 23 mars 1855. Nous ne saurions mieux faire que de citer le passage de l'exposé du gouvernement relatif à notre matière, pour faire connaître les motifs qui ont dicté au législateur cette innovation. « L'existence de l'hypothèque « légale, indépendamment de toute inscription, a « soulevé d'interminables débats; nous ne voulons pas « même donner le plus léger prétexte de les renouveler. « Cette grande faveur sera maintenue tant que sera « maintenue sa raison d'être; tant que la femme est « dans la dépendance du mari dont l'intérêt est con- « traire au sien, la loi supplée par une protection « peut-être exorbitante à la résistance du mari. Mais « quand la capacité d'action sera venue à la femme, « le besoin de la publicité reprendra tous ses droits, et « il ne peut plus être question que d'accorder un délai « pour remplir la formalité prescrite par la loi com- « mune. »

Cette idée que l'exception ne doit pas survivre à sa cause, que l'hypothèque doit reprendre son caractère de publicité quand la femme a été rétablie dans son indépendance par la dissolution du mariage, avait été comprise par Colbert. L'ordonnance de 1673, tout en admettant le système des hypothèques légales occultes, voulait que les femmes fussent obligées de s'inscrire dans le délai de quatre mois à partir de la séparation de biens, que les veuves fussent astreintes à la même formalité dans l'année qui suivrait la mort de leurs maris. La loi de brumaire s'était inspirée d'une pensée analogue quand elle avait édicté au profit de l'hypothèque légale de la femme une dispense de renouvellement d'inscription, ayant son effet seulement pendant le mariage, et pendant l'année qui suivait la dissolution. Le Code abandonna ces précédents et posa dans l'art. 2135 un principe général, dont aucune exception ne venait limiter la portée. De justes observations s'élevèrent contre la généralité du principe; en 1851, notamment, les projets de réforme hypothécaire tendirent à un retour vers l'ordre de choses établi par l'ordonnance de 1673. La loi du 23 mars 1855 donna à ces tendances une consécration législative, et réglementa la matière par son art. 8, dont voici la teneur : « Si la veuve, le mineur devenu « majeur, l'interdit relevé de l'interdiction, leurs « héritiers ou ayants cause n'ont pas pris inscription « dans l'année qui suit la dissolution du mariage, ou « la cessation de la tutelle, leur hypothèque ne date à « l'égard des tiers que du jour des inscriptions prises « ultérieurement. » En nous limitant dans ce texte à ce qui concerne l'hypothèque légale de la femme mariée, nous constaterons que la loi de 1855 n'a pas reproduit la disposition de l'ordonnance relative à l'inscription des femmes séparées de biens. Cette première lacune nous paraît suffisamment justifiée par les principes mêmes de la matière; il est évident que, si le fait de la dissolution du mariage détruit l'influénce maritale et rend à la femme toute son indépendance, on ne saurait attribuer le même résultat à une séparation dont l'unique conséquence est de restreindre les pouvoirs de disposition du mari.

Notre art. 8 est muet sur un autre point dont la réglementation aurait dû faire l'objet d'une disposition spéciale. L'obligation d'inscrire incombe à la femme qui survit à son mari ; mais que faut-il décider dans le cas où la femme est prédécédée ? Devrons-nous imposer à ses héritiers la charge qui n'est expressément édictée que contre elle-même? Malgré le silence de la loi, nous croyons pouvoir, sans trop de témérité, donner à cette question une réponse affirmative, dans l'hypothèse au moins où la succession de la femme se trouvera dévolue à des héritiers majeurs; nous ne saurions en vérité comment justifier au profit de ces ayants cause une dispense qui a pour unique motif la soumission à l'autorité maritale : nous pourrions d'autant moins tenter cette justification que le même art. 8 a imposé l'obligation d'inscrire aux héritiers du mineur, qui cependant, à notre point de vue, se trouvent dans la même situation que les héritiers de la femme. Mais la solution que nous présentons hardiment pour le cas où la femme a laissé des héritiers majeurs, ne paraît pas aussi facilement admissible à l'encontre des héritiers de cette dernière qui sont en état de minorité. On a proposé à ce sujet une distinction plus ou moins fondée ; si ces héritiers mineurs, a-t-on dit, sont placés sous une tutelle indépendante du mari survivant rien ne s'oppose à ce que les droits à eux acquis du chef de la femme soient soumis au principe de la publicité ; les intérêts du tuteur ne se trouvant pas sur ce point en opposition essentielle avec ceux du pupille, il n'y a pas lieu de suppléer à une résistance qui, en fait, n'est pas à redouter. Il en est autrement, ajoute-t-on, dans le cas où l'héritier mineur, étant l'enfant de la femme décédée, se trouve placé sous la tutelle légale de son père : on rencontre ici l'opposition d'intérêts, l'état de subordination qui motive la dispense de l'art. 2135, et l'on doit maintenir sur les biens du mari, à son rang, et indépendamment de toute inscription, l'hypothèque qui garantit les reprises de la femme. Nous ne méconnaissons pas l'argument d'équité qui a fait admettre par certains auteurs une solution différente pour les deux hypothèses ; néanmoins, il nous semble difficile de distinguer là ou aucune distinction n'est autorisée par le texte de la loi, et pour notre part, nous préférons appliquer l'art. 8 dans toute la généralité qui ressort, sinon de ses termes, au moins de son esprit. Nous dirons que, soit la veuve, en cas de prédécès du mari, soit les héritiers de la femme seront tenus de publier, dans l'année de la dissolution du mariage, l'hypothèque légale qui ne peut exister sans inscription que pendant la durée de l'union conjugale. La responsabilité du tuteur constituera pour l'héritier mineur le seul recours possible contre les suites de la déchéance attachée à l'inobservation de notre article.

Pour saisir dans toute son étendue la modification apportée à l'art. 2135 du Code Napoléon par la loi nouvelle, il faut combiner les art. 8 et 11-5° de cette loi. D'après ces deux dispositions, nous distinguerons le cas où la dissolution du mariage sera survenue sous l'empire du Code Nap., et le cas où le mariage n'aura pris fin qu'après la promulgation de la loi de 1855. Dans la première hypothèse, le délai d'un an accordé pour prendre inscription n'aura commencé à courir que du jour où la loi est devenue exécutoire, c'est-à-dire du 1er janvier 1856. Dans le second cas, l'obligation d'inscrire aura dû être remplie dans l'année de la dissolution du mariage. Que si les parties intéressées se sont conformées au vœu de la loi, l'hypothèque légale sera maintenue avec tout son effet, garantissant les créances de la femme aux diverses dates qui lui sont assignées par l'art. 2135, grevant non-seulement les biens actuels du mari survivant, mais encore tous ceux qui pourront lui advenir jusqu'à l'entier acquittement de sa dette. L'art. 2154 reprendra d'ailleurs son empire, et la conservation de l'hypothèque, replacée désormais sous le niveau commun de la publicité, sera subordonnée à la condition du renouvellement dans le délai légal. Que si l'inscription n'a pas été régulièrement prise, conformément aux art. 8 et 11, le droit hypothécaire est encore existant, il pourra être publié dans l'avenir : seulement il ne constituera plus désormais à l'égard des tiers qu'une hypothèque ordinaire, dont le caractère de généralité sera maintenu, mais dont le rang sera déterminé par la date de l'inscription. Il en résultera que l'art. 448 du Code de commerce, que l'art. 2146 du Code Napoléon, seront pleinement applicables à cette hypothèque légale ainsi dégénérée : ce dernier point toutefois demande quelques développements. Supposons d'abord que, dans l'année de la dissolution du mariage survenue par le prédécès de la femme, le mari soit déclaré en faillite, où vienne lui-même à mourir, laissant une succession qui est acceptée sous bénéfice d'inventaire. Dans l'espèce, le délai pour prendre inscription n'étant pas expiré, les héritiers de la femme pourront remplir cette formalité pendant le laps de temps qui reste à courir avant que l'année soit révolue; les divers événements qui ont modifié la situation des autres créanciers du mari n'ont pu porter atteinte aux droits de ces héritiers placés sous la protection de l'art. 8 de la loi de 1855. Mais admettons maintenant que le jugement déclaratif de faillite, que l'ouverture de la succession, acceptée bénéficiairement, surviennent après l'expiration de l'année de grâce; dans cette hypothèse évidemment l'art. 8 de la loi nouvelle perd toute efficacité, et les principes ordinaires de la matière refusent aux héritiers retardataires la faculté de prendre désormais une inscription opposable à la masse des créanciers. Cette déchéance, d'ailleurs, serait encourue par identité de raison dans le cas où, soit la mort du mari, soit l'événement de la faillite se seraient placés dans l'année qui suit la dissolution du mariage, sans que les héritiers de la femme aient employé à mettre leurs droits sous la sauvegarde de la publicité le temps qu'ils avaient encore devant eux.

Aux termes de l'art. 2151 du Code Napoléon, le créancier inscrit pour un capital produisant intérêts ou arrérages a droit d'être colloqué pour deux années seulement, et pour l'année courante au même rang d'hypothèque que pour son capital, sans préjudice des inscriptions particulières à prendre, portant hypothèque à compter de leur date, pour les arrérages autres que ceux conservés par la première inscription. Il est évident que cette disposition est étrangère aux femmes mariées, au moins tant que dure le mariage; la dispense d'inscription édictée pour la conservation de leurs créances en capital, doit nécessairement s'étendre aux intérêts dont ces créances sont productives. Notre décision, du reste, sera renfermée dans des limites faciles à préciser. Sous l'empire du Code Napoléon, on proposait déjà de distinguer entre les intérêts qui viennent s'ajouter durant le mariage aux capitaux dont le mari peut être comptable envers la femme, et ceux que produisent les créances de la femme après qu'elles ont été liquidées. Nous n'avons pas à examiner si cette distinction était vraiment juridique, la loi de 1855 ayant introduit un principe nouveau qui tranche toute difficulté. Après la dissolution du mariage, l'hypothèque de la femme ne peut être conservée que par l'inscription : or l'art. 2151, s'appliquant à toutes les hypothèques inscrites, reprend à partir de ce moment toute son autorité. Par conséquent, la femme ou ses héritiers qui, depuis la fin de l'union conjugale, auraient laissé s'arrérager les intérêts, ne pourront se faire colloquer, en vertu de l'inscription primitive, au rang hypothécaire du capital, que pour deux années et l'année courante; bien entendu, il leur serait toujours possible de recouvrer hypothécairement les intérêts dus en sus, en les conservant par des inscriptions particulières.

Nous ne pouvons terminer ce qui concerne l'inscription de l'hypothèque légale de la femme sans dire quelques mots du coût de cette inscription et des personnes qui sont appelées à en supporter les frais. De droit commun, les frais de ce genre sont à la charge du débiteur, dont la solvabilité personnelle se trouve fortifiée par cette sûreté conventionnelle ou légale; seulement le requérant en fait l'avance, sauf à répéter ses déboursés avec le montant de sa créance. Pour l'hypothèque légale, le coût de l'inscription s'ajoutera bien aussi à la dette du mari; mais l'avance devra être faite par le conservateur. Ceux qui sont chargés de prendre cette inscription n'y ont pas toujours un intérêt bien grand; ils s'acquitteraient donc rarement de cette mission s'il leur fallait débourser les frais.

TROISIÈME PARTIE.

DES RESTRICTIONS QUI PEUVENT ÊTRE APPORTÉES À L'HYPOTHÈQUE LÉGALE DE LA FEMME, ET DU BÉNÉFICE DE DISCUSSION QUI PEUT EN ENTRAVER L'EXERCICE.

CHAPITRE PREMIER.

DES RESTRICTIONS QUI PEUVENT ÊTRE APPORTÉES AUX EFFETS DE L'HYPOTHÈQUE LÉGALE.

La femme peut-elle renoncer à son hypothèque? Cette proposition fut très-discutée au conseil d'État; les uns voulaient qu'il lui fût permis d'y renoncer entièrement, surtout avant que le mariage fût contracté. « Comment, disaient-ils, refuser à celle qui peut faire « donation de tous ses biens le droit de renoncer à son « hypothèque? » Les autres voulaient lui rendre toute renonciation impossible; ils invoquaient l'usage des pays de droit écrit, et allaient même jusqu'à considérer l'hypothèque comme faisant partie de l'état de la femme aussi bien que sa capacité. On leur répondait que la femme pouvant s'obliger, elle pouvait nécessairement renoncer à son hypothèque en s'engageant; que c'était là l'usage constant des pays de coutume. On rappelait aussi les art. 1387 et 1389, qui laissent toute latitude aux époux pour les dispositions de leur contrat de mariage, sauf ce qui concerne l'ordre public et les bonnes mœurs. De ce qu'un droit était donné par la loi à raison de la qualité d'une personne, il ne fallait nullement en conclure que ce droit faisait partie de l'état de la personne, et qu'elle ne pouvait y renoncer.

L'art. 2140 a consacré un système mitoyen : la femme ne peut pas renoncer entièrement à son hypothèque, mais elle peut la restreindre, soit en déterminant les immeubles sur lesquels elle sera maintenue, soit en exceptant de l'affectation hypothécaire certains fonds nommément dégrevés. On ne dit pas dans quelles limites la restriction peut avoir lieu, et cette omission est d'autant plus saillante, que dans l'art. 2144 le législateur s'est expliqué à ce sujet d'une manière formelle. Malgré cette latitude indéfinie qui paraît résulter du silence de notre article, nous dirons, avec M. Duranton, qu'il ne serait pas possible aux époux d'éluder la loi en restreignant l'hypothèque légale à un immeuble insignifiant, et qui ne pourrait évidemment répondre de la dot. Les tribunaux ne manqueraient pas, dans un cas pareil, d'annuler la clause matrimoniale, et de faire rentrer la femme dans la plénitude de ses droits.

La restriction de l'hypothèque consentie au début du mariage présentera peut-être, par la suite, de graves inconvénients. Les reprises de la femme peuvent avoir acquis des proportions considérables : de riches successions lui sont échues pendant le mariage, des libéralités importantes ont grossi le chiffre de ses apports. D'autre part, plusieurs des immeubles sur lesquels son hypothèque a été maintenue peuvent avoir entièrement péri, ou avoir tellement perdu de leur valeur que l'affectation restreinte qu'elle s'est réservée serait devenue sans proportion avec la garantie à laquelle

elle a droit. Dans ces divers cas, nous l'admettrons à former contre son mari une demande en supplément d'hypothèque; les art. 2131 et 2164 commandent cette décision éminemment équitable. On reconnaît du reste, assez généralement, qu'à raison de la qualité des parties, des rapports qui existent naturellement entre elles, ce supplément, qui par lui même porte une atteinte au contrat de mariage, ne peut être légalement accordé que par une autorisation de justice, et que la nouvelle hypothèque datera seulement du jour du jugement. En tous cas, nous ne saurions partager l'opinion des auteurs qui imposent à la femme l'obligation de publier le droit résultant à son profit de cette décision judiciaire; de droit commun, la femme est dispensée de toute nécessité d'inscription; vouloir la soumettre à cette formalité pour une partie de son hypothèque serait établir contre elle une charge qui n'existe nulle part (1).

L'art. 2140 permet de restreindre par le contrat de mariage la portée de l'hypothèque légale, dans le cas seulement où les parties seront majeures; cette condition, évidemment, ne doit pas s'appliquer au mari, puisque la disposition est faite dans son intérêt, et qu'un mineur a toute la capacité nécessaire quand il s'agit d'améliorer sa position. Mais faudra-t-il que la femme soit majeure? On a prétendu que ce n'était

---

(1) M. Flandin, *Traité des hyp.*, fait observer néanmoins que le supplément d'hypothèques obtenu dans le cas dont s'agit n'a que le caractère d'une hypothèque conventionnelle ou judiciaire, non dispensée, par conséquent, même à l'égard de la femme mariée, de la formalité de l'inscription.

point nécessaire, en se prévalant de l'art. 1398 qui donne au mineur habile à contracter mariage la capacité nécessaire pour consentir toutes les conventions dont ce contrat est susceptible. Mais le mot *majeures* a été ajouté à la rédaction primitive, ce qui démontre chez le législateur l'intention d'apporter ici une restriction à l'art. 1398.

De crainte qu'on alléguât le principe de la liberté des conventions pour permettre à la femme de renoncer entièrement à son hypothèque, les rédacteurs du Code ont inséré à la fin de l'art. 2140 une disposition qui interdit formellement cette renonciation. Remarquons d'ailleurs : 1° que l'art. 2140 s'applique à toute femme, sans distinction de régime ; ce point, qui ressort évidemment de la discussion au conseil d'État, n'a pas été controversé; 2° que la renonciation partielle dont nous nous occupons étant une convention matrimoniale, ne peut avoir lieu dans un autre acte que le contrat de mariage.

La femme mariée peut-elle aussi consentir après coup une réduction de son hypothèque légale? Le législateur le lui permet, mais en lui imposant des conditions et des formalités qui ont pour but d'empêcher que cette renonciation lui porte préjudice. Ici encore, nous devons dire que l'adoption de tel ou tel régime de mariage ne pourra influer sur la validité de la convention régulièrement intervenue. Du moment que la réduction de l'hypothèque de la femme n'a pas pour résultat de la priver des garanties que la loi lui assure pour la conservation de sa dot et de ses reprises, ni même en réalité de diminuer ses sûretés, puisque,

comme nous le verrons tout à l'heure, l'affranchisse-
ment de certains immeubles du mari ne peut être accordé qu'autant que ceux qui restent grevés seront suffisants pour la conservation entière des droits de la
femme, on ne peut dire à aucun point de vue que cette
réduction ne saurait être consentie par la femme dotale comme contraire au principe de l'inaliénabilité
de la dot entendu dans son sens le plus large.

Le mot *pareillement* de l'art. 2144 indique, suivant
la remarque de l'orateur du gouvernement, un renvoi
à l'article précédent, c'est-à-dire que l'hypothèque,
pour être restreinte, doit avoir été conservée dans son
intégrité par le contrat de mariage. Nous dirons, par
identité de raison, qu'une restriction nouvelle ne serait plus possible dans le cas où une sentence judiciaire aurait ratifié le consentement donné par la
femme, depuis le mariage, à une première réduction.
Peu importe, en définitive, quel événement a déjà
porté atteinte à la généralité de l'hypothèque ; du moment que cette généralité ne subsiste plus d'une manière absolue, l'esprit de l'art. 2144, la lettre de l'art.
2161 s'opposent à ce que le gage hypothécaire soit
de nouveau diminué,

Pour que l'art. 2144 reçoive son application, il faut
le consentement de la femme et l'avis de ses quatre
plus proches parents réunis en conseil de famille. On
pense généralement, en s'appuyant sur les paroles
prononcées par M. Berlier dans la discussion de notre
texte, qu'il faut admettre ici les règles habituelles pour
les conseils de famille, en ce sens qu'on prendra les
parents les plus proches parmi ceux qui se trouvent

dans un certain rayon, sans aucune distinction de la ligne à laquelle ils appartiennent. Toutefois, dans une opinion contraire, on a invoqué avec quelque apparence de raison le texte précis de l'art. 2144 qui appelle les parents les plus proches sans distinguer; on a exprimé la crainte que la mesure prescrite ne dégénérât en pure formalité si une question d'éloignement matériel pouvait priver la femme et la justice des conseillers les plus sûrs et les plus intéressés à sauvegarder les droits de leur parente. Malgré cette objection, je crois la première décision plus conforme à l'esprit de la loi et aux nécessités de la pratique. D'ailleurs, il ne faut pas oublier que le conseil de famille, appelé à délibérer sur la demande en réduction de l'hypothèque légale de la femme, ne fait pas, comme au cas où il s'agit de nommer un tuteur, acte de juridiction, qu'il ne donne en définitive qu'un simple avis, avis soumis au contrôle du tribunal, et que ce dernier est parfaitement libre de s'en écarter ; car ce n'est pas ici d'un jugement d'homologation qu'il s'agit, comme dans le cas des art. 458 et 467 du Code Napoléon.

Enfin, aux termes de l'art. 2145, « le jugement ne « doit être rendu qu'après avoir entendu le procureur « impérial, et contradictoirement avec lui. » Du reste, la voie d'appel sera toujours ouverte contre la décision du tribunal, et le ministère public, qui est partie principale dans l'instance, pourra se porter appelant aussi bien que le mari. La jurisprudence est maintenant fixée en ce sens.

Le législateur environne de toutes ces précautions

la renonciation de la femme, pour en assurer la condition fondamentale, c'est-à-dire le maintien de l'hypothèque sur des immeubles suffisants pour la conservation entière des droits de la renonçante; c'est dans ce but qu'il exige l'intervention du tribunal et du procureur impérial ; car, une fois la réduction prononcée, la femme pourra bien, en s'adressant à la justice, comme nous l'avons dit sur l'art. 2140, obtenir un supplément d'hypothèque, si elle prouve que les garanties qui lui restent sont insuffisantes; mais elle devra respecter les droits acquis aux tiers antérieurement au jugement qui lui accordera ce supplément.

Quelle est la véritable portée de l'art. 2144 ? Déroge-t-il aux principes généraux sur la réduction des hypothèques, ou peut-on, à défaut des formes indiquées par l'art. 2144, employer celles de l'art. 2161 ? Plusieurs arrêts se sont prononcés dans ce dernier sens. Ils se sont appuyés sur les termes de l'art. 2161 : « Toutes les fois que les inscriptions prises par un « créancier qui, d'après la loi.... : » ils ont fait ressortir un argument *a contrario* tiré de ce même article *in fine :* « Ne s'applique pas aux hypothèques conven- « tionnelles; » donc il doit s'appliquer aux autres hypothèques, c'est-à-dire aux judiciaires et aux légales. Si l'on eût voulu le restreindre aux seules hypothèques judiciaires, pourquoi n'aurait-on pas fait une exception en faveur des hypothèqnes légales, puisqu'on en faisait une en faveur des conventionnelles? On présentait comme raison déterminante le danger qu'il y aurait à laisser le mari le plus riche à la discrétion de sa femme, et dans l'impossibilité absolue de faire réduire des droits exorbitants et inutiles qui entravent son crédit.

Nous répondrons que la femme a une hypothèque générale, et qu'il est de principe que nul ne peut être forcé de renoncer à ses droits sans un texte formel; qu'en vain on espère s'appuyer sur l'art. 2161. Cet article pose un principe, et l'art. 2144 établit comment dans un cas particulier ce principe doit être mis en action. Dans la discussion au conseil d'État, on n'a jamais supposé que le mari pût faire réduire l'hypothèque malgré la femme; de plus, le premier consul, en proposant le système d'hypothèque légale qui a triomphé, s'est formellement expliqué sur ce point : « Cependant il est permis de les restreindre à une « portion suffisante de ses biens, si la femme y con- « sent. » On a cru pouvoir tirer un argument de ce que l'art. 2143, pour la restriction de l'hypothèque du mineur, n'exige pas le consentement du subrogé tuteur. Cette différence est facile à expliquer : le subrogé tuteur n'agit pas pour son compte; d'un autre côté, il n'a aucun intérêt à la réduction de l'hypothèque qui frappe les biens du tuteur, et il pourrait au contraire se nuire à lui-même en donnant trop facilement son consentement. Il est aisé de voir combien sa situation est différente de celle de la femme, qui agit pour son propre compte, et peut parfois trouver un grand avantage à la réduction de son hypothèque. Pour nous, les décisions prises par le Code pour l'hypothèque du mineur nous paraissent confirmer d'une manière irrécusable ce que nous avons dit plus haut, à savoir que si l'art. 2161 pose le principe, les art. 2148 et suivants en règlent l'application dans le cas d'hypothèque légale de la femme et du mineur; si le mari pouvait recourir aux formalités si simples de l'art. 2161, à quoi serviraient donc les précautions de l'art. 2144?

Pour en finir avec ce dernier article, devrons-nous décider que le consentement, indispensable, selon nous, à l'admission de la demande formée par le mari, ne saurait émaner que d'une femme majeure? La loi ne le dit pas expressément; mais, en rapprochant notre texte de l'art. 2140, nous ne pourrons moins faire que d'admettre cette solution. Si le législateur a refusé à la femme mineure le droit de consentir à la réduction de l'hypothèque, au moment où elle contracte mariage, est-il présumable qu'il ait voulu, le lendemain du mariage, la relever de cette incapacité, alors qu'elle est livrée sans défense à l'influence de son mari?

Ainsi que nous le verrons plus tard, la femme mariée peut renoncer à son hypothèque légale, non-seulement en faveur du mari, mais encore au profit d'un tiers; cette renonciation résultera notamment de sa participation à la vente d'un immeuble de son mari. Une opération de ce genre, pour être valable, devra-t-elle satisfaire aux conditions écrites dans l'art. 2144? On ne saurait le penser, en présence de la discussion au conseil d'État; le droit de s'obliger et de renoncer à son hypothèque en faveur d'un tiers a été formellement conservé à la femme, tel qu'elle l'avait sous l'ancien droit, sauf les exceptions résultant du régime dotal. Il a été bien établi, en outre, que les formalités de l'art. 2144 ne concernaient que les renonciations faites on faveur du mari seul. On appliquera donc l'art. 2144 quand la femme se dépouillera d'une façon définitive, dans le seul but de donner au mari la faculté de faire ce qu'il voudra de l'immeuble devenu libre entre ses mains; en pareil cas, le mari est seul avantagé, car la femme n'a pu avoir en vue les intérêts d'un tiers dans un acte où nul autre que le mari ne figure.

CHAPITRE II.

DU BÉNÉFICE DE DISCUSSION QUI PEUT ÊTRE OPPOSÉ A L'HYPOTHÈQUE LÉGALE DE LA FEMME.

La généralité de l'hypothèque légale donne à la femme la faculté de poursuivre le recouvrement de ses créances, tant sur les immeubles dont son mari est actuellement propriétaire, que sur ceux dont il a aliéné la propriété depuis le mariage. Ce droit offre pour les tiers un double danger : l'action de la femme pourra en effet être dirigée de manière, ou bien à évincer de son acquisition un tiers détenteur qui n'a pas purgé, ou bien à dépouiller de ses garanties un créancier qui a reçu du mari une hypothèque spéciale. L'inconvé-nient, en ce qui concerne les tiers acquéreurs, a été en partie supprimé par l'art. 2170 du Code Napoléon; nous verrons si quelque limitation analogue peut être opposée aux droits de la femme en faveur des créan-ciers hypothécaires. Aux termes de l'art. 2170, le tiers détenteur qui n'est pas personnellement obligé à la dette peut exiger que la femme abandonne les pour-suites commencées contre lui, et tente d'abord de se faire payer sur les immeubles restés entre les mains de son mari. Le bénéfice de discussion ainsi organisé a son origine dans le droit romain; notre ancienne jurisprudence avait suivi sur ce point la tradition romaine. La loi de brumaire, s'écartant de ces précédents, avait tacitement aboli cette exception en ne la rappelant pas en termes exprès. Le Code Napoléon revint sur cette abrogation, et se prononça en faveur du bénéfice de discussion, donnant pour motif à sa décision l'assimilation que la nature même des choses établit entre la situation du tiers détenteur et celle de la caution. Cette assimilation a été vivement critiquée par le rapporteur de la commission chargée en 1851 de présenter un projet de réforme hypothécaire, et l'institution même du bénéfice de discussion fut l'objet de sérieuses attaques; néanmoins elle existe encore aujourd'hui, et nous devons présenter quelques développements sur le texte du Code qui l'établit et l'organise.

Pour que le tiers détenteur puisse opposer à la femme l'exception ainsi édictée à son profit, il faut qu'il ne soit pas personnellement tenu de la dette. Cette première condition prive-t-elle implicitement de toute participation au bénéfice de notre article les héritiers du mari, détenant en cette qualité les immeubles de sa succession, ou bien faudra-t-il dire que chacun de ces héritiers pourra, en offrant à la femme la part pour laquelle il est tenu de contribuer dans la dette, s'opposer à la vente du fonds qu'il détient, pour le payement du surplus, jusqu'après discussion sur ses cohéritiers des autres immeubles grevés de la même charge? Nous croyons, avec Pothier (1), que la première doctrine est la seule admissible ; il ne faut pas oublier que l'exception de discussion est contraire à la nature du droit hypothécaire, que par conséquent elle constitue au profit du tiers détenteur une faveur tout exceptionnelle : cette faveur ne saurait être étendue indéfiniment au préjudice de la créancière qui serait exposée à des embarras et à des retards préjudiciables, si les héritiers pouvaient ainsi se la renvoyer de l'un à l'autre, et faire si bien qu'elle n'arrivât qu'après un long circuit à son payement intégral.

L'art. 2170 s'appliquera seulement dans le cas où l'immeuble ainsi détenu par un tiers sera grevé d'une hypothèque générale. S'il s'agit au contraire d'une hypothèque spéciale, quand même le débiteur posséderait d'autres biens hypothéqués à la même dette, quand même par l'effet de la convention tous ses biens seraient affectés à cette dette, il n'est pas permis au tiers détenteur de gêner en rien le créancier dans l'exercice des droits qu'il s'est réservés par une stipulation particulière. Quand nous rapprochons ces principes de ceux que la loi pose dans les art. 2140 et 2144 sur la restriction des hypothèques légales, nous trouvons une difficulté. L'hypothèque légale peut être restreinte soit par une convention portée au contrat de mariage, soit par une décision rendue pendant le mariage ; dans l'un et l'autre cas, elle cesse de porter sur tous les biens présents et à venir du débiteur ; en un mot, elle n'est plus générale. Le tiers détenteur pourra-t-il cependant opposer le bénéfice de discus-

___

(1) *Hyp.*, ch. 2, sect. 1, art. 2, § 2.

sion, ou bien la femme sera-t-elle considérée comme un créancier ordinaire ayant hypothèque spéciale ? On a proposé quelquefois une distinction ingénieuse reposant sur les termes mêmes dans lesquels a été conçue la restriction apportée à l'hypothèque légale. S'il a été dit que la charge hypothécaire porterait exclusivement sur tels et tels biens, on reconnaît que l'hypothèque de la femme a perdu son caractère de généralité, et qu'elle échappe par conséquent à l'application de l'art. 2170 ; mais si, au contraire, la réduction a été opérée par voie de dégrèvement, s'il a été décidé, non plus que l'hypothèque atteindrait seulement tels et tels immeubles, mais qu'elle laisserait des immeubles déterminés en dehors de son affectation absolue, on pense que le droit de la femme subsiste avec son caractère propre, qui est la généralité, et l'on demande que l'art. 2170 conserve tout son empire. Nous ne saurions, pour notre part, admettre cette distinction ; quelle que soit la forme dans laquelle la restriction s'est présentée, il n'en est pas moins vrai qu'en fait l'hypothèque de la femme a été réduite, spécialisée ; et l'art. 2171 réserve l'application du bénéfice de discussion pour le cas seulement où le droit du créancier constitue une hypothèque générale.

Pour que l'exception de discussion soit utilement opposée par le tiers détenteur, il faut que d'autres immeubles, grevés de l'hypothèque légale, se trouvent entre les mains du débiteur, c'est-à-dire du mari ou de ses héritiers ; il faut en outre que ces immeubles paraissent devoir assurer à la femme le recouvrement d'une partie de sa créance ; si le prix devait en être absorbé tout entier par des créanciers antérieurs, le tiers détenteur ne saurait obliger la femme à exercer un recours évidemment illusoire. Pourrait-on indiquer parmi les biens à discuter des immeubles litigieux, ou situés hors du ressort de la Cour impériale où le payement doit être fait? Nous ne le pensons pas; le bénéfice de discussion, surtout quand il est invoqué par un tiers détenteur, est, comme nous l'avons déjà dit, une exception de droit étroit qu'il faut restreindre plutôt qu'amplifier. En outre, l'art. 2170 renvoyant d'une manière générale au titre du Cautionnement, il ne peut pas être permis d'appliquer au tiers détenteur telles des dispositions de ce titre et d'en rejeter telles autres, suivant le caprice ou l'arbitraire des interprétations. On oppose toutefois à notre dernier argument les termes dans lesquels est conçu le renvoi de l'article 2170, qui paraît se référer au titre du Cautionnement pour l'indication de la marche à suivre dans l'exercice du bénéfice de discussion, et non pour la détermination des immeubles à discuter. En nous plaçant maintenant au point de vue de la forme même dans laquelle on doit procéder, nous dirons, avec les art. 2022 et 2023, que le tiers détenteur doit opposer son exception sur les premières poursuites exercées contre lui, et avancer les deniers suffisants pour couvrir les frais de la discussion; du reste, il n'est tenu de cette avance que dans le cas où il a été mis en demeure de la faire, et nous ne dirons pas, avec la Cour de Bordeaux (1), qu'il sera déclaré non recevable dans

---

(1) Bordeaux, 6 août 1833.

sa demande par cela seul qu'il n'aura pas offert avant toute réquisition la somme nécessaire.

Restreint dans les limites étroites que nous venons de lui assigner, le bénéfice de discussion ne saurait être étendu par analogie au cas où il s'agirait, non plus d'un tiers détenteur, mais d'un créancier hypothécaire en conflit d'intérêts avec la femme. Ainsi, usant à sa volonté, on peut même dire à son caprice, du droit que lui donne l'indivisibilité de son hypothèque, elle pourra poursuivre son payement sur celui des immeubles de son mari qu'il lui plaira de choisir. Ces principes, qui étaient ceux du droit romain (1), sont aussi ceux de notre droit moderne. Leur application conduit à des résultats qui peuvent paraître contraires à l'équité; mais la faute en est à la généralité de l'hypothèque qui constitue une anomalie au milieu de notre système hypothécaire. En effet, l'hypothèque générale se trouvant en concours avec des hypothèques spéciales, le créancier, dont le gage est restreint à un seul immeuble, sera à la discrétion de celui qui peut faire porter son action sur tel ou tel des immeubles de son débiteur à son choix. Examinons maintenant les divers cas qui peuvent se présenter.

Le mari a plusieurs immeubles qui tous sont grevés de l'hypothèque légale de la femme; l'un d'eux est en outre grevé d'une hypothèque spéciale postérieure à l'hypothèque de la femme : et c'est précisément cet immeuble dont la femme poursuit l'expropriation, et sur lequel elle demande à être colloquée. Pourra-t-on

---

(1) L. 2, Qui potior. in pign., au Dig.

l'écarter? Non. Le créancier spécial ne pourra exiger que la femme aille se faire payer sur les autres biens, il ne pourra la contraindre à une discussion longue et coûteuse : il n'aura d'autre moyen, pour écarter la femme, que de la désintéresser de ses deniers, et en vertu de l'art. 1251-1°, il jouira du bénéfice de la subrogation légale.

Toute la fortune immobilière du débiteur se compose de deux immeubles situés dans deux arrondissements différents ; chacun de ces immeubles est grevé d'une hypothèque spéciale au profit d'un créancier étranger dont les droits sont primés par la femme ayant une hypothèque générale sur les deux fonds. Cette dernière pourrait-elle poursuivre son payement sur l'un ou l'autre des immeubles à son choix, de telle sorte que l'un ou l'autre des deux créanciers postérieurs se trouvât dépouillé par cette action de sa garantie hypothécaire ? Nous ne croyons pas qu'il soit possible de lui enlever cette faculté ; sans doute, il serait plus équitable que, partageant sa créance, elle se fît colloquer sur les deux immeubles de manière à ce que les pertes se répartissent plus également ; mais sur quel principe juridique pourrait-on se fonder pour la forcer à cette division de son hypothèque ? Un arrêt cependant avait été rendu en ce sens (1) ; mais il n'a pas fait et ne pouvait pas faire jurisprudence : et la Cour de Paris, revenant elle-même sur ses pas, a reconnu que sa première décision était en contradiction avec le droit absolu, indépendant et indivi-

______

(1) Paris, 5 avril 1811.

sible, dont la femme pouvait prétendre l'exercice (1).

.. Celui des deux créanciers dont le gage est saisi par la femme aura-t-il du moins un recours, un moyen quelconque à l'aide duquel il puisse se faire restituer contre la perte de ses droits? On a voulu lui accorder le bénéfice d'une subrogation légale; cette doctrine a été soutenue notamment par MM. Tarrible (2) et Duranton (3). Ces auteurs trouvent leur raison de décider dans les art. 553 et 554 du Code de comm., d'après lesquels les créanciers chirographaires reprennent, dans la collocation immobilière des créanciers hypothécaires, une valeur égale à celle que ceux-ci ont reçue dans la distribution du mobilier. Il y a une très-grande analogie, disent-ils, entre la situation des créanciers chirographaires et celle du créancier à hypothèque spéciale dont la garantie s'est trouvée compromise. Sans doute, il ne faut pas que la position du créancier général soit empirée, qu'il souffre un préjudice ou un retard; mais il n'en est pas moins vrai que son hypothèque affectait deux immeubles engagés d'autre part, et que la saisie de l'un de ces fonds opérée avant celle de l'autre fonds grevé n'a pu avoir, sur le sort de deux créanciers égaux en droit, une influence telle que l'un perde sa créance et que l'autre la recouvre en entier. De même que, lorsqu'un créancier hypothécaire a reçu en premier lieu une portion du prix des meubles dans la distribution chirographaire, sa créance, quoique diminuée d'autant, n'en est pas moins colloquée tout

---

(1) Paris, 24 nov. 1814.
(2) *Répert. transcript.*, p. 126.
(3) T. XIX, n° 390.

entière dans l'ordre hypothécaire, et qu'une subrogation légale met les créanciers chirographaires à la
place du créancier hypothécaire pour recouvrer une
somme égale à celle que ce dernier a retirée de la
masse chirographaire ; de même, si l'un des immeubles
grevés de l'hypothèque légale a été vendu et que le
prix en ait été distribué à la femme, il faudra, lorsqu'on procédera à la vente de l'autre immeuble, colloquer encore la femme au premier rang pour lui substituer, à l'aide d'une subrogation légale, le créancier
dépouillé de son gage, et ménager ainsi à ce dernier
un moyen de recouvrer une partie de sa créance.

On a invoqué un autre argument à l'appui de l'opinion qui accorde la subrogation de plein droit au
créancier dont la femme a absorbé le gage. On a dit :
Si ce créancier avait payé de ses deniers, il serait subrogé, tout le monde en convient ; or, puisque c'est
son gage qui a été saisi, c'est sa chose, c'est ce qu'il
devait recevoir, qui a servi à désintéresser le créancier antérieur ; il a par le fait payé en moins prenant :
donc, à ce point de vue, il rentre dans les termes de
l'art. 1251-1°. Cette dernière considération nous paraît facilement réfutable ; la disposition de l'art. 1251
s'entend d'un payement fait à un créancier préférable
par celui qui est lui-même créancier, et matériellement
de ses deniers ; or, personne n'ignore que les créanciers hypothécaires n'ont aucun droit de propriété sur
le prix de l'immeuble : ils ont sur cet immeuble un
droit réel qui peut les conduire à en toucher le prix,
mais seulement en tant qu'ils ne seront point primés
par un autre droit réel qui leur soit préférable.

Quant à l'argument tiré d'une analogie qu'on suppose exister entre notre espèce, et celle prévue par les art. 553 et 554 du Code de commerce, nous ne le croyons pas juridiquement exact. Les créanciers hypothécaires d'un débiteur failli n'ont aucun droit dans la masse mobilière, tant qu'ils conservent l'espoir d'être payés sur les immeubles : ainsi l'a sagement établi la loi en matière de faillite; ils se sont fait donner un gage spécial pour sûreté de leurs créances; qu'ils commencent donc par épuiser ce gage avant de s'en prendre aux autres biens du débiteur commun : n'ont-ils pas déjà assez d'avantages sur les créanciers chirographaires? Ou, si on les admet à prendre part avec ces derniers à la distribution du prix du mobilier, ce ne saurait être que provisoirement, et parce qu'on ignore encore ce qui pourra leur revenir de la vente des immeubles. Ainsi la réversion ordonnée par l'art. 554 à la masse mobilière n'est qu'un suite immédiate du droit qu'ont les créanciers chirographaires sur cette masse mobilière. Si donc il s'agit d'un droit propre, pourquoi parler d'une subrogation? pourquoi justifier par un rapprochement impossible la situation qu'on voudrait faire au créancier à hypothèque spéciale, en le mettant, par l'effet des textes précités, à la place du créancier à hypothèque générale? Nous repoussons donc d'une manière absolue cette subrogation de plein droit qui ne pourrait exister qu'en vertu d'un texte de loi formel; nous la repoussons en prenant acte de l'aveu implicite résultant en notre faveur, soit du vœu exprimé en 1844 par des Cours impériales et des Facultés de droit, soit de la discussion soulevée en 1851 devant l'Assemblée législative. Si dans ces documents, si dans ces discussions on a jugé utile de demander au législateur la consécration du droit dont nous contestons l'existence, c'est que cette consécration n'était pas encore écrite dans la loi.

. Mais à défaut de cette subrogation légale qui doit être écartée, ne trouverons-nous pas un mode de recours dans la subrogation par voie de payement ? Celui des deux créanciers dont le gage est saisi par la femme, ne pourra-t-il pas, en la désintéressant, se faire subroger à son hypothèque ? Évidemment il le pourra ; il se trouvera dès lors avoir une hypothèque générale sur les deux immeubles et une hypothèque spéciale sur l'un deux. Mais cette subrogation donne lieu à une complication nouvelle. Si c'est le créancier le plus ancien qui s'est fait subroger à la femme, il fera porter tout le poids de l'hypothèque générale sur l'immeuble qui ne lui est pas spécialement hypothéqué ; c'est un droit que personne ne lui conteste : l'autre créancier perdra sa créance. Mais si c'est au contraire le créancier le plus récent qui s'est fait subroger, l'immeuble qui lui est affecté ayant été saisi, on refuse de lui accorder le bénéfice de cette subrogation. En effet, dit-on, s'il pouvait faire porter l'hypothèque générale sur l'immeuble qui ne lui est pas spécialement hypothéqué, le créancier dont cet immeuble est le gage, et qui lui est antérieur, ne toucherait rien de sa créance, tandis que lui, quoique venu après, serait intégralement payé. Or, cela ne peut pas être ; quels que soient les arrangements de *Secundus* (si nous appelons ainsi le créancier dernier inscrit) avec la femme, il ne peut améliorer son droit aux dépens de *Primus*, et toucher la totalité de la créance dernière en date, au préjudice d'un créancier qui lui est préférable en hypothèque (1).

Ce raisonnement ne nous paraît pas juste ; *Secundus* dira : J'ai payé un créancier qui m'était préférable, je lui suis subrogé de droit ; donc j'exerce l'hypothèque de la femme sur les immeubles du mari comme elle aurait pu l'exercer elle-même ; ce n'est pas mon hypothèque postérieure en date à celle de *Primus* qui lui nuit, c'est celle de la femme. Quant à dire que *Secundus* n'a dû compter que sur ce qui restait du patrimoine du débiteur, déduction faite des créanciers qui le grevaient au moment où il a traité, c'est tout à fait arbitraire, et de plus c'est inexact. L'hypothèque légale étant le plus souvent occulte, comment un créancier aurait-il pu faire le calcul qu'on attribue à *Secundus* ? Lors même que l'hypothèque de la femme eût été connue, comment aurait-il pu savoir jusqu'à concurrence de quelle somme elle frapperait les biens du mari ? Au surplus, la considération prise du rang des hypothèques n'a ici aucune valeur, attendu que, si l'inscription donne son efficacité à l'hypothèque, elle ne l'étend pas, du moins, à des immeubles sur lesquels le débiteur ne l'a pas spécialement conférée, et qu'ainsi l'inscription prise par *Primus* sur l'immeuble affecté à sa garantie est comme si elle n'existait pas pour l'immeuble grevé d'une hypothèque spéciale au profit de *Secundus* (2).

---

(1) Grenoble, 20 août 1853, 14 avril 1818 ; Agen, 6 mai 1830 ; Bordeaux, 7 juillet 1830 ; M. Troplong, n°° 555 et 557.

(2) Cass., 4 mars 1833 ; Bourges, 18 janvier 1854.

Jusqu'ici, nous avons supposé qu'on procède par deux ordres distincts à la distribution du prix produit par la vente des immeubles du mari. Examinons maintenant le cas où un seul et même ordre s'ouvre sur les deux immeubles. La femme ne manifeste en aucune façon le désir d'obtenir sa collocation sur un fonds plutôt que sur un autre; il devient facile alors de concilier les intérêts par la division de l'hypothèque générale, et de donner aux créanciers à hypothèque spéciale toute satisfaction, au moins dans la mesure du prix total qui restera ensuite à distribuer. C'est au juge-commissaire qu'incombera le soin de répartir la créance de la femme sur les divers immeubles qui lui sont affectés. Mais comment devra se faire cette distribution? Au marc le franc, c'est-à-dire proportionnellement à la valeur des immeubles, ou bien en suivant l'ordre des hypothèques spéciales, de manière à faire porter la perte sur les créanciers derniers inscrits? Ce dernier système avait d'abord été consacré par la Cour de cassation (1). « S'il est dans la nature « de l'hypothèque spéciale, avait dit la Cour supé- « rieure, de restreindre son effet à l'immeuble qui en « est l'objet, il est aussi dans l'esprit général du sys- « tème hypothécaire d'avoir égard à l'antériorité des « droits acquis, parce que le créancier qui a prêté le « dernier a eu bien moins de raison que tous les autres « de croire à la solvabilité du débiteur commun. » Nous pensons avoir fait justice de ce raisonnement;

---

(1) Cass., 10 juillet 1821. Voir dans le même sens Grenier, t. I, n° 180; M. Troplong, t. III, n° 760.

un créancier qui n'a qu'une hypothèque spéciale ne
saurait prétendre un droit général de préférence sur
tous les immeubles de son débiteur, parce que, encore
une fois, le droit de préférence résultant de l'antériorité de l'hypothèque ne saurait s'exercer que sur l'immeuble grevé de cette charge. La Cour de cassation a
abandonné, du reste, sa première jurisprudence et,
dans une série d'arrêts dont le plus ancien est du 4
mars 1833, elle a nettement formulé la doctrine opposée, et décidé que l'hypothèque générale, frappant
tous les immeubles au même titre, doit être supportée
par eux proportionnellement à leur valeur (1).

Rappelons d'ailleurs en terminant que, si nous avons
reconnu la possibilité de répartir sur les divers immeubles du mari l'exercice des créances de la femme,
nous avons expressément réservé les droits de cette
dernière. La circonstance qu'un seul ordre a été ouvert, que toutes les parties sont en présence, n'a rien
pu changer à la nature des choses, n'a pu porter
atteinte au principe d'indivisibilité, qui protége tout
créancier à hypothèque générale. Nous déciderons
donc que « la femme aura toujours le droit de se faire
« colloquer sur le prix de l'immeuble qu'elle a intérêt
« de choisir, notamment parce que la collocation de
« sa créance sur cette portion du prix doit avoir pour
« résultat de lui assurer le payement, sur un autre
« immeuble, d'une créance postérieure en date, et qui
« sans cela ne serait pas venue en ordre utile (2). »

---

(1) Cass., 4 mars 1833, 25 déc. 1814, 20 déc. 1843.
(2) Cass., 25 déc. 1844; Lyon, 24 mai 1850.

QUATRIÈME PARTIE.

DE LA SUBROGATON A L'HYPOTHÈQUE LÉGALE.

Cette hypothèque générale qui frappe tous les biens présents et à venir du débiteur, et qui existe indépendamment de toute publicité, porte incontestablement une grave atteinte au crédit du mari ; elle détourne de lui bien souvent les acquéreurs et les prêteurs. La pratique a dû chercher un remède capable de raffermir ce crédit ébranlé, et de rassurer les tiers contre les effets d'une hypothèque d'autant plus menaçante que, jusqu'au dernier jour, jusqu'à la liquidation de la société conjugale, les droits et créances qu'elle garantit peuvent être inconnus ou indéterminés. Ce remède est la subrogation à l'hypothèque légale, qui a, du reste, sa source dans le droit romain et dans l'ancien droit. En droit romain, le créancier hypothécaire pouvait donner en gage son hypothèque, et établir ainsi un sous-ordre. Dans notre droit coutumier, on avait aussi adopté la maxime *pignus pignori dari potest*, mais en ce sens que les sous-créanciers intervenaient à l'ordre ouvert sur le prix de l'immeuble saisi, afin de se faire colloquer aux lieu et place du premier créancier d'après leur rang d'hypothèque. Tel était le sous-ordre dont la femme autorisée du mari pouvait faire usage pour rendre du crédit à celui-ci. Aujourd'hui il ne reste point de vestiges de cette ancienne procédure; l'article 778 du Code de procédure décide que le montant de la collocation du débiteur sera distribué comme chose mobilière entre tous les créanciers inscrits ou opposants avant la clôture de l'ordre. En présence de cette abrogation, la pratique a imaginé un nouvel expédient; au lieu d'hypothéquer son hypothèque, on la cède, on y subroge : c'est surtout quant à l'hypothèque légale des femmes que cette subrogation est passée dans les habitudes de la pratique moderne. La femme intervient et cède à celui qui traite avec son mari les sûretés hypothécaires qu'elle tient de la loi, ou elle les abdique en y renonçant en faveur de ce tiers. Renonciation, cession, subrogation à l'hypothèque légale, voilà les dénominations qui s'appliquent à ces diverses conventions destinées à dégrever les biens du mari et à raffermir son crédit. Mais si le but est le même, les conséquences de ces opérations sont loin d'être semblables; nous abordons l'une des parties les plus difficiles de notre travail : nous sommes sur un terrain abandonné longtemps aux seules interprétations des jurisconsultes. La loi de 1855 qui est venue, dans une certaine mesure, combler les lacunes signalées à l'attention du législateur, a réglementé avec un laconisme regrettable les points les plus essentiels de la matière, et a laissé planer l'incertitude sur une foule de questions qui sont une source trop féconde de procès, et que la jurisprudence seule doit résoudre en l'absence d'un texte positif.

CHAPITRE PREMIER.

DE LA CAPACITÉ NÉCESSAIRE A LA FEMME POUR SUBROGER A SON DROIT D'HYPOTHÈQUE.

La femme commune en biens a toute capacité pour s'obliger; il en résulte qu'elle peut valablement subroger un tiers dans l'effet de son hypothèque légale : ce point ne saurait faire l'objet d'aucun doute. Mais ce que nous disons de la femme commune, devons-nous l'étendre à la femme mariée sous le régime dotal? Sur cette question encore, nous admettrons en principe l'affirmative. Et d'abord, si la femme dotale cède l'hypothèque attachée aux recours à exercer contre son mari pour les biens paraphernaux, cette cession, de l'avis de tous, sera valable. Si la subrogation porte sur l'hypothèque qui garantit la dot mobilière, la validité de cette opération ne sera pas universellement reconnue. Les nombreux auteurs qui la considèrent comme nulle se fondent sur des motifs divers. Suivant la jurisprudence, la femme ne peut aliéner l'hypothèque qui garantit sa dot mobilière, parce que cette dot étant inaliénable, on ne pourrait céder l'hypothèque sans aliéner en quelque sorte le droit lui-même, qui se trouverait ainsi dépouillé de sa principale garantie. M. Troplong ne reconnaît pas l'inaliénabilité de la dot mobilière; mais comme il attribue à l'hypothèque un caractère immobilier et que la femme ne peut aliéner la dot immobilière, il lui refuse le droit de céder son hypothèque. Enfin un troisième système paraît s'appuyer et sur la tradition et sur la discussion au conseil d'État. Dans les pays de droit écrit, on admettait généralement que la femme ne pouvait céder son hypothèque; on déduisait cette impossibilité, non des textes du droit romain, mais de l'idée que la conservation des dots intéressant l'ordre public, il ne devait pas être permis d'y déroger par des conventions particulières. Dans la discussion au conseil d'État sur l'article 2140, M. Regnaud ayant dit que si la femme ne pouvait renoncer à son hypothèque légale dans les pays de droit écrit, c'était uniquement parce que le bien dotal était inaliénable, M. Cambacérès lui répondit que ce motif n'était pas le seul, puisqu'il ne s'appliquait pas lorsque la dot était en argent, et que cependant il n'y avait aucun cas où il fût permis à la femme de se dépouiller de son hypothèque légale. Pour nous, nous ne croyons pouvoir adopter aucune de ces doctrines : la dot mobilière nous paraît aliénable; l'hypothèque est, selon nous, un droit mobilier, et enfin nous repoussons la troisième solution. Si, en effet, la tradition et quelques paroles prononcées dans une discussion peuvent suffire parfois pour démontrer le maintien d'une règ ⸗ de droit commun, elles sont sans aucune valeur quand il s'agit d'une dérogation complète au droit commun, telle qu'une incapacité ou une inaliénabilité. Or comme, dans tous les cas, la femme peut aliéner indirectement son droit d'hypothèque en s'obligeant, nous ne voyons pas pourquoi elle ne pourrait atteindre le même résultat directement.

La femme mariée sous le régime dotal sera donc, au point de vue de la cession de son droit d'hypothèque, dans la même situation que la femme commune, dès qu'il ne s'agira pas de la dot immobilière; car celle-ci étant inaliénable, il est aisé de concevoir que la femme ne puisse pas se dépouiller de l'hypothèque destinée à garantir les recours dirigés contre son mari, à raison notamment de l'aliénation partielle et indirecte que produisent la diminution de valeur et les détériorations dont il est responsable. C'est à ce point de vue seulement que nous croyons devoir apporter des limites à la faculté que la femme possède de consentir librement au profit des tiers toute convention relative à son hypothèque légale; c'est à cette limitation aussi que le législateur de 1855 a dû faire allusion quand il a dit, art. 9 : « Dans le cas où les « femmes peuvent céder leur hypothèque légale ou y « renoncer. » Les travaux préparatoires de cette loi démontrent surabondamment que la pensée de ses rédacteurs avait été de se référer sur ce point aux principes généraux; or les principes généraux, à notre avis, ne comportent pas d'autre décision que celle à laquelle nous nous sommes arrêté.

Si la femme s'est réservé par son contrat de mariage la faculté d'aliéner ses immeubles dotaux, de les hypothéquer, de traiter et de transiger sur eux, quelle sera sa capacité au point de vue de la cession d'hypothèque? Malgré quelques doutes élevés à ce sujet, nous croyons fermement, avec la majorité des arrêts, que la femme qui s'est réservé des pouvoirs aussi étendus peut dans tous les cas renoncer à son hypothèque légale au profit du créancier envers lequel elle s'oblige, ou auquel elle garantit l'obligation contractée par son mari; elle use alors véritablement de la réserve qu'elle a stipulée à son profit.

Les diverses opérations que le langage des praticiens comprend sous la dénomination de *subrogations à l'hypothèque légale* peuvent intervenir, soit en faveur d'un créancier de la femme ou du mari, soit en faveur d'un tiers acquéreur. Nous devrons distinguer ces deux hypothèses qui amènent des résultats différents. Nous parlerons d'abord des conventions qui peuvent intervenir entre la femme et un créancier, sauf à traiter dans un chapitre spécial des effets des mêmes conventions intervenues entre elle et un tiers acquéreur.

CHAPITRE II.

DES RENONCIATIONS ET SUBROGATIONS A L'HYPOTHÈQUE LÉGALE CONSENTIES AU PROFIT D'UN CRÉANCIER.

L'art. 9 de la loi de 1855 suppose que la femme peut altérer son hypothèque légale, soit au moyen d'une cession, soit au moyen d'une renonciation. La cession de l'hypothèque constitue ce qu'on appelle dans la pratique, assez improprement du reste, *subrogation à l'hypothèque légale;* le fait est que cette opération n'a qu'une ressemblance très-lointaine avec la subrogation proprement dite, et qu'elle ne se fonde nullement sur les mêmes principes. Avant la loi nouvelle qui a levé tous les doutes, le droit pour un créancier de transporter à un autre ses garanties hypothécaires n'était pas universellement reconnu. Le législateur de 1855 a-t-il donc véritablement innové en admettant la validité de semblables conventions ? Tel n'est pas notre avis. Nous pouvons remarquer d'abord que le principe de la cession de l'hypothèque a été consacré législativement du jour où les sociétés de crédit foncier ont pris naissance; car elles ont pour fondement la transmission à des capitalistes prêteurs des garanties hypothécaires données à la société par les propriétaires emprunteurs. Il est vrai de dire que la législation des sociétés de crédit foncier est une législation à part, qui a introduit pour tout ce qui les concerne des modifications importantes à notre système hypothécaire. Mais pourquoi le droit réel qu'on appelle hypothèque ne serait-il pas cessible comme tout autre droit que la loi n'a point retiré du commerce? On en donnait deux raisons principales : la cession de l'hypothèque ainsi comprise n'est autre chose que l'hypothèque en sous-ordre de l'ancien droit; or il n'est pas douteux que le Code n'ait voulu abroger les hypothèques en sous-ordre. En second lieu, l'hypothèque n'est qu'un accessoire ; il n'appartient pas à la volonté des parties de lui donner une existence propre, indépendante de la créance qu'elle a pour but de garantir.

A la première objection, nous répondrons que la cession d'hypothèque diffère essentiellement de la sous-hypothèque. Celle-ci résultait de tout fait donnant naissance à une hypothèque ; dès lors le montant de la créance conservée par une hypothèque devait être distribué, suivant l'ordre de leurs créances, à tous les créanciers hypothécaires du premier créancier : c'était le sous-ordre avec ses complications infinies. Mais ici il n'y a rien de semblable; il n'y a qu'une hypothèque, qu'un ordre : seulement dans cet ordre, le cessionnaire viendra exercer les droits de préférence du cédant. On dit en second lieu que l'hypothèque, étant la garantie d'une créance, ne saurait figurer dans une cession comme un droit distinct et détaché de l'obligation elle-même. Nous ne croyons pas pour notre part qu'il y ait indivisibilité entre l'hypothèque et la créance ; il n'y a, en effet, rien d'illogique à faire passer un droit accessoire d'une obligation principale à une autre obligation principale. Cela est si vrai qu'en cas de novation il est permis de réserver par une clause spéciale les privilé-ges et hypothèques de l'ancienne créance. Du reste, la pratique, suivant ici la route frayée par la tradition, avait admis en principe la validité de ces subrogations ou cessions d'hypothèque que la jurisprudence, de son côté, reconnaissait être parfaitement légitimes.

Quelle est au juste la nature de cette convention qui intervient ainsi entre la femme et le créancier ? Ce n'est pas à coup sûr une subrogation véritable ; nous l'avons dit, et nous le répétons encore. La subrogation, en effet, suppose nécessairement un créancier désintéressé (le subrogeant) qui n'a plus d'action contre son débiteur : au contraire, nous admettons ici que la femme qui joue le rôle du subrogeant conserve sa créance ; elle ne fait qu'en détacher le droit réel d'hypothèque pour le transporter à un autre créancier. Le contrat ne constitue pas davantage une cession-transport dans le sens juridique du mot. Pour qu'il y ait cession, il faut qu'il y ait, d'une part un prix stipulé, d'autre part une transmission réellement opérée au profit du cessionnaire ; or, dans l'espèce, il est par trop évident que l'acte ne

contient aucun prix, à moins qu'on ne veuille désigner
ainsi l'avantage procuré par la femme à son mari : il
n'y a pas eu non plus dessaisissement complet et définitif; car si nous supposons que plus tard le créancier
soit remboursé par le mari, la femme est dégagée, et
conserve son hypothèque, sans qu'une rétrocession soit
nécessaire. La convention produit-elle un nantissement,
ainsi qu'on l'a dit quelquefois? S'il en est ainsi, il faudra obliger la femme à remettre au créancier nanti les
titres constitutifs du droit engagé; et je me demande
si la nature même des choses ne rendra pas le plus souvent cette remise impossible. D'ailleurs la loi de 1855,
qui a réglementé pour la première fois notre matière,
ne soumet pas à l'accomplissement de cette formalité
la validité de la convention. Que conclure de tout cela?
C'est que la nature de cette opération ne saurait être
nettement définie. Toutefois, je remarque qu'après la
convention comme avant, le sort de l'hypothèque reste
lié au sort de la créance en vue de laquelle elle a été
constituée; si donc cette créance s'éteint, elle s'éteindra avec elle; d'un autre côté, si la créance du cessionnaire est éteinte, l'hypothèque n'est point éteinte pour
cela, et ne cesse pas de garantir la créance du cédant.
En présence de ce caractère tout spécial du contrat intervenu, je serais assez disposé à y voir, comme M. Pont,
une délégation faite éventuellement par la femme, et
sous la condition que, si le mari ne paye pas à l'échéance,
elle abandonne les droits qu'elle peut avoir contre lui;
si le payement est régulièrement fait par le mari, la
condition est défaillie, et la femme conserve son hypothèque; au contraire, le mari néglige-t-il de payer au

terme fixé, la femme est débitrice, et obligée de céder au créancier le bénéfice de son hypothèque légale.

Jusqu'ici nous avons supposé que la cession consentie par la femme a pour objet l'hypothèque détachée de la créance; elle pourrait porter également soit sur la créance elle-même, soit sur le droit d'antériorité. En ce qui concerne la cession de la créance hypothécaire, nous n'avons rien à dire pour le moment; nous verrons plus tard s'il y a lieu de combiner sur ce point l'art. 1690 du Code Napoléon avec les exigences nouvelles de l'art. 9 de la loi de 1855. Quant à la cession d'antériorité, nous la définirons en disant que c'est l'acte par lequel le cessionnaire, créancier hypothécaire lui-même, échange son rang avec celui du cédant, dans la mesure de ce qui est dû à celui-ci; il en résulte une simple interversion de rang. Nous constaterons donc entre cette dernière convention et la cession de l'hypothèque légale une différence capitale. Quand la femme cède à un tiers le bénéfice de son hypothèque, son droit devient purement chirographaire, au moins jusqu'à concurrence d'une valeur égale au montant de la créance du subrogé. Au contraire, quand la femme transporte à un tiers investi déjà d'une garantie hypothécaire son droit d'antériorité, il est vrai de dire que le recouvrement intégral de sa créance est encore assuré par une hypothèque; seulement la convention intervenue a changé dans une certaine mesure le rang qui appartenait primitivement à la cédante, puisque cette dernière, pour la somme dont elle sera privée par le créancier cessionnaire, viendra exercer l'hypothèque de ce créancier; mais il est bien entendu que le cessionnaire ne pourra jamais prendre le rang de la femme que pour la somme due à celle-ci, et que réciproquement elle ne pourra exercer l'hypothèque du créancier sur l'immeuble à lui affecté par le mari que pour le montant de la créance de ce cessionnaire; car les autres créanciers ne doivent éprouver aucun préjudice de la cession faite par la femme, de même aussi qu'ils ne doivent pas en profiter.

L'hypothèque légale, avons-nous dit, peut subir des altérations, tant par suite d'une renonciation que par suite d'une cession. La clause par laquelle la femme renonce à son hypothèque en faveur d'un tiers avait été, avant la loi de 1855, l'objet d'interprétations diverses. Quel effet devait-on attribuer à une pareille convention? Les uns déclaraient que la renonciation *in favorem* produisait tous les effets translatifs d'une cession, c'est-à-dire qu'elle transportait le bénéfice de l'hypothèque à celui en faveur de qui elle était faite; les autres, qu'elle ne produisait que des effets extinctifs, c'est-à-dire que sans donner de droits nouveaux à personne, elle éteignait ceux de la femme, en ce sens que cette dernière ne pouvait plus les opposer à ceux avec qui elle avait traité. Pour notre part, en étudiant cette difficulté à un point de vue purement théorique, en laissant de côté par un instant la loi de 1855, et la décision peut-être trop générale qu'on doit induire de ses termes, nous reconnaissons qu'il y a là une question de fait. Il est certain que la femme a pu, si elle l'a voulu, transporter à un tiers son droit de préférence, car rien dans la loi ne le lui défend; il est également certain qu'elle a pu s'engager seulement vis-à-vis d'un tiers à ne pas se servir de son hypothèque légale à son détriment. Mais toutes les fois qu'il pourrait y avoir doute sur ses intentions, je crois que l'on devrait interpréter restrictivement les actes par lesquels elle rendrait sa condition pire; j'entendrais donc par renonciation, à moins de volonté contraire des parties, l'engagement pris par la femme de ne point se servir de son hypothèque légale en tant qu'elle nuirait à celui en faveur de qui elle renonce. En effet, rien dans la renonciation n'indique une cession, un transport des droits du renonçant; elle a pour objet d'empêcher que l'hypothèque de la femme prime une hypothèque qui lui est postérieure, et elle se conçoit très-bien ainsi. La femme se trouve donc dans la position d'un créancier chirographaire dans ses rapports avec celui en faveur de qui elle a renoncé; au contraire, dans ses rapports avec les autres créanciers, la femme conserve son droit hypothécaire dans toute son intégrité.

Nous le répétons, en l'absence d'un texte de loi formel, cette manière d'interpréter dans l'espèce la volonté probable des parties nous paraîtrait la seule admissible. Notre doctrine néanmoins n'avait pas obtenu l'assentiment de l'ancien droit; le président de Lamoignon, notamment, attribuait à la renonciation un effet translatif. La jurisprudence moderne était déjà entrée dans la même voie, lorsque l'art. 9 de la loi de 1855 vint consacrer virtuellemeut cette assimilation entre la cession et la renonciation. Le 1° de l'article commence par confondre ces deux conventions sous la dénomination commune de *subrogation;* et dans le paragraphe suivant, le législateur, afin de ne laisser

aucun doute sur sa véritable pensée, exprime que
pour ceux qui ont obtenu des cessions comme pour
ceux qui ont obtenu des renonciations, les dates des
inscriptions ou mentions déterminent l'ordre dans
lequel ils exerceront les droits hypothécaires de la
femme. Ainsi donc, il est manifeste que dans le système de la loi nouvelle, la renonciation est tout à la
fois privative et investitive de l'hypothèque qu'elle a
pour objet. Toutefois, nous ne saurions admettre que
même à l'avenir tous les actes portant aliénation d'un
droit hypothécaire aient toujours un sens identique, et
absolument indépendant, soit des circonstances, soit
de la formule employée, et s'il est vrai que de droit
commun la cession et la renonciation constituent en
cette matière un même contrat produisant un effet
commun et déterminé *à priori* par la loi, il n'en est pas
moins vrai qu'il se présentera en fait telle ou telle hypothèse où le caractère purement extinctif de la convention résultera des termes dans lesquels elle aura
été conçue, des rapports existant entre les parties, de
tous autres indices de nature à faire connaître leur véritable intention. C'est surtout au moment où nous nous
occuperons de la renonciation consentie par la femme
au profit d'un tiers acquéreur de son mari que ces
questions d'interprétation de volonté, qui n'ont pu
disparaître depuis la loi de 1855, se présenteront avec
toute leur importance.

Nous avons raisonné jusqu'à présent dans le cas où
la femme renonce ou subroge expressément à son hypothèque; dès lors aucune difficulté ne pouvait s'élever,
je ne dirai pas sur l'étendue du consentement, mais

sur le consentement lui-même. Il en est autrement en
ce qui concerne la renonciation tacite : la renonciation
est alors dans le domaine de l'induction; il faut apprécier l'acte duquel on prétend la faire résulter, et
décider si les engagements qui y sont pris par la femme
impliquent de sa part la volonté de renoncer à son
hypothèque légale, et d'y subroger tacitement le
créancier vis-à-vis duquel elle s'est engagée. Il est
impossible de prévoir théoriquement les mille circonstances desquelles on pourra induire une cession de
l'hypothèque. Toutefois, voici les faits les plus usuels
sur lesquels a roulé la discussion : l'engagement solidaire de la femme au profit d'un créancier chirographaire du mari; son engagement solidaire à l'égard
d'un créancier auquel le mari confère une hypothèque,
et enfin le concours de la femme à une affectation hypothécaire d'un immeuble du mari ou de la communauté.

Nous croyons que le créancier, dans la première
hypothèse, ne peut se prétendre subrogé à l'hypothèque légale de la femme puisqu'il n'a pas même songé
à s'assurer une hypothèque sur les biens du mari.
Tout ce qu'il pourra faire, ce sera de former opposition,
conformément à l'art. 778 du Code de procédure, pour
se faire colloquer en sous-ordre et par contribution
avec les autres créanciers personnels de la femme sur
le montant de la collocation qu'elle obtiendra. Nous
ne saurions donc donner notre assentiment à un arrêt (1) qui a jugé que la subrogation à l'hypothèque

______

(1) Cass., 17 avril 1827.

légale de la femme, alors que cette dernière s'oblige solidairement avec son mari dans leur intérêt commun, résulte de la nature même de cet engagement solidaire. Cette doctrine, au reste, a été répudiée par une jurisprudence à peu près unanime (1); la grande majorité des auteurs s'est prononcée dans le même sens (2).

Passons maintenant aux autres hypothèses indiquées plus haut. Lorsque le créancier ne s'est pas contenté de demander l'obligation solidaire de la femme, mais qu'il exige de plus son concours dans la stipulation d'hypothèque sur les biens de la communauté, ou les propres du mari, nous croyons qu'il est virtuellement subrogé à l'hypothèque légale, et par suite qu'il doit être colloqué sur ces biens avant un autre créancier qui aurait à faire valoir une subrogation expresse, mais postérieure dans l'hypothèque de la femme. Cette présomption de renonciation devrait-elle être étendue au cas où la femme n'a paru à l'acte que pour consentir un engagement solidaire, sans se rendre partie dans la stipulation d'hypothèque qui constitue une clause spéciale de la convention? Ce cas sera évidemment fort rare, les notaires ayant l'habitude de rendre communes aux deux époux toutes les stipulations du contrat dans lequel la femme intervient à l'effet de garantir l'obligation de son mari. Néanmoins, en nous plaçant dans une hypothèse de ce genre, nous dirons encore qu'il suffit de l'engagement solidaire de la

____

(1) Orléans, 24 mai 1848; Paris, 8 avril 1851.
(2) Grenier, t. I, n° 254; Proudhon, *De l'usufruit*, t. V, n° 2334; Zachariæ, t. II, § 238, note 8; M. Troplong, t. II, n° 603.

femme envers le créancier hypothécaire pour en induire une subrogation tacite à l'hypothèque légale ; en
effet, l'intervation de la femme a eu pour but de conférer au créancier une garantie certaine de payement,
de faire que l'hypothèque constituée par le mari ne
pût être invalidée en tout ou en partie par une hypothèque légale contre laquelle on a voulu se prémunir.
Mais il n'en serait pas de même si l'accession de la
femme à l'obligation hypothécaire du mari n'avait eu
lieu que par acte subséquent, et sans qu'il y eût aucune promesse de sa part relativement à l'hypothèque
stipulée ; cet engagement de la femme devrait être
pris tel qu'il se présente, comme simple obligation
personnelle; le créancier n'aurait encore ici que la
ressource du sous-ordre.

En nous occupant des diverses circonstances qui
impliquent de la part de la femme renonciation tacite
à son hypothèque, nous avons employé indifféremment
les expressions de *renonciation* ou de *subrogation.*
C'est que la renonciation tacite aussi bien que la renonciation expresse emporte de droit commun transmission des garanties appartenant à la renonçante :
le législateur n'a pas distingué; l'art. 9 de la loi de
1855 parle de renonciation sans examiner si cette renonciation résulte d'une stipulation formelle, ou de
toute autre circonstance suppléant au silence des parties. Ainsi, du moment qu'on croit possible d'induire
de tel ou tel acte une abdication d'hypothèque, il ne
saurait y avoir de discussion quant aux effets : la
femme est liée de la même manière, et avec la même
étendue que si elle avait consenti une renonciation

expresse. Cette doctrine avait déjà prévalu dans l'ancien droit; nos auteurs modernes et la jurisprudence de la Cour de cassation l'ont reproduite de nos jours(1). Toutefois la Cour de Paris (2), suivant l'opinion de M. Bencch (3), a décidé que les conventions impliquant une abdication tacite ont uniquement pour effet, en ce qui touche l'hypothèque légale, d'entraîner de la part de la femme une renonciation à la priorité de rang de cette hypothèque sur l'hypothèque conventionnelle consentie par le même acte au profit du créancier, et dès lors que, si ce créancier vient à perdre le bénéfice de son hypothèque faute d'inscription en temps utile, la femme reprend par elle-même ou par ses ayants droit le rang qui lui appartenait dans le principe.

Le Code Napoléon ayant gardé le silence sur les subrogations en matière hypothécaire, les auteurs et la jurisprudence avaient eu seuls la mission de combler les lacunes de la loi; par suite de cet état de choses, la convention était restée affranchie de toutes règles : il en résultait dans la pratique de singulières anomalies et d'immenses inconvénients. Ainsi, d'une part, la femme, qui voulait, en dehors de toute convention passée avec un tiers, restreindre au profit de son mari l'étendue de la garantie hypothécaire, devait passer par une longue série de formalités exigées impérieusement par la loi, et destinées à protéger ses droits contre le danger d'une renonciation imprudente. Que

---

(1) Cass., 2 avril 1829; 8 août 1854; 26 juin 1855.
(2) 24 avril 1853.
(3) *Du nantissem. appliqué aux droits des femmes*, p. 64.

si maintenant l'intérêt d'un tiers se trouvait en jeu, si le mari demandait à la femme de raffermir son crédit ébranlé en renonçant à ses droits hypothécaires au profit d'un créancier ou d'un tiers acquéreur, cette abdication devenait toujours possible ; aucun contrôle, aucune formalité particulière n'était prescrite : un simple consentement donné par acte sous seing privé suffisait pour consommer un abandon plus ou moins complet de cette garantie que tout à l'heure le législateur défendait avec tant de soin contre les abus possibles de l'influence maritale. Ce n'était pas tout : la subrogation conférait au subrogé tous les avantages dont jouissait l'hypothèque légale entre les mains de la femme ; la dispense d'inscription établie au profit de cette dernière était maintenue en faveur du cessionnaire, comme si cette prérogative exceptionnelle ne tenait pas plutôt à l'état d'incapacité du créancier qu'à la nature même de la créance. Ce point toutefois avait été contesté, et un arrêt de la Cour de Paris avait imposé au subrogé la nécessité de prendre inscription ; mais cette doctrine n'avait pas prévalu dans la pratique. Sans doute le créancier subrogé avait toujours un intérêt puissant à faire connaître son droit, puisqu'à défaut de cette publicité les immeubles pouvaient sortir à son insu des mains du mari ; mais si l'inscription constituait à ce point de vue une formalité éminemment utile, du moins elle n'était jamais présentée comme une nécessité imposée par la loi. De là les inconvénients signalés en ces termes par la faculté de droit de Strasbourg dans l'enquête de 1841 : « En « rendant l'efficacité des subrogations consenties par

« la femme indépendante de toute inscription ou men-
« tion sur le registre hypothécaire, et en réglant la
« préférence entre divers créanciers subrogés par la
« seule date de leurs actes de subrogation, et sans
« égard au rang de leurs hypothèques, on expose les
« tiers à des déceptions inévitables. En effet, rien n'em-
« pêche qu'une femme, qui aura déjà absorbé son
« hypothèque légale par des subrogations occultes, ne
« puisse se procurer encore du crédit en offrant à
« d'autres capitalistes de les associer au bénéfice de
« cette hypothèque. Aussi arrive-t-il tous les jours
« que les créanciers, qui croyaient avoir obtenu une
« sûreté complète par la subrogation à l'hypothèque
« de la femme, voient cette garantie s'évanouir devant
« des subrogations antérieures. »

Cet état de choses, qui compromettait à la fois l'intérêt de la femme et celui des tiers, appelait une réforme; la loi de 1855 est venue remédier en partie aux
inconvénients que nous venons de constater. Son art. 9
est conçu en ces termes : « Dans le cas où les femmes
« peuvent céder leur hypothèque légale ou y renoncer,
« cette cession ou cette rénonciation doit être faite par
« acte authentique, et les cessionnaires n'en sont saisis
« à l'égard des tiers que par l'inscription de cette hy-
« pothèque prise à leur profit, ou par la mention de
« subrogation en marge de l'inscription préexistante.
« Les dates des inscriptions ou mentions déterminent
« l'ordre dans lequel ceux qui ont obtenu des cessions
« ou renonciations exercent les droits hypothécaires
« de la femme. » L'innovation introduite par cet article
a eu précisément en vue ce double intérêt de la femme

ot des tiers qui réclamait de la part du législateur une protection efficace. Et d'abord, à l'avenir, toute cession faite par une femme de son hypothèque légale, ou toute renonciation à cette hypothèque sera constatée par acte authentique. La femme trouvera une garantie puissante dans l'authenticité de l'acte, dans les formes dont il est entouré, dans les conseils de l'officier public qui le rédige; elle sera plus rarement victime de sa faiblesse et de son inexpérience. Au reste, les termes de l'article sont directement impératifs; et, bien qu'il ne prononce pas la nullité d'une subrogation par acte sous seing privé, cependant nous n'hésitons pas à regarder un tel acte comme dénué de tout effet tant entre les parties contractantes qu'à l'égard des tiers. Notre conviction ne saurait être ébranlée par les paroles de M. Rouher qui rattachent l'authenticité à ce prétendu principe que les inscriptions ne peuvent être effectuées que sur la présentation d'un acte authentique. Une pareille interprétation est inexacte à coup sûr. Est-ce qu'un légataire ne serait pas admis à prendre inscription de son hypothèque légale en représentant le testament olographe qui l'institue légataire? Est-ce qu'un vendeur ne pourrait pas faire inscrire son privilége sur la seule représentation de l'acte sous seing privé qui constate la vente? Si donc l'authenticité a été exigée impérieusement par la loi, ce n'est pas en vue d'une formalité dont elle n'était pas le préliminaire indispensable, c'était dans une idée de protection pour les femmes qu'on voulait mettre à l'abri des entraînements auxquels elles sont naturellement sujettes, lorsque les spéculations de leurs maris exigent d'elles quelque sacrifice. Dès lors, il y a là une solennité essentielle, dont l'absence enlève à la convention toute force légale.

Le mandat donné par la femme à l'effet de céder son hypothèque doit-il être authentique? La même question s'était élevée sous le Code à l'occasion du mandat relatif à la constitution d'une hypothèque conventionnelle. La Cour de cassation avait décidé à deux reprises (1) que le mandat à l'effet de consentir une hypothèque et l'acte constitutif de l'hypothèque sont deux choses tout à fait distinctes, qu'un mandat, quel qu'en soit l'objet, peut toujours être donné par acte sous seing privé, et qu'aucune disposition législative n'ayant dérogé à cette règle en ce qui concerne la constitution d'hypothèque, on doit s'en tenir sur ce point aux principes du droit commun. Cette jurisprudence ne s'est pas maintenue et ne devait pas se maintenir; il est évident qu'une procuration notariée satisfait seule au vœu de la loi. En effet, l'hypothèque ne peut résulter que d'une volonté manifestée par acte authentique; or quand l'hypothèque est constituée par mandataire, est-ce que le consentement du constituant ne se manifeste pas par le mandat qu'il donne, bien plutôt que par l'acte dans lequel le mandataire se présente en son nom? Et dès lors ne faut-il pas que ce consentement se produise devant l'officier public? Remarquons d'ailleurs que, toutes les fois que la validité d'une opération est subordonnée à la présence d'un notaire, cette même opération ne peut être faite par

----

(1) 27 mai 1810, 5 juillet 1827; MM. Troplong, n° 510; Durant, t. XIX, n° 357.

mandataire qu'autant que le mandat est authentique.
C'est ainsi qu'une donation ne saurait être acceptée
par un mandataire, quand celui-ci n'est pas muni
d'une procuration notariée. Cette décision est admise
assez généralement aujourd'hui et par la doctrine et
par les arrêts. Nous ne doutons pas qu'elle ne doive
être étendue par analogie au cas de subrogation dans
l'hypothèque légale, puisque l'art. 9 de la loi de 1855,
en exigeant l'authenticité pour un tel acte, a créé pour
cet acte une situation analogue à celle dans laquelle
la constitution d'hypothèque est placée par l'art. 2127
du Code Napoléon (1).

La formalité de l'authenticité est prescrite sans
aucun doute pour les conventions emportant cession
expresse ou tacite soit de l'hypothèque, soit de l'antériorité; mais, pour la cession de la créance hypothécaire, des divergences se sont produites entre les
auteurs. MM. Rivière et François disent à ce sujet :
« L'hypothèque est un accessoire inséparable de la
« créance et se trouve nécessairement transmise avec
« le droit lui-même. Il nous semble dès lors que le
« cessionnaire devra se conformer à l'art. 1690 du
« Code Napoléon, c'est-à-dire qu'il suffira de la noti-
« fication au débiteur cédé ou de l'acceptation de
« celui-ci dans un acte authentique. La loi, d'ailleurs,
« ne parle que de la cession de l'hypothèque ou de la
« renonciation à ce droit de la part de la femme. » Ce
raisonnement paraît aboutir à une étrange inconséquence. Comment, quand la femme cède son hypo-

---

(1) Cass., 7 fév. 1854; M. Ducruet, *Étude sur la loi de 1855*, p. 40.

thèque, abstraction faite de sa créance, la loi veut que
son consentement soit donné en parfaite connaissance
de cause, et, pour atteindre ce but, exige l'intervention d'un officier public. Et maintenant qu'il s'agit
d'une abdication beaucoup plus complète, maintenant
que la femme a d'autant plus besoin de protection que
le sacrifice par elle consenti est plus onéreux, on se
départit des précautions qui sont devenues le droit
commun de la matière ! Vous nous opposez que la loi
nouvelle, s'étant occupée seulement de la cession
d'hypothèque, laisse en dehors de ses prévisions la
cession de la créance hypothécaire ; mais cette seconde
transmission, avec les effets qui lui sont propres,
n'emporte-t-elle pas tous ceux qui sont inhérents à la
première, et n'est-il pas vrai de dire que dans les
deux cas il y a eu cession du droit hypothécaire, et
que par suite dans les deux cas l'art. 9 doit recevoir
son entier effet ? Cette solution nous paraît claire jusqu'à l'évidence, et nous ne comprenons pas qu'elle ait
été sérieusement contestée. Du reste, dans notre opinion, la loi nouvelle n'apporte à l'art. 1690 aucune
dérogation ; elle ajoute seulement une formalité à
celles prescrites de droit commun pour les cessions
de créances.

Si le législateur a voulu protéger la femme en refusant toute validité aux subrogations consenties par
acte sous seing privé, il s'est proposé également de
sauvegarder les intérêts des tiers en obligeant le subrogé à publier ses droits ; l'inscription par lui prise
aura le double effet d'opérer une sorte de saisine en
consolidant sur sa tête à l'égard de tous la cession ou

la renonciation faite à son profit, et de fixer, au cas
de concours de plusieurs cessions, l'ordre dans lequel
il exercera les droits hypothécaires que la femme a
fait passer sur sa tête. Cette nécessité d'inscrire incombera à tous les cessionnaires de la femme dont le
titre n'aura acquis date certaine que depuis le 1" janvier 1856; mais que décider relativement aux cessions
que la loi nouvelle a trouvées parfaites et accomplies?
Devrons-nous les soumettre, elles aussi, à une publicité
devenue la règle générale de la matière? Nous ne
croyons pas que ce soit chose possible. L'art. 11 de
la loi de 1855 déclare inapplicables à ces actes, qui
ont acquis antérieurement date certaine, les dispositions contenues dans l'art. 9. On ne fait pas difficulté
d'admettre ce résultat, tant que la subrogeante est
elle-même dispensée d'inscrire son hypothèque, c'est-
à-dire aussi longtemps que dure le mariage. Mais on
prétend que la dispense ne saurait exister au profit du
subrogé, alors que la subrogeante, étant devenue
veuve, est tenue de rendre publique son hypothèque.
Une semblable doctrine est trop directement contraire
au texte de la loi pour que nous puissions nous y
arrêter. En définitive, le premier alinéa de l'art. 11
est formel : il n'admet aucun tempérament, aucune
distinction. Dès lors comment, en présence d'un texte
aussi positif, soumettre au régime nouveau des actes
que le législateur prend soin de maintenir, par une
disposition expresse, sous l'empire des anciens principes? Nous ne nous dissimulons pas, au reste, que
si nous avions à faire la loi et non à l'interpréter,
notre décision devrait être différente, et nous ne vou-

drions pas tenter la justification du système auquel
nous sommes contraint de donner notre adhésion.
Si la femme, qui n'a cédé son hypothèque que dans la
mesure d'une obligation par elle consentie avec son
mari, ne peut consolider ses droits au regard des tiers
pour le surplus de sa créance qu'au moyen d'une
inscription, il y a une inconséquence manifeste à
affranchir de cette formalité le créancier cessionnaire
de cette part de garantie qu'elle a abandonnée, par
cela seul que l'abandon a été régulièrement fait avant
la mise à exécution de la loi nouvelle. Cette contradiction injustifiable a été le point de départ de nos
adversaires, qui, ne pouvant se résigner à constater
une lacune dans la loi, ont prétendu la combler en
suppléant à son silence par des arguments tirés d'une
étude minutieuse et, selon nous, inexacte des autres
dispositions de la loi de 1855. L'art. 8, aux termes
duquel la veuve, ses héritiers ou ayants cause doivent,
dans le délai d'un an, inscrire l'hypothèque dont ils
sont investis, s'applique, a dit M. Pont, même aux
droits antérieurs au 1ᵉʳ janvier 1856; c'est ce qui résulte du cinquième alinéa de l'art 11 : or, sous cette
expression d'*ayants cause*, quels sont les ayants droit
que la loi désigne, sinon ceux qui ont succédé aux
droits de la femme autrement qu'en qualité d'héritiers,
et par conséquent ses subrogés ou ses cessionnaires?
Et si ses subrogés sont tenus, dans le cas où son veu-
vage a commencé avant le 1ᵉʳ janvier 1856, d'inscrire
l'hypothèque qu'elle leur a transmise, il est clair qu'il
doit en être de même au cas où elle devient veuve
après l'époque fixée pour l'exécution de la loi. Dans

ce système, ajoute-t-on, l'art. 11 1° conserve encore une certaine efficacité, puisque la dispense qui en résulte s'applique à tous les cas où la subrogeante conserve le droit de tenir occulte son hypothèque.

Cette argumentation repose, comme on le voit, sur une base des plus douteuses; il faut que l'art. 8, en parlant des ayants cause de la femme, ait voulu s'occuper des subrogés, pour que le 5° de l'art. 11 leur soit applicable : ceci paraît au moins invraisemblable. Une loi qui avait la prétention de viser deux situations aussi tranchées que celle de la femme et celle de son cessionnaire, devait, en parlant de ce dernier, employer une expression qui ne pût convenir qu'à lui. Or non-seulement l'expression d'*ayants cause* peut avoir un tout autre sens, puisqu'elle peut désigner aussi bien les successeurs irréguliers, les donataires de biens à venir, etc., etc., mais encore elle ne peut s'appliquer au subrogé. Ce qui le prouve surabondamment, c'est, d'une part, l'art. 9, qui édicte en ce qui le concerne une disposition inutile, si sa situation a été prévue et réglementée par l'article précédent; d'autre part, le 1° de l'art. 11, dont le texte encore une fois est général, et qui produit, par sa combinaison avec l'art. 9, un tout plus ou moins harmonieux dans lequel on ne saurait introduire aucun élément étranger. MM. Troplong (1) et Alexis Leroux (2) ont, comme M. Pont, refusé au subrogé antérieur à la loi nouvelle le bénéfice d'une dispense absolue d'inscription. Nous n'avons

---

(1) *De la transcript.*, n° 358.
(2) *Contrôleur de l'enregistrement*, année 1855, p. 446 et 447.

pas l'intention d'examiner en détail les diverses théories à l'aide desquelles ces auteurs ont prétendu justifier leur doctrine. Nous répondrons toutefois par un mot à l'un des arguments les plus fréquemment invoqués par nos adversaires. Le subrogé, nous dit-on, ne saurait avoir plus de droits que la subrogeante, et le bénéfice attribué à cette dernière venant à s'éteindre, il doit, lui aussi, rentrer sous l'empire du droit commun. Cette objection n'est qu'une véritable équivoque ; sans doute un créancier ne peut céder que les droits qu'il a et tels qu'ils les a : mais lorsque la cession n'est que partielle, rien ne s'oppose à ce que le droit transmis reste dans la personne du cessionnaire ce qu'il était dans le principe, bien que la loi le modifie pour l'avenir dans la personne du cédant. Nous sommes donc convaincu que les subrogations antérieures au 1er janvier 1856 demeurent en tous cas complétement réglées par l'ancien droit, et qu'ainsi les anciens subrogés n'ont rien à faire pour la sauvegarde de leurs intérêts. Sans doute un pareil état de choses a des conséquences déplorables, puisque entre ces subrogés la date certaine de la subrogation continue à déterminer l'ordre de préférence, puisqu'ils priment, bien que leur droit soit resté occulte, tous les cessionnaires postérieurs à la loi nouvelle. Sans doute nous sommes condamnés à voir pendant de longues années encore peser sur les transactions de l'avenir l'influence des transactions qui se tiennent cachées dans le passé. Mais enfin la loi existe, et s'il nous est permis de déplorer ses lacunes et ses imperfections, nous ne pouvons que nous soumettre à sa volonté toute-puissante.

CHAPITRE III.

DES RENONCIATIONS EN FAVEUR DES TIERS ACQUÉREURS.

C'est par la forme de la renonciation que la femme procède ordinairement à l'égard des tiers acquéreurs des immeubles de son mari ; la forme de la cession est rarement employée, et cela se conçoit. L'acquéreur n'a pas besoin en général, comme le créancier, d'être mis au lieu et place de la femme ; il lui suffit de purger l'immeuble qu'il acquiert de l'hypothèque légale, ou d'obtenir de la femme qu'elle lui en assure la propriété paisible et incommutable. Cependant, nous verrons plus tard qu'il ne serait pas toujours sans intérêt pour l'acquéreur d'être subrogé à l'hypothèque légale. La renonciation ainsi faite par la femme peut être expresse ou tacite. La renonciation tacite, à l'égard du tiers acquéreur comme à l'égard du créancier, s'induira des circonstances. Ainsi, lorsque le mari vendant un immeuble, la femme figure dans l'acte de vente pour le garantir, il est bien certain qu'elle renonce ainsi à son hypothèque sur cet immeuble en faveur de l'acheteur ; garante de la vente, non-seulement elle ne peut poursuivre hypothécairement le tiers détenteur, mais elle ne peut rien faire qui porte atteinte à son droit de propriété : elle ne pourrait donc céder efficacement son hypothèque à un tiers. En un mot, elle s'est interdit de disposer de son droit comme elle s'est interdit d'en user, en tant qu'il nuirait à l'acquéreur. Mais si la femme, sans se porter expressément garante de la vente, avait seulément figuré au contrat et donné sa signature, faudrait-il décider de même? Ce seul fait emporte-t-il de sa part renonciation tacite à l'hypothèque? Quelle signification pourrait donc avoir cette comparution de la femme si elle n'a pour effet la garantie de la vente? A cela, on peut répondre que la présence de la femme pourrait très-bien avoir pour objet d'attester le droit de propriété du mari, que l'art. 621, au titre de l'Usufruit, donne, dans un cas tout à fait analogue, la mesure des interprétations qui sont selon le vœu de la loi. En effet, le concours de l'usufruitier à la vente faite par le nu-propriétaire ne fait pas présumer sa renonciation à l'usufruit; n'est-ce donc pas aller contre l'esprit qui se manifeste dans l'art. 621 que d'induire de la seule présence de la femme sa renonciation à ses droits? Néanmoins, nous ferons hardiment cette induction. Le droit romain nous dit : *Creditor, qui permittit rem venire, pignus dimittit.* « Le débiteur, dit Pothier, « n'ayant pas besoin du consentement de son créan- « cier pour aliéner ses héritages avec la charge des « hypothèques, le consentement du créancier ne peut « paraître requis et donné pour une autre fin que pour « remettre son hypothèque. » Nous ne croyons pas que le Code ait fait abstraction de ces précédents, et des considérations sur lesquelles ils reposent, nous ne le croyons pas, en l'absence d'un texte formel démontrant qu'il y a eu ici innovation. L'art. 621 ne prouve rien dans l'espèce; car la renonciation à l'usufruit constitue une véritable donation, soit au profit du nu-propriétaire, soit au profit de l'acheteur; or c'est un principe élémentaire de notre droit que les libéralités ne se présument pas. La renonciation à l'hypothèque a un tout autre caractère : elle est utile sans doute au débiteur dont elle assure le crédit ; mais, en définitive, elle ne l'enrichit point, elle ne fait rien entrer dans son patrimoine, puisqu'il reste débiteur comme par le passé.

Nous disions, il y a un instant, que l'acquéreur, dont les droits seront parfois suffisamment assurés par une abdication pure et simple émanant de la femme, aura parfois aussi un immense intérêt à être par elle subrogé dans l'exercice de l'hypothèque légale. Un immeuble est vendu au prix de 60,000 fr. ; la femme renonce à son hypothèque au profit de l'acheteur ; trois créances hypothécaires grèvent le fonds : celle de la femme pour 20,000 fr., celle de *Primus* pour 40,000, celle de *Secundus* pour 20,000. Les offres faites par l'acheteur n'ayant pas été acceptées, l'immeuble est mis aux enchères, et vendu au prix de 70,000 fr. L'acheteur avait, je le suppose, payé une partie de son prix, 15,000 fr. par exemple ; il lui est dû en outre 5,000 fr. de dommages-intérêts, ce qui porte à 20,000 fr. le montant de sa créance en garantie, et à 100,000 fr. le chiffre total des charges auxquelles doivent faire face les 70,000 fr. provenant de l'adjudication. Si nous nous plaçons dans l'hypothèse d'une renonciation translative, nous attribuerons sur les 70,000 fr. en distribution, 20,000 fr. à l'acquéreur subrogé au lieu et place de la femme, 40,000 à *Primus*, 10,000 à *Secundus* ; l'acheteur sera complétement désintéressé au détri-

ment de la femme. Que s'il y a eu renonciation purement abdicative, l'hypothèque de la femme conserve
au profit de cette dernière tout son effet, en tant qu'elle
ne cause pas de préjudice à l'acheteur. Or, à supposer
qu'elle fût inexistante, l'acheteur n'aurait touché
que 10,000 fr., les 60,000 fr. restants devant être
absorbés par *Primus* et *Secundus* ; l'attribution de
cette somme le met donc hors de cause. Dès lors la
femme a le droit de reprendre à l'égard de *Primus* et
de *Secundus* le rang que son hypothèque lui assure
contre eux ; et par suite, elle se fera colloquer
pour 10,000 fr., qui, joints aux 10,000 fr. touchés
par l'acheteur, forment le total de sa créance. Ainsi
l'acheteur, au lieu de recevoir 20,000 fr. comme
dans la précédente hypothèse, n'en prend que 10,000.
Nous avions donc raison de dire qu'il y aurait parfois
grand intérêt à rechercher quel est le caractère de la
renonciation consentie au profit du tiers acquéreur.
L'art. 9 de la loi de 1855 nous conduira le plus souvent à interpréter la convention dans un sens favorable à ce dernier. Toutefois il se présentera bien des
hypothèses où la solution contraire résultera soit des
expressions employées, soit des circonstances spéciales de l'affaire. Ainsi, il existe en concours avec la
femme et primés par elle, d'autres créanciers hypothécaires, et le montant des sommes à eux dues est
égal ou supérieur à la valeur présumée de l'immeuble ;
ici évidemment la renonciation stipulée par l'acquéreur
doit être entendue dans le sens d'une vraie subrogation. Dans le cas, au contraire, où l'hypothèque légale
de la femme grève seule l'immeuble, la renonciation

ne peut être qu'extinctive ; la femme fait remise de son gage, et dispense l'acheteur des formalités de la purge : ce dernier ne gagnerait absolument rien à l'acquisition de l'hypothèque.

Au reste, quoi qu'il arrive, la renonciation faite par la femme en faveur du tiers acquéreur ne profite qu'à lui seul : à l'égard des autres créanciers inscrits sur l'immeuble, la convention est *res inter alios acta*, et la femme a toujours le droit de venir par préférence sur le prix. Cette doctrine a été reconnue par une jurisprudence constante (1); la Cour de cassation l'a elle même consacrée, sans songer qu'elle se mettait ainsi en opposition avec le système par elle émis sur une question analogue. Il est bien clair, en effet, que, si la purge éteint complétement l'hypothèque, il doit en être de même de la renonciation volontaire, et que si la Cour suprême a refusé à la femme, à défaut d'inscription, dans le délai de l'art. 2104, la possibilité de revendiquer son droit de préférence sur le prix de l'immeuble, en se fondant sur ce que le droit de collocation n'est que la continuation, et la conséquence du droit de suite, elle ne pouvait sans contradiction maintenir dans l'espèce une portion quelconque de cette garantie hypothécaire, qui ne saurait, selon elle, disparaître par partie, sans que tous les éléments dont elle se compose soient par là même anéantis. Quoi qu'il en soit, la loi du 21 mai 1858, en condamnant au point de vue de la purge l'opinion de la Cour de cas-

____

(1) Lyon, 15 mai 1847; Amiens, 16 fév. 1854; Caen, 26 avril 1852; Cass., 21 fév. 1849.

sation, a constitué un argument nouveau en faveur de notre théorie sur les effets de la renonciation volontaire.

Nous avons dit que la loi de 1855, innovant sur ce point, a soumis les renonciations et les subrogations relatives à l'hypothèque légale à la double nécessité de la rédaction d'un acte authentique et de l'inscription sur les registres à ce destinés. Des auteurs recommandables, faisant l'application de ces règles aux cessions et aux renonciations translatives du droit de la femme, ont cru pouvoir affranchir de ces formalités les renonciations dont le caractère est purement extinctif. Ils empruntent à l'art. 9 leur principal argument ; ce texte, disent-ils, s'est occupé seulement du cessionnaire de l'hypothèque ; or le bénéficiaire d'une renonciation extinctive n'acquiert point l'hypothèque qu'elle a pour objet : il ne saurait donc être astreint à ces deux conditions de l'authenticité et de la publicité. Nous ne pouvons admettre ce système. Si les termes de l'art. 9 ne s'appliquent pas explicitement à des abdications véritables, l'esprit de la loi exige qu'on étende à des conventions de ce genre une disposition protectrice des intérêts de la femme et des tiers. Et d'abord, je ne m'explique pas comment la femme pourrait être privée de la garantie résultant à son profit de l'authenticité de l'acte. Est-ce qu'il ne s'agit pas ici d'une renonciation, d'un contrat portant à ses droits une atteinte plus ou moins considérable ? Et dès lors ne faut-il pas faire en sorte que son consentement se produise en parfaite connaissance de cause, et que l'influence maritale soit balancée par l'intervention d'un officier public ?

Vous voulez, d'un autre côté, que les règles de la publicité reçoivent ici une exception : mais là où existe le danger, il faut maintenir les mesures destinées à le prévenir. Supposons pour un instant votre système reconnu et pratiqué; voyez les inconvéniens qui en résultent. Le mari vend un immeuble grevé de l'hypothèque légale; la femme intervient à l'aliénation pour se désister de ses droits : le tiers acquéreur s'abstient de publier la renonciation. Plus tard, la femme subroge un tiers dans le bénéfice de son hypothèque, sans l'avertir qu'elle a cessé de frapper le fonds sorti du patrimoine de son mari. Le subrogé a-t-il un moyen de connaître cette renonciation antérieure qui va lui être opposée, et de se prémunir ainsi contre la possibilité d'une fraude? Évidemment, nous répondez-vous; il n'aura qu'à consulter le registre des transcriptions, et parmi les clauses du contrat de vente ainsi publié, il trouvera la trace de l'abdication qui a dessaisi la femme de ses droits. Erreur manifeste ! Depuis quand donc va-t-on examiner un registre de transcription pour se rendre compte de la situation hypothécaire d'un immeuble? Et si la loi a jugé utile de prescrire la tenue de deux registres distincts, l'un destiné à constater les mutations de propriété, l'autre exclusivement réservé aux hypothèques et portant l'empreinte de tous les événements qui créent, modifient ou éteignent les garanties de ce genre, sera-t-il donc permis de troubler l'ordre qu'elle a elle-même réglé, et de méconnaître assez l'intérêt de la publicité pour introduire certaines énonciations dans un milieu où elles ne sauraient avoir leur place, et pour obliger les tiers à des recherches devenues singulièrement difficiles! Le tempérament que vous nous proposez est donc insuffisant; vous en arrivez à rendre occultes les renonciations extinctives de l'hypothèque, et votre décision est d'autant plus singulière qu'elle contraste avec ce système de publicité qui est le fondement de notre législation moderne, et qui reçoit son application sans conteste quand il s'agit de renonciations extinctives portant sur un droit d'usufruit, d'usage, d'habitation, de servitude ou d'antichrèse! Nous pensons d'après cela que le mieux est de s'en tenir à la disposition générale qui est au fond de l'art. 0, et de forcer les termes, non l'esprit de la loi, pour éviter les inconséquences et les dangers auxquels nous exposerait l'interprétation trop littérale d'un texte incomplet et mal digéré. Nous reconnaissons, au reste, que notre doctrine est assez défavorable au tiers acquéreur en ce qu'elle lui impose l'obligation, non-seulement de rendre publique la renonciation à lui consentie, mais encore de renouveler tous les dix ans la mention nécessaire à cette publicité. Mais entre deux inconvénients, il faut choisir le moindre; et d'ailleurs, l'acquéreur, qui verra un danger pour lui dans ce mode de procéder, pourra toujours donner la préférence à la purge indiquée par l'art. 2194 du Code Napoléon.

CHAPITRE IV.

DE L'INSCRIPTION QUE DOIT PRENDRE LE SUBROGÉ.

L'art. 9 de la loi de 1855 indique deux formes distinctes, l'inscription et la mention qui ont en vue deux cas différents : celui où l'hypothèque de la femme n'est pas inscrite, et celui où elle est déjà publiée. Occupons-nous d'abord de cette dernière hypothèse. Le droit de la femme étant déjà inscrit, le subrogé doit mentionner sa subrogation en marge de l'inscription. Suivant M. Pont, le cessionnaire aurait l'option entre ce mode de publicité et celui résultant d'une nouvelle inscription de l'hypothèque de la subrogeante prise directement à son profit. Il fonde cette doctrine sur un rapprochement entre la loi nouvelle et le projet admis en 1851 par la commission de l'Assemblée législative. Aux termes du projet de 1851, l'inscription antérieurement prise par la femme ne laissait au subrogé qu'un moyen de publier ses droits, la mention en marge ; la loi de 1855 n'ayant pas employé des termes aussi rigoureusement limitatifs, il en conclut que la formalité prescrite n'est pas exclusive de tout équipollent. Il nous semble, pour notre part, que c'est attacher une grande importance à une différence de rédaction bien minime. En définitive, pour quiconque lira sans prévention l'art. 9, la règle à laquelle nous nous référons paraîtra assez impérative pour que l'alternative proposée puisse difficilement y trouver sa place. Et d'ailleurs, s'il est un mode de procéder véritablement rationnel, n'est-ce pas celui qui consiste à mettre en marge de l'inscription déjà prise la mention de l'acte même qui en déplace l'effet? De cette manière les tiers sont avertis que l'hypothèque, dont cette inscription constate l'existence, ne réside plus en la personne de la femme; de cette manière aussi la véritable situation du mari se révèle aux yeux de tous, et nous n'avons pas de ces inscriptions réitérées faisant croire à un passif plus considérable que celui qui existe réellement. Les autres motifs invoqués par M. Pont tombent d'eux-mêmes devant ces considérations d'un ordre plus élevé; ses craintes au surplus sont chimériques. Le subrogé, dit-il, a pu ignorer si l'hypothèque cédée est inscrite; cette ignorance n'est pas excusable, puisqu'il a toujours eu le droit et le devoir de se renseigner à ce sujet en consultant les registres. L'inscription antérieure, ajoute-t-on, peut être irrégulière, auquel cas le droit du subrogé serait compromis s'il n'avait d'autre moyen de le conserver que celui de la mention; mais, en présence d'une inscription véritablement irrégulière, ce qui sera bien rare dans la pratique, nous pensons que le subrogé sera réputé avoir acquis une hypothèque légale non inscrite, et qu'il pourra prendre une inscription directe à son profit. Quant à la forme même dans laquelle le créancier devra procéder pour requérir la mention prescrite par notre article, nous dirons qu'il ne sera pas tenu de droit commun d'appuyer sa demande sur la présentation d'un bordereau spécial, au moins dans le cas où la subrogation sera relatée dans un acte constitutif d'ypothèque conventionnelle.

Supposons maintenant que l'hypothèque de la femme

ne soit pas inscrite, le cessionnaire devra en provoquer
l'inscription. Suivant M. Troplong (1), cette première
formalité ne suffira pas; elle constituera seulement un
moyen de parvenir à la seconde, qui consiste dans la
mention de la cession faite en marge du registre; car
si l'inscription publie l'hypothèque, la note marginale
publie seule la subrogation. Une pareille doctrine est
directement contraire au texte de la loi. L'art. 9
n'exige pas une inscription et une mention en marge;
il déclare les cessionnaires saisis par l'inscription prise
à leur profit, c'est-à-dire dans la mesure de leur
créance, ou par la mention de la subrogation en marge
de l'inscription préexistante. Nous n'insisterons pas
autrement sur cette théorie évidemment inadmissible.

Dans le cas ou le créancier subrogé à l'hypothèque
de la femme a en même temps une hypothèque conventionnelle sur les biens du mari, une difficulté
des plus graves se présente. Le subrogé doit-il
prendre deux inscriptions distinctes sur le vu de deux
bordereaux également distincts contenant chacun les
mentions propres à l'inscription qu'il s'agit de requérir? Peut-il, au contraire, inscrire collectivement
ces deux hypothèques, de telle sorte que la mention de
la subrogation dans l'inscription de l'hypothèque conventionnelle supplée l'inscription de l'hypothèque
légale et en tienne lieu. M. Troplong (2), M. Pont (3)
et M. Ducruet (4), président de la chambre des no-

_____

(1) *Transcript.*, n° 340.
(2) *Transcript.*, n° 313.
(3) *Priv. et hyp.*, n° 781 ; *Revue critique de légist.*, t. VIII, p. 97.
(4) *Étude sur la transcr.*, p. 43, et *Réponse à MM. Mourlon et Leroux.*

taires de Lyon, enseignent qu'un seul bordereau et une inscription unique, collectifs l'un et l'autre, satisfont pleinement à toutes les prescriptions de la loi. M. Troplong va jusqu'à soutenir que la subrogation à l'hypothèque de la femme peut être valablement mentionnée dans l'inscription de l'hypothèque constituée au profit du subrogé sur les biens personnels de cette dernière, de sorte qu'il pourra arriver que l'hypothèque légale de la femme se trouve inscrite dans un ressort où le mari ne possède aucun immeuble. A la différence des auteurs précités, M. Mourlon (1) et M. Alexis Leroux (2) prescrivent en tous cas deux inscriptions; seulement leurs systèmes diffèrent en ce que M. Mourlon exige un bordereau spécial pour chaque inscription, tandis que, suivant M. Leroux, un bordereau unique et collectif doit suffire.

Pour notre part, il nous semble qu'on ne saurait déclarer nulles les inscriptions collectives sans démontrer que ce mode de procéder est repoussé par la loi. Or je ne sache pas que MM. Mourlon, Leroux et les autres partisans de ce système aient établi suffisamment cette base essentielle de leur argumentation; et, faute de trouver à ce point de vue leurs raisons parfaitement convaincantes, je préfère m'en tenir à l'opinion opposée, qui a du moins cet immense avantage de n'avoir aucune preuve à faire. J'ai dit que les arguments à l'aide desquels nos adversaires ont prétendu justifier cette nullité, contre laquelle je proteste, ne me

---

(1) *Revue prat*, t. II, p. 401.
(2) *Contrôleur de l'enregistrement*, n° 10737.

semblaient pas décisifs, et je tente de le prouver. M: Mourlon, qui soutient la doctrine la plus directement contraire à la nôtre, ne me paraît pas avoir insisté beaucoup sur les documents législatifs qui ont précédé la loi de 1855 ; c'est que tous ces documents emportent plutôt la condamnation implicite que la confirmation de son système. Qu'on les parcoure les uns après les autres, qu'on les étudie, qu'on les commente, jamais on n'arrivera à découvrir parmi eux un texte qui nous soit complétement défavorable, tandis que cet examen pourra nous fournir au moins deux arguments utiles à notre cause. D'une part, l'art. 2148 du Code Napoléon, en autorisant à porter un des bordereaux sur l'expédition du titre, en obligeant à faire connaître la nature complexe de ce titre et le montant des créances qui y sont exprimées, consacre virtuellement le droit d'inscrire simultanément tous les priviléges et hypothèques auxquels le titre a donné naissance ; d'autre part, si nous consultons le décret du 21 septembre 1810, nous trouvons dans le tableau des salaires qui y est annexé un n° 2 ainsi conçu : « Il « est dû au conservateur 1 fr. pour l'inscription de « chaque droit d'hypothèque ou de privilége, quel que « soit le nombre des créances, si la formalité est re- « quise par le même bordereau. » N'est-ce donc pas reconnaître la validité d'un bordereau, et par suite la validité d'une inscription se référant à plusieurs droits d'hypothèque? Et remarquons d'ailleurs que notre situation est plus favorable que celle visée dans le texte, puisque nous supposons une créance unique, et que la pluralité de créanciers occasionnera toujours des inconvénients et des difficultés dans la pratique, ne serait-ce qu'au point de vue de la radiation.

Nous arrivons à la loi de 1855; c'est là que M. Mourlon prétend trouver la consécration entière de sa doctrine. D'après cette loi, le tiers qui est subrogé par la femme dans le bénéfice d'une hypothèque légale non inscrite doit conserver ses droits par une inscription; nous ne comprenons pas, en vérité, quel argument pourait résulter contre nous d'une pareille disposition. Le subrogé doit inscrire; mais avons-nous jamais méconnu cette nécessité? Tout ce que nous demandons, c'est que cette inscription, essentielle à la conservation de ses droits, puisse être prise accessoirement à l'inscription de l'hypothèque conventionnelle qui lui a été concédée par le même acte, et nous consentons à nous incliner devant un texte qui déclarerait notre prétention illégale; or ce texte, personne ne peut nous le représenter. Je sais bien qu'on invoque contre nous des considérations de toute sorte; mais ce n'est pas avec des considérations, si puissantes qu'elles soient, qu'on supplée au silence de la loi; néanmoins nous suivrons encore nos adversaires sur ce terrain. Quand la mention de subrogation accède à une inscription d'hypothèque conventionnelle, elle contiendra rarement, nous dit-on, toutes les énonciations requises pour la publicité de l'hypothèque légale. Nous croyons, au contraire, qu'en fait ces énonciations se trouvent le plus souvent réunies dans un bordereau collectif; et d'ailleurs, si la mention était défectueuse, nous serions le premier à reconnaître la nullité de l'inscription qui en reproduirait la teneur. On nous dit ensuite, et cet argument est plus sérieux : L'inscription collective présente un grand danger, en ce que l'hypothèque cédée n'y étant décrite qu'au second plan, après toutes les clauses relatives à l'hypothèque conventionnelle, ne frappe point les yeux tout d'abord et n'attire point l'attention du lecteur, en sorte qu'il est à craindre que, sous l'empire de l'idée que l'acte tout entier se rapporte à l'hypothèque décrite dans les premières lignes, il ne s'arrête sans pousser la lecture jusqu'au bout. La loi, poursuit-on, a si bien compris ce danger que, dans dans un cas à peu près analogue, dans le cas de l'art. 2108, elle oblige le conservateur qui reçoit la transcription d'un acte de vente à en extraire tout ce qui est relatif au privilége du vendeur, et à reproduire cet extrait sur le registre ordinaire des inscriptions. Nous répondrons à cette objection que l'inscription collective peut être conçue de telle façon que dès le premier mot l'attention du lecteur soit mise en éveil; et d'ailleurs, alors même qu'il n'en serait pas ainsi, celui à qui tout est livré dans une seule inscription pour qu'il en prenne connaissance n'est-il pas reprochable si, par son fait et par inattention, il manque de tout voir? Quant à l'argument d'analogie que l'on tire de l'art. 2108, nous ne pouvons lui reconnaître aucune espèce de valeur. La publicité des priviléges et des hypothèques se révèle par une inscription; exceptionnellement, on attribue au vendeur la faculté de conserver ses droits en transcrivant. Mais il y a là quelque chose d'anormal; il faut rentrer le plus tôt possible dans le droit commun : de là cette obligation imposée au conservateur de mentionner le privilége du vendeur sur le registre qui, régulièrement, devrait seul en contenir la trace. Dans notre hypothèse, rien de semblable : c'est le registre des inscriptions qui doit conserver les hypothèques légales aussi bien que les hypothèques conventionnelles. Le mode de procéder dont nous venons de soutenir la validité avait été admis par une jurisprudence à peu près constante, lorsqu'en 1856 la Cour de cassation a consacré l'opinion opposée; cet arrêt n'a pas le caractère décisif que voudraient lui attribuer nos adversaires ; car s'il annule ce qu'on appelait alors une *mention de subrogation*, il paraît statuer en fait pour un cas où cette mention ne présentait pas toutes les conditions voulues pour l'inscription de l'hypothèque légale elle-même (1).

Quant à ce droit que s'arrogent les conservateurs de diviser les bordereaux collectifs pour faire autant d'inscriptions qu'il y a d'hypothèques différentes, nous ne comprenons pas sur quel fondement sérieux on pourrait l'établir. De l'art. 2150 il résulte que, dans la pensée du législateur, le conservateur est un agent passif, dont le rôle se réduit à reproduire fidèlement, sous sa responsabilité personnelle, les énonciations même du bordereau, sans qu'il ait à se préoccuper jamais de la question de savoir si ces énonciations satisfont ou non aux prescriptions de la loi. Voici, au

---

(1) V. en notre faveur : Angers, 3 avril 1885 (Dey., 35, 2, 226); Bordeaux, 4 juillet 1840; Paris, 25 janvier 1851, 30 juin 1853, 31 août 1851; Bourges, 18 mars 1851 (J. du P., 1840, 2, 68; 1854, 2, 210 et 510; Dev., 55, 2, 177); Orléans, 20 fév. 1857 (Dev., 57, 2, 200).

surplus, ce que nous lisons dans une lettre adresée récemment par l'administration do l'enregistrement au directeur des domaines à Lyon : « On ne voit pas « que les conservateurs puissént se croire autorisés à « faire d'office deux inscriptions sur le dépôt d'un seul « bordereau pour le cas où, dans une même inscription, « on les requiert à la suite de l'hypothèque convention-« nelle d'inscrire l'hypothèque légale à laquelle le créan-« cier inscrivant est subrogé..... Quelle que soit l'opi-« nion des conservateurs sur la nécessité d'une double « inscription, cette question n'intéresse que les parti-« culiers qui ont à remplir des formalités hypothécaires. « Quant aux conservateurs des hypothèques, ils doi-« vent obtempérer aux réquisitions qui leur sont « faites, toutes les fois que les formalités requises ne « sont pas demandées dans une forme ou dans un sens « contraire aux règles générales établies par la loi « pour leur accomplissement. »

Le créancier est-il tenu d'indiquer dans son bordereau la nature et le montant des réprises de la femme garanties par l'hypothèque légale à laquelle il est subrogé ? Nous avons vu précédemment que ces indications précises ne sauraient être que rarement demandées à la femme elle-même, quand elle vient requérir en son nom l'inscription de son hypothèque. Nous ne pourrions nous montrer plus exigeant à l'égard du subrogé qui aura bien plus de difficulté encore à se procurer sur ce point des renseignements exacts. D'ailleurs, ce qu'il importe aux tiers de connaître, c'est moins le chiffre des créances de la femme que le montant en capital et accessoires des droits du su-

brogé. La jurisprudence a consacré à plusieurs reprises
cette opinion favorable (1).

L'inscription ou la mention requise par un créancier subrogé, conformément à l'art, 9, ne profite qu'à
celui qui l'a faite, et non aux autres créanciers subrogés; profiterait-elle au moins à la femme elle-même?
Cette question, qui se présentait déjà avant la loi nouvelle, dans le cas ou l'hypothèque de la femme et de
son cessionnaire devait se révéler, c'est-à-dire dans
le cas de purge légale; présente maintenant d'autant
plus d'intérêt que la publicité est devenue une condition nécessaire pour l'efficacité de la subrogation à
l'égard des tiers. Il faut distinguer pour la résoudre
les termes dans lesquels l'inscription a été faite. Si le
créancier requiert une inscription au profit et au
nom de la femme, en se bornant à ajouter qu'il a été
subrogé dans l'hypothèque légale jusqu'à concurrence
de sa propre créance, il agit évidemment comme
ayant cause de la femme, et l'inscription devra profiter à cette dernière. Mais supposons, ce qui arrive
habituellement, que le créancier qui requiert inscription d'une hypothèque conventionnelle requiert en
même temps, à son profit et en son nom personnel,
inscription de l'hypothèque légale. En pareil cas, cette
inscription ne doit-elle profiter qu'au créancier? Et si
ce créancier est payé, peut-il donner mainlevée
entière de l'hypothèque, sans la participation de la
femme? Cette question, l'une des plus importantes
qui puisse se présenter dans la pratique des affaires,

---

(1) Cass., 21 fév. 1840, 4 fév. 1856.

préoccupe au plus haut point les jurisconsultes, et partage les tribunaux. Elle a été résolue par les tribunaux civils d'Orléans et de Lyon (1) dans le sens de la radiation complète de l'inscription sur la seule mainlevée du créancier subrogé, et par les Cours impériales d'Orléans et d'Amiens (2) dans le sens du maintien de l'inscription au profit de la femme. L'arrêt de la Cour d'Orléans déféré à la Cour suprême a été cassé le 5 février 1861 par un arrêt de la chambre civile. Nous ne doutons pas que cette dernière décision ne rallie à elle la jurisprudence encore hésitante, et, pour notre part, il nous semble incontestable que le bénéfice de l'inscription doit être restreint à la personne même du subrogé. En définitive, ce que le subrogé a inscrit est un droit à lui propre. De tous les effets de la subrogation, le plus direct assurément est de mettre le subrogé aux lieu et place du subrogeant ; le droit de ce dernier subsiste toujours, mais il se divise, il sort pour partie des mains du subrogeant, et passe aux mains du subrogé dont il devient la propriété pour cette même partie. En appliquant à notre matière ces principes de droit commun, il ne peut être exact de prétendre, comme on l'a fait dans l'opinion opposée, que, lorsqu'il requiert l'inscription à son profit, le créancier subrogé fait inscrire l'hypothèque légale au profit de la subrogeante, sans quoi il faudrait dire qu'il n'y a pas eu de cession, il faudrait dire que la femme n'a rien cédé à ce créancier, qu'elle a donné et

(1) Tribunal civil d'Orléans, 15 mars 1859; tribunal civil de Lyon, 11 juillet 1860.

(2) Amiens, 31 mars 1857 ; Orléans, 4 août 1859.

retenu en même temps, qu'elle a transmis et gardé sa créance. On a invoqué encore contre nous l'idée d'un prétendu mandat conféré au subrogé à l'effet de publier les droits de la femme; mais un pareil argument se réfute de lui-même. Comment le créancier subrogé peut-il être considéré comme un mandataire, s'il exerce un droit qui lui est personnel? Et d'ailleurs pourrait-on lui appliquer les règles ordinaires en matière de mandat, l'art. 2004 aux termes duquel le mandat est essentiellement révocable, l'art. 1992 qui fait peser sur le mandataire la responsabilité de sa faute et de sa négligence? Évidemment, personne ne voudrait aller jusque-là. Enfin, je ne parle que pour mémoire de tous les inconvénients pratiques qu'entraînerait la doctrine opposée. Y aurait-il une seule hypothèse où la purge serait possible? A chaque instant on verrait apparaître au milieu d'un ordre commencé cette inscription maintenue au profit de la femme malgré la radiation consentie par le subrogé, et comme la créance garantie ne se trouve ni liquidée ni susceptible de l'être, il faudrait déposer le prix, et l'effet de toute inscription postérieure serait paralysé.

On s'est demandé quelquefois si l'inscription prise par le subrogé devait contenir une élection de domicile pour la femme. Nous avons répondu d'avance à cette question; il est évident qu'une mention de ce genre ne saurait être requise dans une inscription qui ne peut, en aucun cas, profiter à la subrogeante.

Si nous supposons maintenant que l'inscription manque de quelques-unes des énonciations essentielles à son existence, nous nous demanderons à qui appartiendra le droit de la faire déclarer nulle. A cet égard il faut distinguer. Si la question surgit durant le mariage, ou dans l'année de la dissolution, la nullité pourra être opposée seulement par les subrogés postérieurs; nous ne saurions reconnaître aux créanciers hypothécaires du mari le droit de s'en prévaloir: ils n'y ont, en effet, aucun intérêt; car, le cessionnaire écarté, la femme prendrait sa place, et comme elle n'a pas besoin de justifier d'une inscription, elle serait colloquée. Que si, au contraire, le conflit s'engage plus d'un an après la dissolution du mariage, ces créanciers hypothécaires pourront avoir intérêt et qualité pour arguer d'une nullité qui leur permettra d'arriver au premier rang, si la femme n'a pas eu le soin d'inscrire ses droits soumis désormais aux règles ordinaires de la publicité.

CINQUIÈME PARTIE.
DES MODES D'EXTINCTION DE L'HYPOTHÈQUE LÉGALE.

L'art. 2180 énumère quatre modes d'extinction de l'hypothèque:

1° Extinction de l'obligation principale;
2° Renonciation du créancier à l'hypothèque;
3° Prescription;
4° Accomplissement des formalités et conditions

prescrites au tiers détenteur pour purger les biens acquis.

Le premier mode ne contient rien de particulier à l'hypothèque légale, il suffit de se reporter au titre du contrat de mariage et au chapitre des obligations traitant de leurs divers modes d'extinction.

En ce qui concerne la renonciation, nous avons examiné ce qui pouvait donner lieu à quelque difficulté.

La prescription, tant que durera le mariage, ne sera pas une cause de libération fréquemment applicable. Si nous supposons que l'immeuble grevé de l'hypothèque est resté entre les mains du mari, le principe de l'art. 2253 s'opposera à ce que la prescription puisse être encourue par la femme; si nous supposons qu'il ait passé entre les mains d'un tiers, l'art. 2256 viendra encore, dans la majorité des cas, mettre la femme complétement à l'abri. La disposition de cet article cessera d'ailleurs de protéger la créancière toutes les fois que le tiers détenteur aura reçu le fonds par suite d'un acte de donation ou d'un acte de vente portant réserve expresse que l'action de la femme ne donnerait lieu à aucun recours contre son mari. En tous cas, après la dissolution du mariage, la prescription commence à courir, et la femme qui dans les dix ou vingt ans de la mort de son mari n'aurait pas poursuivi le tiers détenteur des immeubles à elle hypothéqués légalement, pourrait être privée de tout recours hypothécaire si ces tiers détenteurs avaient eu soin de faire transcrire leurs contrats.

La quatrième cause d'extinction est l'accomplissement des conditions et formalités de la purge; nous
devons présenter à ce sujet de plus longs développements.

DE LA PURGE.

La purge est un payement accompli après certaines
formalités qui, avertissant les créanciers hypothécaires des clauses de la vente, les mettent en demeure
de faire porter l'immeuble à sa juste valeur au moyen
de la surenchère. Le tiers détenteur qui a procédé
ainsi est à l'abri de toute poursuite de la part des
créanciers non payés.

Devait-on permettre aux tiers détenteurs de purger
les hypothèques légales des femmes sans distinguer
sous quel régime elles sont mariées? La question ne
s'est point élevée au conseil d'État; l'ancien droit
le permettait : le Code civil, adoptant la même idée,
établit pour le cas où l'hypothèque n'est pas inscrite
une purge spéciale, qui a pour principal objet de
mettre la femme en demeure de s'inscrire ; si elle ne
le fait pas, elle perd son droit en vertu, non d'une
présomption de renonciation, mais d'une déchéance
dont nulle incapacité ne peut détruire ou suspendre les
effets. Cette procédure spéciale a été empruntée en
grande partie à l'édit de 1771, qui organisait la purge
à une époque où toutes les hypothèques étaient occultes. Nous ne nous occuperons pas ici de la purge
de l'hypothèque de la femme lorsqu'elle a été inscrite;
nous nous référons sur ce point à la théorie géné-

ralo de la purge des hypothèques ordinaires. Nous verrons successivement dans quatre chapitres quelles sont les formalités requises pour la purge de l'hypothèque légale non inscrite dans le cas : 1° d'aliénation volontaire; 2° d'expropriation forcée; 3° d'expropriation pour cause d'utilité publique; 4° de prêt fait par les sociétés de crédit foncier.

CHAPITRE PREMIER.

DE LA PURGE AU CAS D'ALIÉNATION VOLONTAIRE.

L'acquéreur qui voudra purger sera tenu de déposer copie dûment collationnée du contrat translatif de propriété au greffe du tribunal civil du lieu de la situation des biens, et de certifier, par acte signifié tant à la femme qu'au procureur impérial près le tribunal, le dépôt qu'il aura fait. Extrait de ce contrat, contenant sa date, les noms, prénoms, professions et domiciles des contractants, la désignation de la nature et de la situation des biens, le prix et les autres charges de la vente, ou une évaluation de l'immeuble en cas d'aliénation à titre gratuit, sera et restera affiché pendant deux mois dans l'auditoire du tribunal, pendant lequel temps les femmes, les maris, les parents ou amis et le procureur impérial seront reçus à requérir, s'il y a lieu, et à faire au bureau des hypothèques des inscriptions sur l'immeuble aliéné. Nous allons reprendre successivement ces diverses formalités.

En ce qui concerne le dépôt au greffe, on s'est

demandé si le ministère d'un avoué était obligatoire. La Cour de cassation (1) s'est prononcée avec raison pour la négative. Toutefois, si l'acte en question n'est pas du ressort exclusif des avoués, il faut dire, avec la Cour de Nîmes (2), que ces officiers ministériels, chargés de faire une purge d'hypothèque légale, ont qualité soit pour dresser et certifier la copie collationnée prescrite par la loi, soit pour faire le dépôt de cette copie au greffe ; c'est donc à tort qu'on prétendrait exiger d'eux la représentation d'un mandat écrit et formel pour les autoriser à effectuer ce dépôt.

Cette première formalité accomplie, on en donne avis soit à la femme ou à ses représentants, soit au procureur impérial ; la signification est faite par ministère d'huissier : seulement l'art. 832 du Code de procédure se référant exclusivement aux art. 2183 et 2185, nous n'exigerons pas ici l'intervention d'un huissier commis. La notification faite à la femme parlant à son mari est-elle valable? Plusieurs arrêts ont décidé affirmativement : l'art. 68 du Code de procédure est favorable à cette décision ; mais ne serait-il pas plus juste de déclarer, avec la Cour de Paris (3), « que lorsque la femme n'a pas d'autre représentant « que son mari, c'est comme si elle n'en avait pas, « puisque leurs intérêts sont en désaccord? »

Sous l'empire du Code Napoléon, il arrivait souvent, ou bien que le tiers détenteur ignorât si celui de qui il tenait l'immeuble avait été marié, ou bien encore que,

____

(1) 31 mars 1840.
(2) 9 mai 1857.
(3) 25 fév. 1810.

le sachant marié, il n'eût aucune connaissance du domicile de la femme ou de ses représentants ; il se bornait alors à faire la signification prescrite au procureur impérial, formalité à peu près inutile, ces magistrats n'ayant ni assez de temps ni assez de zèle pour veiller d'une manière spéciale aux intérêts des particuliers. Un avis du conseil d'État du 1ᵉʳ juin 1807, prenant en considération l'intérêt des femmes, a rempli la lacune que présentait le Code en déclarant que, lorsque la femme ou ses ayants cause ne seraient pas connus de l'acquéreur, celui-ci suppléerait à la notification qu'il est chargé de leur faire par une publication dans les journaux, conformément à l'art. 696 du Code de procédure ; il est justifié de cette insertion aux termes de l'art. 698 du même Code. Ce mode de procéder est dénoncé au ministère public dans la signification à lui adressée. S'il n'y avait pas de journal dans le département, on devrait se faire délivrer par le procureur impérial un certificat constatant cette circonstance. Dans la pratique, la notification de la femme n'empêche pas qu'on ne fasse l'insertion dans le journal ; cet usage se conçoit, l'immeuble pouvant être grevé d'hypothèques légales plus anciennes que celles dont on connaît l'existence.

Enfin, comme dernière formalité, l'art. 2194 exige qu'un extrait du titre du nouveau propriétaire soit et reste affiché pendant deux mois dans l'auditoire du tribunal ; durant ce laps de temps, il doit être pris inscription par la femme ou pour la femme. Le délai est rigoureux ; il ne serait pas susceptible d'augmentation à raison de la distance : les art. 73 et 1033 du Code de procédure ne sauraient ici recevoir leur application (1). Si, la femme n'étant pas connue, il y avait lieu de recourir aux formes spéciales de publication déterminées par l'avis du conseil d'État, les deux mois ne commenceraient à courir que du jour de la publication faite, ou du jour de la délivrance du certificat du procureur impérial portant qu'il n'existe pas de journal dans le département.

Dans le projet de réforme hypothécaire présenté en 1851, on proposait quelques modifications au système du Code Napoléon pour la purge des hypothèques légales non inscrites ; on supprimait le dépôt du contrat translatif de propriété et l'affiche d'un extrait de ce contrat dans l'auditoire du tribunal, pour se contenter d'une signification à la femme ; mais cette signification devait contenir les noms, prénoms, domiciles et qualités des parties, la désignation de l'immeuble et du droit aliéné ou constitué, la date et la nature du titre, la date de la transcription, l'énonciation du prix et des charges. On y joignait l'insertion dans un des journaux du département d'un extrait de cette signification contenant les mêmes indications ; et c'était non plus dans les deux mois, mais dans les quarante jours seulement, que l'inscription devait être prise au nom de la femme.

Ce projet n'a pas abouti, et nous restons en présence de la procédure organisée par l'art. 2194 du Code et par l'avis du conseil d'État précité. La femme, ainsi mise en demeure, peut inscrire son hypothèque dans

---

(1) Grenoble, 8 mars 1855.

le délai de la loi, elle peut aussi négliger de prendre inscription. Qu'arrivera-t-il dans l'une et l'autre de ces deux hypothèses?

§ 1. — La femme a pris inscription.

Doit-on lui faire la notification de l'art. 2183 ou au moins lui accorder un nouveau délai pour surenchérir? Nous ne le pensons pas. Toutefois on invoque contre nous les art. 2194 et 2195 du Code civil, d'après lesquels l'inscription prise dans le délai aura le même effet que si elle avait été prise le jour même du contrat de mariage. Or, ajoute-t-on, pour purger une hypothèque inscrite, il faut user des formalités contenues dans les art. 2183 et suivants. Ce raisonnement conduirait à dire que la purge du chapitre IX a uniquement pour but de faire inscrire l'hypothèque; comment admettre une pareille conséquence? Si les art. 2194 et 2195 énoncent que l'inscription aura le même effet que si elle avait été prise le jour du contrat de mariage, ils entendent seulement trancher la question de rang; nous avons constaté au surplus que, même envisagée à ce point de vue, l'énonciation n'est pas rigoureusement exacte. Nous nous emparerons nous-même de l'art 2195, et nous demanderons à nos adversaires si, en présence de cette disposition, un nouveau retard pourrait encore être apporté à l'ouverture de l'ordre. D'ailleurs n'est-il pas probable qu'en reproduisant le délai unique de l'édit de 1771, les rédacteurs ont entendu décider que la femme n'aurait que deux mois pour prendre inscription et pour surenchérir, de même que sous l'empire de l'édit elle n'avait que deux mois pour surenchérir et former opposition? Nous n'apporterons à ce principe qu'une exception pour le cas d'aliénation à titre gratuit; le donataire ne pourra pas prétendre que la femme qui s'est inscrite dans le délai de deux mois est déchue de son droit de surenchérir par l'expiration de ce délai, s'il n'a pas pris la précaution de donner dans l'extrait du contrat une évaluation de l'immeuble.

Au reste, il faut bien le reconnaître, le droit de surenchère est en fait insuffisant pour protéger la femme; le plus souvent il ne sera pas exercé. La femme n'ose pas agir dans la crainte de déplaire à son mari, qu'elle exposerait à un recours en garantie de la part de l'acquéreur évincé. Elle ne saurait d'ailleurs faire de réquisition à cet effet sans s'être procuré une autorisation spéciale; la Cour de cassation s'est prononcée en ce sens, en se fondant sur ce motif que la surenchère contient une véritable obligation d'acquérir, un engagement irrévocable, et ne peut à aucun titre être classée parmi les actes purement conservatoires. D'après cela, la loi eût peut-être décidé plus sagement en ne faisant courir le délai pour surenchérir que du jour de la dissolution du mariage; mais c'eût été entraver la circulation des biens pendant de longues années, et porter une grave atteinte au crédit public.

Les deux mois sont expirés; la femme n'a pas surenchéri, ou, si elle a surenchéri, il a été procédé à l'adjudication sur surenchère : les délais de la purge ordinaire sont expirés; comment la femme va-t-elle exercer son droit sur le prix de vente ou sur l'évaluation de l'immeuble du mari? Si ses droits sont liquides et ouverts par la dissolution du mariage ou la séparation de biens, pas de difficultés; la femme agira comme tout autre créancier. Mais que décider si le mariage existe encore, et que les droits soient presque tous ou éventuels, ou indéterminés, ou non encore échus? A cet égard, il faut distinguer. Le prix de vente est-il absorbé par les créanciers antérieurs, l'art. 2195 est formel, on paye les créanciers, et l'inscription de la femme qui ne vient pas en ordre utile est rayée en totalité. La femme a-t-elle droit, au contraire, à une partie du prix, c'est ici que se présentent les difficultés. On ne doit point rembourser la femme : c'est un point universellement adopté; mais, avant de savoir ce qu'on doit faire du prix, examinons quelles seront les sommes réservées pour garantir les droits des femmes. Elles devront être suffisantes pour assurer la garantie de tous les droits même éventuels. Ce point a été parfaitement établi dans la discussion au conseil d'État : M. Tronchet ayant demandé si les droits éventuels et conditionnels étaient purgés, M. Treilhard lui répondit qu'ils l'étaient en effet, mais que les fonds qui y étaient affectés devaient rester déposés entre les mains de l'acquéreur. Seulement que doit-on entendre par droit éventuel? Est-ce un droit qui pourra échoir à la femme, comme par exemple la succession d'un parent? Évidemment non, car la femme peut s'engager avec son mari, et, si l'on considère comme éventuel un droit qui peut naître, on devra toujours conserver toutes les sommes qui ne seront pas enlevées à la femme par des créanciers antérieurs. Ce serait une grave erreur, surtout aujourd'hui que l'hypothèque ne remonte pas pour toutes ses créances au jour du mariage; elle ne peut réclamer que les sommes affectées aux créances dont l'hypothèque est déjà née à l'époque de l'aliénation, c'est-à-dire à des droits certains ou incertains, déterminés ou indéterminés, mais qui ont commencé d'exister. L'art. 2195 prescrit la radiation des autres inscriptions qui ne viendront pas en ordre utile ; c'est un point bien délicat, car il sera très-rare que ces inscriptions ne soient pas encore susceptibles de produire quelque effet, les créances des femmes étant presque toutes éventuelles; aussi ne devra-t-on se conformer à la lettre de la loi qu'avec beaucoup de circonspection.

Mais que deviendront les sommes attribuées à la femme? On ne peut pas les lui donner ; est-ce au mari qu'on les remettra? Évidemment non. Tout au plus pourrait-on l'autoriser à les toucher en donnant caution; et encore ne serait-ce pas placer la femme dans une situation moins favorable? Car la caution n'est pas une garantie aussi efficace que l'hypothèque : du reste, le Code ne s'y oppose point. Plusieurs jurisconsultes ont soutenu qu'en présence des paroles prononcées par M. Treilhard dans la discussion, et rapportées plus haut, on devait toujours décider que les sommes resteraient entre les mains du tiers acquéreur. Nous ne nions pas que ce système ne soit celui qui offre le plus de garanties à la femme ; son hypothèque subsiste toujours sur l'immeuble, puisque, suivant les expressions très-justes de M. Bigot-

Préamenou, l'hypothèque n'est purgée que quand il y a eu payement. Mais rien n'indique que l'opinion de M. Treilhard, émise incidemment dans la discussion, lorsque l'art. 2195 ne contenait que son premier paragraphe, ait triomphé. Au contraire, dans les deux paragraphes qui ont été ajoutés, on s'est contenté de dire que l'acquéreur ne pourra faire aucun payement du prix au préjudice desdites inscriptions. Concluons-en que le Code se borne à interdire le payement fait au préjudice des droits des femmes, mais permet tout mode de libération qui ne léserait pas ces droits. Il eût été bien rigoureux, en effet, de forcer le tiers acquéreur à garder pendant si longtemps cet argent par devers lui, et à laisser l'immeuble grevé de droits. On doit donc donner à cet égard la plus grande latitude aux tribunaux, qui décideront suivant les circonstances, mais en ayant toujours soin de sauvegarder les droits des femmes et des créanciers hypothécaires postérieurs. Ainsi, remise de la somme à ces créanciers postérieurs, à charge de fournir des garanties pour la restitution à la femme, s'il y a lieu, dépôt à la caisse des consignations, voilà autant de modes de procéder dont nous reconnaîtrons la parfaite légitimité.

§ 2. — La femme n'a pas pris inscription.

L'art. 2195 est formel ; l'immeuble passe à l'acquéreur sans aucune charge en raison des dots, reprises et conventions matrimoniales de la femme.

C'est ici que se présentait la question la plus controversée peut-être de toutes celles qui peuvent s'élever sur l'hypothèque légale de la femme. Quand la

femme a omis de s'inscrire dans le délai de deux mois,
a-t-elle perdu tous ses droits sur l'immeuble, ou lui
permettra-t-on de se présenter et de se faire colloquer
dans l'ordre ouvert sur le prix? En un mot, a-t-elle
perdu le droit de préférence aussi bien que le droit de
vente? L'opinion de l'affirmative avait pour elle la Cour
de cassation, qui s'était toujours prononcée dans ce
sens depuis le 30 août 1825, date de son premier arrêt
sur cette matière; c'était l'avis de MM. Duranton (1),
Valette, Tessier (2), Benoît (3), etc..... Mais la solution opposée comptait en sa faveur un grand nombre
d'arrêts de Cours impériales, et parmi les jurisconsultes, MM. Troplong (4), Dupin (5), Zachariæ (6) y
avaient donné leur adhésion. Nous n'avons pas à revenir ici sur cette intéressante controverse, la loi du
21 mai 1858 ayant tranché toute difficulté. Il est désormais reconnu que le droit de suite et le droit de
préférence sont indépendants l'un de l'autre, et que
l'extinction du premier n'emporte pas virtuellement,
et par voie de conséquence, l'anéantissement du second. Voici comment le rapporteur s'exprimait à ce
sujet au nom de la commission chargée de préparer
la loi nouvelle : « Les purges d'hypothèques légales,
« quels qu'en soient le procédé et l'époque, ne sont pas
« toujours un mode d'interpellation assez sûr et assez
« compris pour qu'on puisse garantir que l'incapable

(1) T. XX, n°° 358 et 421 bis.
(2) Dot., t. II, n° 150.
(3) Dot., II, n° 60.
(4) T. IV. n°° 984 et suiv.
(5) Réquis., t. III, p. 80.
(6) T. V, § 295.

« a été averti, et que son ignorance ou sa dépendance
« lui a laissé la faculté de profiter de l'avertissement ;
« le mari peut être négligent, peu éclairé, ou avoir
« des intérêts opposés à celui de la femme. Il ne faut
« donc pas assimiler cette dernière à un créancier
« ordinaire, et s'il est possible encore de lui réserver
« un droit de préférence sur le prix, il faut s'empres-
« ser de le faire, sous peine de lui retirer la protec-
« tion précisément au moment où elle devient néces-
« saire. » Sous le bénéfice de cette observation, le
projet fut adopté, et le nouvel art. 772 du Code de
procédure fut rédigé en ce sens.

Mais si la femme acquit désormais le droit incontestable de produire à l'ordre en l'absence de toute
inscription prise sur l'immeuble, l'exercice de ce privilége fut renfermé dans des limites rigoureusement
déterminées. Ainsi, d'une part, elle doit, à peine de
déchéance, se présenter avant la clôture, si l'ordre
se règle amiablement, ou avant l'expiration d'un délai
de quarante jours à partir de la dernière sommation
faite aux créanciers inscrits, dans le cas où l'ordre est
poursuivi judiciairement. D'autre part, elle est privée
de tout recours s'il s'est écoulé plus de trois mois
entre l'ouverture de l'ordre et l'expiration du délai
prescrit pour la purge légale. Cette double déchéance
peut-elle être facilement justifiée ? Que la femme soit en
tous cas privée de son droit de suite, nous le comprenons
sans peine : c'est là un sacrifice qu'on a dû faire dans
l'intérêt de la circulation des biens. Qu'elle ne puisse
pas attaquer un ordre clos en son absence, nous le
concevons encore : il est juste que le droit des créan-

ciers inscrits ne soit point indéfiniment menacé d'éviction. Mais quand la loi refuse à la femme le droit de venir à un ordre ouvert trois mois après l'accomplissement de la purge légale, nous trouvons sa disposition bien rigoureuse, et nous ne voyons pas sur quelle raison décisive elle peut s'appuyer. Nous dirons, au reste, avec M. Riché, « que si les créanciers inscrits, « voulant laisser le droit de préférence s'écouler et se « perdre par le laps de temps, retardent l'ordre à « dessein, la femme ou ses représentants pourront en « provoquer l'ouverture. »

Y a-t-il actuellement similitude parfaite au point de vue du droit de préférence entre la femme qui a pris inscription dans le délai de la loi et celle qui a négligé de se conformer à l'art. 2194, en admettant, bien entendu, que l'ordre soit ouvert dans les trois mois qui ont suivi l'expiration des délais de purge légale? La situation de l'un et de l'autre ne saurait être absolument identique; car, si les créanciers inscrits ont droit à des sommations qui les préviennent de l'ouverture de l'ordre et les appellent à s'y présenter, ceux qui ne sont pas inscrits ne reçoivent aucun avertissement particulier. Cette différence est, au reste, la seule que nous ayons à signaler entre les deux hypothèses depuis la loi de 1858.

Un immeuble grevé d'hypothèques légales ou autres a été vendu; l'acheteur a rempli les formalités de la purge, il y a eu surenchère suivie d'adjudication. Si c'est l'acquéreur lui-même qui s'est porté adjudicataire, il n'a fait que confirmer son titre primitif, et il ne saurait y avoir dans l'espèce aucune difficulté.

Mais si l'adjudication a été prononcée au profit d'un tiers, devra-t-on recommencer à nouveau les formalités de la purge? Ce point avait fait doute. Un arrêt avait admis l'affirmative (1), par ce motif que la première vente ayant été résolue, il y a eu par le fait transmission de propriété; on s'appuyait en outre sur un argument *a contrario* tiré de l'art. 2189. Cette doctrine, d'autre part, avait été vivement critiquée. L'art. 2189, disait-on, est absolument étranger à la question. Il n'est pas exact de prétendre que la première aliénation ait été détruite par le jugement d'adjudication; il y a eu confirmation, et non rescision du contrat : le second acquéreur est subrogé à la place du premier, il prend l'immeuble tel qu'il est, c'est-à-dire purgé des hypothèques. A quoi bon, dès lors, faire subir à la même acquisition deux purges successives? L'art. 838 du Code de procédure est conçu d'ailleurs de manière à lever tous les doutes; aux termes du § 7, l'adjudication par suite de surenchère sur aliénation volontaire ne pourra être frappée d'aucune autre surenchère; s'il ne peut plus y avoir lieu à surenchère, évidemment il ne peut y avoir lieu à purge nouvelle. Quoi qu'il en soit de cette controverse et des arguments invoqués de part et d'autre, la loi de 1858 a tranché définitivement la question en assimilant au point de vue de la purge l'adjudication sur surenchère après aliénation volontaire et l'adjudication sur saisie immobilière. A l'avenir, tout jugement d'adjudication régulièrement transcrit emportera ex-

---

(1) Paris, 2 avril 1812.

tinction des droits de privilége et hypothèque frappant l'immeuble aliéné. Le nouvel art. 838 du Code de procédure apporte toutefois à cette règle générale une exception introduite dans la loi sur les observations présentées par les délégués des notaires des départements; cette exception est relative exclusivement au cas d'adjudication sur aliénation volontaire. Les créanciers ayant une hypothèque légale occulte seront maintenus dans l'intégrité de leurs droits, même après l'adjudication consommée, toutes les fois que l'aliénation volontaire qui l'a précédée n'aura pas été accompagnée des formalités requises pour la purge légale. L'adjudicataire ne peut donc se mettre à couvert à leur égard qu'en se conformant aux dispositions des art. 2194 et suivants. Si les créanciers dont s'agit s'inscrivent dans le délai de la loi, ils conservent tous les avantages attachés à leurs hypothèques, et peuvent notamment provoquer une adjudication nouvelle, en violation du principe que surenchère sur surenchère ne vaut. Que si, au contraire, ils négligent de prendre inscription dans les deux mois, leur droit de suite disparaît; mais ils peuvent encore se faire colloquer dans l'ordre au rang de leurs créances, conformément à l'art. 772 du Code de procédure.

CHAPITRE II.

DE LA PURGE AU CAS D'EXPROPRIATION FORCÉE.

Nous avons déjà fait allusion à une disposition de la loi de 1858 reconnaissant expressément que les forma-

lités de l'expropriation forcée suffisent pour purger toutes les hypothèques. C'était encore résoudre une difficulté vivement débattue dans la pratique, au moins en
ce qui concerne les hypothèques légales dispensées
d'inscription. Après de longues hésitations, la jurisprudence avait fini par se prononcer en faveur de la
femme, et l'on obligeait assez généralement l'adjudicataire à remplir vis-à-vis de cette dernière les formalités prescrites par le chapitre IX du Code civil. Une
pareille décision n'était pas à l'abri de toute critique.
Arriver à l'adjudication promptement, et avec le moins
de frais possible, tel est le but que doit atteindre une
bonne loi sur la saisie immobilière ; or si l'on exige que
l'adjudicataire, après toutes les formalités de la saisie,
remplisse encore celles de la purge, on perd un temps
et un argent précieux en délais et en frais le plus souvent inutiles. Lorsque la loi du 2 juin 1841 fut présentée, on fit droit à ces observations, et l'on proposa
un article qui aurait eu pour effet de déclarer les hypothèques légales purgées par l'expropriation. Ce projet
fut rejeté par la chambre des pairs ; il reparut de nouveau en 1858, et cette fois, triomphant de toutes les oppositions, il reçut une consécration législative. Il ne
faudrait pas croire d'ailleurs que les droits des femmes
aient été compromis par la loi de 1858 : des garanties
nouvelles sont venues remplacer à leur profit les garanties arbitraires dont la jurisprudence les avait entourées
jusque-là. C'est ainsi que la femme, quoique non inscrite, sera liée à la saisie par une mise en demeure
d'y intervenir, c'est ainsi qu'elle sera invitée à prendre
inscription dans un délai déterminé, c'est ainsi que la

perte de son droit de suite n'empêchera pas qu'elle ne conserve intact son droit de préférence sur le prix. Nous allons revenir sur chacune de ces dispositions.

Et d'abord, le poursuivant sera tenu d'adresser à la femme une sommation contenant : 1° une mise en demeure de prendre communication du cahier des charges, de fournir ses dires et observations, et d'assister à la lecture, et à la publication qui en sera faite, ainsi qu'à la fixation du jour de l'adjudication ; 2° l'indication des jour, lieu et heure de la publication; 3° l'avertissement que, pour conserver son hypothèque sur l'immeuble exproprié, elle devra la faire inscrire avant la transcription du jugement d'adjudication. Cette sommation devra être faite tant aux femmes des précédents propriétaires qu'à la femme du saisi. La créancière, ainsi interpellée, pourra agir sans être obligée d'obtenir au préalable l'autorisation de son mari ou de justice ; la loi, l'investissant du droit d'intervenir à la saisie, l'habilite par là même.

Il sera laissé copie de la sommation au procureur impérial de l'arrondissement où sont situés les biens ; ce magistrat sera tenu, dit la loi, de requérir l'inscription des hypothèques légales existant du chef du saisi; quant aux hypothèques existant sur les mêmes biens du chef des précédents propriétaires, aucun devoir ne lui est imposé. A la vérité il peut, s'il le juge utile, en requérir l'inscription ; mais si la loi nouvelle ne lui défend pas d'user de ce pouvoir, tout au moins elle lui conseille d'en user avec prudence. C'est ce qui résulte du mot *seulement* ajouté par l'art. 692.

Aux termes de l'art. 696, quarante jours au plus tôt,

vingt jours au plus tard avant l'adjudication, l'avoué du poursuivant fera insérer dans un journal publié dans le département où sont situés les biens un extrait contenant, entre autres détails, un nouvel avertissement concernant tous ceux du chef desquels il pourrait être pris inscription pour raison d'hypothèque légale, et les invitant à requérir cette inscription avant la transcription du jugement d'adjudication.

Il faut bien reconnaître que ces diverses formalités constituent un mode de publicité infiniment plus efficace que celles prescrites par l'art. 2194 du Code Napoléon; le système nouveau a donc ce double avantage de simplifier une procédure assez compliquée par elle-même, et de mettre les incapables au courant, soit des faits qui les intéressent, soit des précautions qu'ils ont à prendre pour sauvegarder leurs droits. La femme a-t-elle pris inscription avant le terme fixé, c'est-à-dire avant la transcription de l'adjudication, elle est désormais à l'abri de toute déchéance : des sommations lui seront adressées comme à tous autres créanciers inscrits, soit pour la prévenir de l'ouverture de l'ordre, soit pour l'appeler à y produire. A-t-elle au contraire négligé de s'inscrire, l'art. 717, édictant à son profit une disposition analogue à celle contenue dans l'art. 772, maintient son droit de préférence sur le prix en distribution, sous la condition qu'elle se présentera avant la clôture de l'ordre amiable ou avant l'expiration des quarante jours fixés par l'art. 754, pour le cas d'un ordre judiciaire. Faut-il aller plus loin, faut-il compléter l'art. 717 *in fine* par l'art. 772, de telle sorte que l'hypothèque légale non inscrite ne puisse, même

en matière d'expropriation forcée, trouver place dans
l'ordre qu'autant qu'il est ouvert dans les trois mois
après la purge légale, c'est-à-dire dans l'espèce après
la transcription de l'adjudication? MM. Mourlon et Ol-
livier ont soutenu cette thèse dans leur commentaire de
la loi de 1855. Ils s'appuient, tant sur les termes employés par M. Riché dans son rapport au Corps législatif, que sur l'observation soulevée par M. Josseau dans
la discussion, et sur la réponse conforme du commis-
saire du gouvernement. Il est certain que ces documents sont aussi explicites que possible; mais il est
certain aussi que l'art. 717 ne reproduit en aucune façon la pensée de ses rédacteurs. Son silence est d'autant
plus regrettable à ce sujet qu'il s'agit en définitive d'une
déchéance, et que, s'il est difficile de ne pas se conformer à la volonté du législateur, quand les travaux préparatoires nous la révèlent tout entière, on éprouve
quelque hésitation à faire résulter l'extinction d'un
droit de la seule expiration d'un délai, qu'aucun texte
de loi ne nous représente comme fatal, au moins dans
l'espèce sur laquelle nous avons à statuer.

CHAPITRE III.

DE LA PURGE AU CAS D'EXPROPRIATION POUR CAUSE D'UTILITÉ PUBLIQUE.

Nous n'avons pas à nous occuper ici des formalités
prescrites par les art. 2183 et 2194 du Code Napoléon. La matière d'expropriation pour cause d'utilité

publique n'est pas une matière ordinaire : la publicité,
la notoriété qui précèdent et accompagnent l'acte de
cession ou le jugement d'expropriation, sont bien autrement utiles pour avertir les intéressés que toutes ces
formes exigées par le droit commun, et dont l'ineffi-
cacité est chaque jour constatée dans la pratique.
Les art. 17 et 19 de la loi du 3 mai 1841, partant de
cette idée que les préliminaires de l'instance ont fait
connaître aux tiers tous ce qu'ils ont besoin de savoir,
imposent seulement à l'administration la nécessité de
transcrire, soit le jugement d'expropriation, soit la
convention amiable qui a réglé les droits des parties.
Cette formalité met les créanciers, ayant priviléges et
hypothèques sur l'immeuble exproprié, en demeure de
requérir une inscription dans le délai de quinzaine.
L'inobservation de cette mesure conservatoire entraîne
comme conséquence l'extinction des charges qui pe-
saient sur le fonds ; la loi réserve toutefois les droits
des femmes et des mineurs, en ce sens que leur hypothèque légale restée occulte se conservera sur le
prix, tant qu'il n'aura pas été payé, ou que l'ordre
n'aura pas été définitivement réglé entre les créanciers.

Si nous supposons maintenant que la femme, ou
tous autres créanciers ayant des droits sur l'immeuble
aient pris inscription dans le délai ci-dessus déterminé, nous ne pourrons évidemment les admettre à
surenchérir ; car la surenchère, entraînant nécessairement une adjudication, ne saurait se concilier avec
le principe et le but de l'expropriation pour cause
d'utilité publique. Nous leur permettrons d'exiger que

l'indemnité soit fixée conformément au titre 4 de la loi de 1841, et que la détermination du jury se substitue à celle que le propriétaire de l'immeuble exproprié a proposée ou acceptée à l'amiable.

Remarquons que la loi d'expropriation fournissait autrefois un argument puissant en faveur de ceux qui reconnaissaient à la femme le droit de se faire colloquer dans l'ordre, alors même qu'elle avait perdu son droit de suite en ne s'inscrivant pas dans le délai de la purge légale. L'autorité de ce document était d'autant plus sérieuse que la décision prise sur ce point a été présentée, non comme quelque chose de nouveau, mais comme une règle d'interprétation, comme la consécration d'un principe contenu dans le Code civil, et donnant pourtant lieu à controverse.

CHAPITRE IV.

DE LA PURGE AU CAS DE PRÊT FAIT PAR LES SOCIÉTÉS DE CRÉDIT FONCIER.

L'existence des sociétés de crédit foncier ne se concilie point avec le système des hypothèques occultes; elle se concilie mal avec le système de l'hypothèque légale des femmes mariées. En effet, l'hypothèque légale grève fatalement le plus grand nombre des fortunes immobilières; c'est pourquoi l'on a dû, sous peine de voir le crédit foncier demeurer éternellement à l'état de pure théorie, modifier en sa faveur les règles de notre système hypothécaire. Si les hypothèques légales sont inscrites, le décret du 28 février 1852 établit un moyen facile de les faire disparaître; la femme sera autorisée à en donner mainlevée sans l'accomplissement d'aucune formalité particulière; mais cette faculté n'appartient pas à la femme mariée sous le régime dotal. Dans ce cas, l'inscription de l'hypothèque légale rend le prêt impossible, sans qu'on ait à distinguer si la dot est ou non immobilière. Cette impossibilité disparaîtrait, au reste, après l'accomplissement des formalités prescrites par les art. 2144 et 2145 du Code Napoléon.

De droit commun, il n'existe aucun moyen pour les prêteurs de s'assurer qu'ils ne seront pas primés par une hypothèque légale occulte sur les immeubles qui sont affectés à leur garantie. Les sociétés de crédit foncier ne pouvaient évidemment exister dans des conditions aussi désavantageuses. On a donc créé en leur faveur une purge analogue à celle qui est établie pour les acquéreurs par le chapitre IX du Code Napoléon. Cette innovation entraîne de graves conséquences; aussi a-t-on vu la législation éprouver quelques oscillations avant de se fixer définitivement; la loi du 10 juin 1853 régit aujourd'hui la matière. La purge se décompose en deux parties : la purge des hypothèques légales connues, la purge des hypothèques légales inconnues. On entend par hypothèques légales connues celles qui ont été révélées à la société de crédit foncier, soit par la déclaration de l'emprunteur, soit par les titres de propriété, soit par les états d'inscription, et qui existent au profit de personnes dont l'individualité est assez notoire et justifiée pour que la

société puisse valablement leur faire une notification.
On désigne sous le nom d'hypothèques légales inconnues, celles qui n'ont été révélées par aucune de ces
circonstances, et qui peuvent exister en faveur de personnes dont l'individualité n'est point connue de la
société, de telle sorte qu'il est impossible à cette dernière de les mettre directement en demeure de prendre
inscription.

Les hypothèques légales connues peuvent avoir une
double origine : elles existent sur les immeubles ou
sur l'immeuble offert en garantie, soit du chef de ceux
qui en ont été propriétaires avant l'emprunteur, soit
du chef de cet emprunteur lui-même. Occupons-nous
d'abord de la première hypothèse; voici comment on
doit procéder : un extrait de l'acte constitutif d'hypothèque est signifié par le crédit foncier à la femme, et
au mari, précédent propriétaire, ou bien, en cas de
décès, à leurs héritiers ou ayants droit. Cet extrait
contient à peine de nullité la date du contrat, les nom,
prénoms, profession et domicile de l'emprunteur, la
désignation de la situation de l'immeuble, ainsi que
la mention du montant du prêt; il contient en outre
l'avertissement que, pour conserver vis-à-vis de la
société de crédit foncier le rang de l'hypothèque légale, il est nécessaire de la faire inscrire dans les
quinze jours à partir de la signification, outre les délais de distance.

S'il s'agit de purger les hypothèques légales du
chef de l'emprunteur, la signification ci-dessus indiquée doit encore avoir lieu; seulement une distinction
est à faire : ou bien la femme était présente au contrat

de prêt, et a été prévenue par le notaire de cette nécessité de prendre inscription ainsi mise à sa charge;
ou bien elle n'a pas figuré dans l'acte, ou du moins
aucun avertissement ne lui a été donné au sujet de la
déchéance qui résultera du défaut d'inscription. Dans
le premier cas, la signification, qui est toujours impérieusement requise, pourra n'être faite qu'à son domicile; dans le cas contraire, la signification faite à
son domicile, et non à sa personne, ne sera plus considérée comme une formalité suffisante, et l'on devra
en outre recourir aux mesures prescrites pour la purge
des hypothèques légales inconnues. Dans ces diverses
hypothèses, le mari doit-il, lui aussi, recevoir une signification? L'exposé des motifs de la loi du 10 juin
1853 résout cette question par l'affirmative.

Arrivons maintenant à la purge des hypothèques légales inconnues. Elle est ainsi réglée par l'art. 24 de
notre loi : l'extrait de l'acte constitutif d'hypothèque
doit être notifié au procureur impérial près le tribunal
de l'arrondissement du domicile de l'emprunteur, et
au procureur impérial près le tribunal de l'arrondissement dans lequel l'immeuble est situé. Cet extrait
doit être inséré, avec la mention des significations
faites, dans l'un des journaux désignés pour la publication des annonces judiciaires de l'arrondissement
de la situation de l'immeuble. L'inscription doit être
prise dans les quarante jours de cette insertion.

Ainsi, quinze jours d'une part, quarante jours de
l'autre, voilà le délai accordé à la femme pour conserver ses droits vis-à-vis du crédit foncier. Remarquons du reste que la déchéance par elle encourue à

défaut d'inscription n'aura d'effet qu'*inter partes* ; son hypothèque subsistera à l'égard des tiers, indépendante de toute publicité. Remarquons encore que l'art. 8 du décret de 1852, dyquel résultait la nécessité impérieuse de purger toutes les hypothèques légales, a été abrogé par la loi de 1853, qui a rendu la purge simplement facultative.

POSITIONS.

DROIT ROMAIN.

I. La loi Julia est étrangère à la prohibition d'hypothéquer le fonds dotal.

II. Le mari a toujours été propriétaire de la dot.

III. Le droit d'attaquer les aliénations contraires à la loi Julia appartient au mari seul, tant que dure le mariage, et ne passe qu'après la dissolution sur la tête de la femme ou de ses héritiers.

IV. Le mari peut aliéner seul les meubles dotaux.

V. En principe, lorsque la femme délègue son débiteur *dotis causa* à son mari, les risques de l'insolvabilité du débiteur sont pour la femme.

VI. Les héritiers de la femme, alors qu'ils sont appelés à recouvrer la dot, ne peuvent attaquer l'aliénation du fonds dotal consentie par le mari seul depuis la mort de sa femme.

VII. Le simple pacte peut produire une obligation naturelle.

VIII. La corréalité passive n'existerait pas dans le cas où l'un des obligés aurait répondu avant que les autres aient été interrogés.

IX. Justinien, dans la novelle 99, n'a pas accordé aux codébiteurs solidaires le bénéfice de division.

X. La règle de l'indivisibilité de l'hypothèque n'a pas été méconnue par Justinien dans la constitution qui a établi sur les biens de la succession une hypothèque légale au profit des légataires.

DROIT FRANÇAIS.

DROIT CIVIL.

I. Quand le mariage d'un Français a été célébré en pays étranger, l'hypothèque légale est indépendante de l'accomplissement des formalités prescrites par l'art. 171 du Code Napoléon.

II. En cas d'aliénation de l'immeuble dotal, la femme peut opter entre l'action révocatoire et l'exercice de l'hypothèque légale.

III. L'hypothèque pour aliénation de l'immeuble dotal datera seulement du jour de cette aliénation.

IV. L'hypothèque légale frappe les conquêts de communauté, soit en cas d'acceptation, soit en cas de renonciation.

V. Le mari ne peut faire restreindre l'hypothèque de sa femme sans le consentement de cette dernière. L'art. 2161 n'est pas applicable à l'hypothèque légale de la femme mariée.

VI. L'obligation d'inscrire mise à la charge du subrogé par la loi de 1855 ne concerne en aucun cas le subrogé dont le titre a acquis date certaine avant le 1ᵉʳ janvier 1856.

VII. Le créancier subrogé peut, lorsqu'il reçoit en même temps une hypothèque conventionnelle sur les biens du mari, présenter un bordereau collectif, et requérir une seule inscription. Le conservateur n'aurait pas le droit de diviser les énonciations contenues dans le bordereau.

VIII. L'inscription prise par le subrogé en son nom personnel ne profite pas à la femme, et il peut en donner mainlevée sans la participation de cette dernière.

IX. Le mandat à l'effet de constituer hypothèque ne peut être donné que par acte authentique.

X. Le délai dans lequel la femme doit s'inscrire est aussi celui dans lequel elle doit requérir la surenchère.

XI. La dot mobilière est aliénable.

XII. Les légataires universels et à titre universel sont tenus des dettes de la succession *ultra vires emolumenti.*

XIII. La promesse de rémunération faite par une personne à un tiers, pour le cas où, à la suite des démarches et de l'entremise de celui-ci, elle contracterait mariage avec une personne désignée, est nulle.

XIV. Les héritiers du donateur peuvent opposer le défaut de transcription.

XV. Le bénéfice de séparation des patrimoines ne constitue pas un véritable privilége.

DROIT CRIMINEL.

I. Le complice d'un suicide est punissable lorsque, pour prêter son concours à la victime, il a commis un acte qui, abstraction faite du suicide, tomberait sous l'application de la loi pénale.

II. La résistance à un acte illégal constitue la rébellion prévue et punie par l'art. 209 du Code pénal.

HISTOIRE DU DROIT.

I. Le droit de justice était attaché à la possession d'une terre qui n'était pas nécessairement un fief. Il dérivait des chartes d'immunité concédées par le roi.

II. La communauté légale a une origine germanique.

DROIT DES GENS.

I. La femme étrangère a hypothèque légale sur les biens de son mari situés en France, pourvu que ce droit lui soit accordé par sa loi personnelle.

II. L'étranger divorcé peut se remarier en France.

Vu par le Président de la thèse,
BUGNET.

Vu par le Doyen de la Faculté,
C. A. PELLAT.

Permis d'imprimer,
Le Vice-Recteur,
ARTAUD.

Paris. — Imprimé par E. Thunot et Cⁱᵉ, rue Racine, 26.

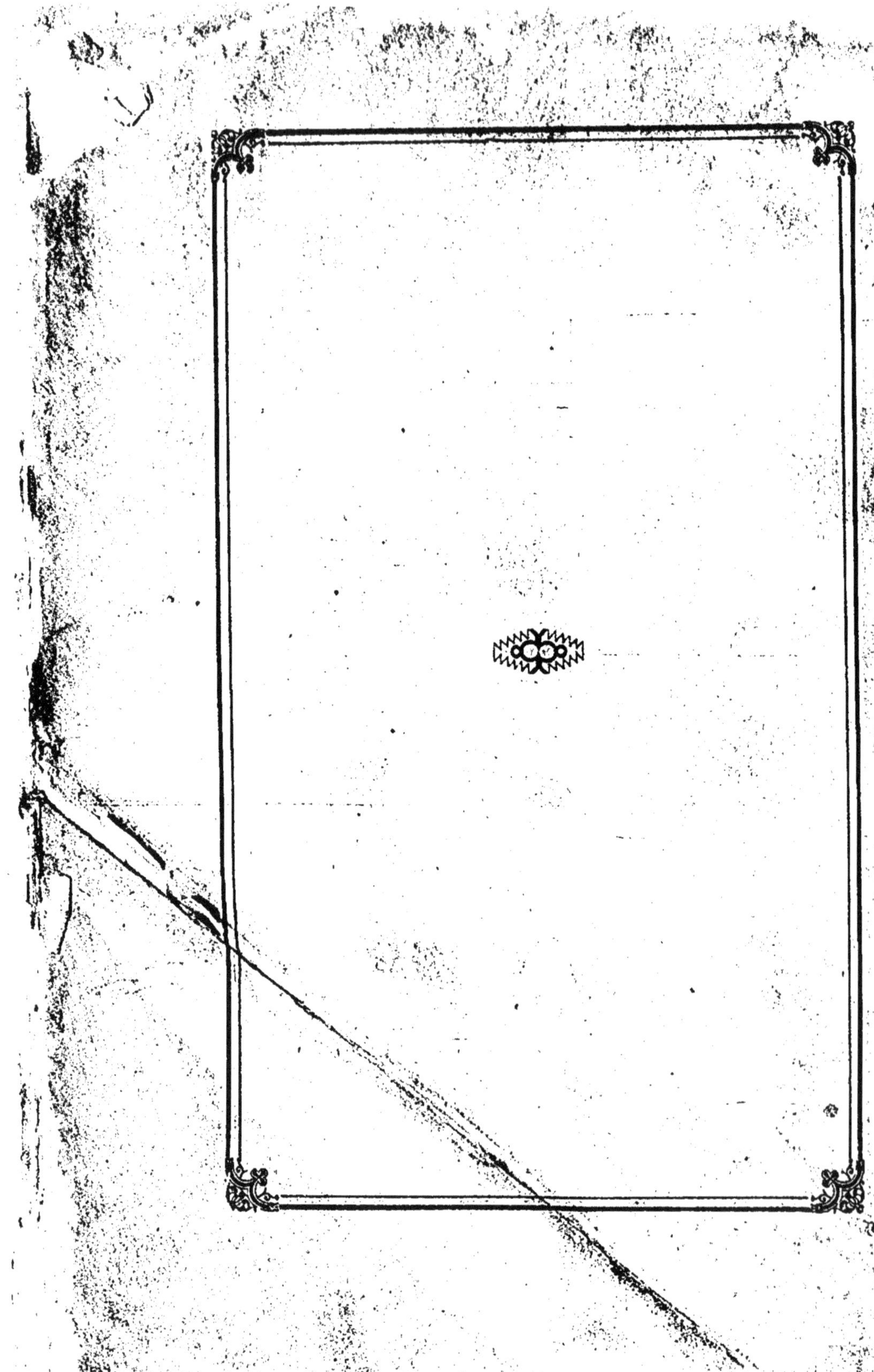

9 782013 595896